普通高等学校"十三五"规划教材
普通高等学校经管类精品教材

# 商务礼仪

## 第 ❸ 版

主 编 史 锋
副主编 姚启芳 洪俊国
编 委 姚 莉 吴丰芳 王 丹
　　　　姚启芳 洪俊国 史 锋

中国科学技术大学出版社

## 内 容 简 介

随着商务活动的日趋国际化,商务礼仪已成为现代商务活动中必不可少的交流工具,越来越多的企业把掌握商务礼仪作为对员工的基本要求。本书分为基础篇、交往篇、活动篇和拓展篇四部分,详细介绍了商务活动中的仪容礼仪、服饰礼仪、仪态礼仪、见面礼仪、接访礼仪、宴请礼仪、通信礼仪、仪式礼仪、行业礼仪、职场礼仪、涉外礼仪及中外礼俗等。

本书通俗易懂,实用性、可操作性和针对性强,适合作为高校商务礼仪课程教材,亦可作为大学生基本人文素质教育教材及商务人员学习商务礼仪的实用指导书。

#### 图书在版编目(CIP)数据

商务礼仪/史锋主编. —3 版. —合肥:中国科学技术大学出版社,2020.1
安徽省高等学校"十三五"省级规划教材
ISBN 978-7-312-04733-6

Ⅰ.商… Ⅱ.史… Ⅲ.商务—礼仪—教材 Ⅳ.F718

中国版本图书馆 CIP 数据核字(2019)第 128386 号

| | |
|---|---|
| 出版 | 中国科学技术大学出版社<br>安徽省合肥市金寨路 96 号,230026<br>http://press.ustc.edu.cn<br>https://zgkxjsdxcbs.tmall.com |
| 印刷 | 安徽省瑞隆印务有限公司 |
| 发行 | 中国科学技术大学出版社 |
| 经销 | 全国新华书店 |
| 开本 | 710 mm×1000 mm 1/16 |
| 印张 | 18.25 |
| 字数 | 357 千 |
| 版次 | 2006 年 12 月第 1 版 2020 年 1 月第 3 版 |
| 印次 | 2020 年 1 月第 11 次印刷 |
| 定价 | 39.00 元 |

# 第3版前言

本书在2012年第2版的基础上修订而成。本次修订延续了前一版的体例,对部分内容与案例进行了更新,增添了"说事·明'礼'""礼仪·佳话""礼仪·学堂""礼仪·案例"等内容。根据行业发展变化的实际,删除了某些过时的内容,并新增了诸如微信礼仪、银行业礼仪、旅游行业礼仪等内容。同时对书中的相关数据进行了更新,并增设了微课、动画、视频等数字资源(请使用微信扫描书中的二维码,登录后即可观看),力求使教材内容更完善、更丰富,以利于学生的学、教师的教。

本书既可作为高校商务礼仪课程教材,亦可作为大学生基本人文素质教育教材,还可作为商务从业人员的参考用书。

本次修订由安徽职业技术学院史锋老师(第一章、第十三章)、合肥职业技术学院姚启芳老师(第十章、第十二章)、安徽职业技术学院吴丰芳老师(第二章、第三章、第四章)、芜湖职业技术学院洪俊国老师(第五章、第六章、第九章)和安徽审计职业学院姚莉老师(第七章、第八章、第十一章)共同完成,其中,史锋老师、姚启芳老师负责全书的统稿工作。本书部分微课、动画、视频由安徽职业技术学院吴丰芳老师、王丹老师完成。

本书是安徽省高等学校"十三五"省级规划教材,为国家精品在线开放课程"商务礼仪"的配套教材,同时为2017年安徽省高等学校质量工程实践教学基地项目(2017sjjd049)、2018年安徽省人文社科重点项目(SK2018A0872)、2019年度安徽省教育厅高校优秀青年人才支持计划项目(gxyq2019219)的阶段性研究成果。

由于作者水平有限,书中难免存在不足,希望广大读者提出宝贵意见。

编　者

# 第 2 版前言

本教材自 2006 年出版以来,以其简明实用、体例新颖等特点受到了广大师生的欢迎。为进一步提高教材质量,反映近年来礼仪研究的新成果、新内容,并适应社会、经济的发展对高职院校人才培养的新要求,同时为了保持教材的先进性,我们组织了这次教材修订工作。此次修订,集中了相关老师多年使用教材过程中积累的改进建议,从基本构架到编写体例,乃至教材内容,对原教材作了较大幅度的修订。修订后的教材分为基础篇、交往篇、活动篇、拓展篇四篇,脉络更加清晰,主要从商务人员的仪容、服饰、仪态、见面、接访、宴请、通信、仪式、求职、办公、涉外活动等方面对相应的礼仪作了介绍。

本次修订由安徽职业技术学院史锋老师和安徽电子信息职业技术学院黄慧敏老师拟定大纲。安徽职业技术学院史锋老师撰写第一章、第八章、第十二章、第十三章,安徽电子信息职业技术学院黄慧敏老师撰写第五章、第六章、第七章,安徽职业技术学院夏必琴老师撰写第二章、第九章、第十章、第十一章,安徽电子信息职业技术学院朱音楠老师撰写第三章、第四章。全书由史锋老师统稿、润色。

限于时间和水平,教材不足之处在所难免,恳请专家和读者不吝指正,在此致以诚挚的谢意。

编　者

# 前　言

中国素以"礼仪之邦"著称于世,讲"礼"重"仪"是我们民族世代相传的优秀传统,源远流长的礼仪文化是先人留给我们的一笔丰厚遗产。古人云:不知礼者,难为人也。随着市场经济的发展,商业活动越来越全球化,人们说:不知商务礼仪者,难为商也。商务礼仪作为一种特殊的礼仪规范,在现代社会中越来越引起商务人员的重视,成为商务人员从事商务活动的必修课和通行证。

本书基于新时代商务人员的商务交往需要,根据学生的认知规律,本着"必需、够用"的原则,循序渐进、由浅入深地阐述了商务人员从事商务活动的基本礼仪,力求通俗易懂,让学生读着有趣、教师教着顺手。本书可作为高职高专经管类专业学生的教材,亦可作为大学生基本人文素质教育的教材。

为使本书新颖别致、生动活泼,书中穿插了"名人名言""阅读栏""知识窗""小故事""想一想""议一议"等栏目,具有可读性、知识性、趣味性和可操作性。

本书编写人员大都是高职院校从事礼仪教学的教师,有着多年的教学经验。本书由史锋老师拟定编写大纲并担任主编,施民宪老师任副主编。参加编写的有:安徽职业技术学院史锋(第一章、第二章、第八章和第九章)、安徽电子信息职业技术学院施民宪(第四章)、安徽职业技术学院何敏(第十章、第十一章和第十二章)、安徽电子信息职业技术学院吴冬霞(第三章)、安徽电子信息职业技术学院陶青松(第五章、第六章和第七章)。全书由史锋统稿、润色和审定,施民宪、何敏做了修改和补充。

尽管编者已付出很多努力,但由于水平有限,加上时间仓促,教材中难免还存在着疏漏,恳请专家、同行及读者批评指正。

本书在编写中参考了大量相关书籍,在此,谨向有关作者表示衷心感谢。

编　者

# 目　录

第 3 版前言 ································································· ( i )
第 2 版前言 ································································· ( iii )
前言 ········································································· ( v )

## 基　础　篇

**第一章　绪论** ······························································· ( 3 )
　第一节　礼仪概述 ························································· ( 4 )
　第二节　商务礼仪概述 ····················································· ( 11 )

**第二章　仪容礼仪** ··························································· ( 17 )
　第一节　面部修饰 ························································· ( 18 )
　第二节　发部修饰 ························································· ( 24 )

**第三章　服饰礼仪** ··························································· ( 29 )
　第一节　服饰概述 ························································· ( 30 )
　第二节　着装礼仪 ························································· ( 34 )
　第三节　饰物佩戴 ························································· ( 45 )

**第四章　仪态礼仪** ··························································· ( 53 )
　第一节　举止礼仪 ························································· ( 54 )
　第二节　体态语言 ························································· ( 63 )

# 交 往 篇

## 第五章　见面礼仪 ……………………………………………………（81）
### 第一节　称呼与介绍 …………………………………………（82）
### 第二节　握手与致意 …………………………………………（86）
### 第三节　名片的使用 …………………………………………（89）
### 第四节　交谈的礼仪 …………………………………………（92）

## 第六章　接访礼仪 ……………………………………………………（101）
### 第一节　接待礼仪 ……………………………………………（102）
### 第二节　拜访礼仪 ……………………………………………（109）
### 第三节　馈赠礼仪 ……………………………………………（113）

## 第七章　宴请礼仪 ……………………………………………………（120）
### 第一节　宴请者礼仪 …………………………………………（121）
### 第二节　赴宴者礼仪 …………………………………………（130）

## 第八章　通信礼仪 ……………………………………………………（143）
### 第一节　电话礼仪 ……………………………………………（144）
### 第二节　书信礼仪 ……………………………………………（153）

# 活 动 篇

## 第九章　仪式礼仪 ……………………………………………………（163）
### 第一节　商务谈判 ……………………………………………（164）
### 第二节　签字仪式 ……………………………………………（169）
### 第三节　开业典礼 ……………………………………………（174）

## 第十章 行业礼仪 (181)
### 第一节 销售礼仪 (182)
### 第二节 服务礼仪 (190)

# 拓 展 篇

## 第十一章 职场礼仪 (215)
### 第一节 面试礼仪 (216)
### 第二节 办公室礼仪 (221)

## 第十二章 涉外礼仪 (228)
### 第一节 涉外礼仪通则 (229)
### 第二节 涉外活动礼仪 (235)

## 第十三章 中外礼俗 (243)
### 第一节 中华民族礼俗 (244)
### 第二节 世界商务礼俗 (256)

## 参考文献 (279)

绪　　论

仪容礼仪

服饰礼仪

仪态礼仪

# 基 础 篇
## JICHU PIAN

# 第一章 绪 论

**学习目标**

知识目标：了解礼仪及其产生与发展的过程，认识商务礼仪在商务活动中的作用。

能力目标：掌握商务礼仪的养成途径。

**礼仪格言**

不学礼，无以立。

——孔子

**说事·明"礼"**

**礼貌带来机会**

阴云密布的午后，一位老妇人蹒跚地走进费城百货商店避雨。面对她略显狼狈的姿容和简朴的装束，售货员们都对她视而不见。

这时，一位年轻人诚恳地走过来对她说："夫人，我能为您做点什么吗？"老妇人莞尔一笑："不用了，我在这儿躲会儿雨，马上就走。"老妇人随即又心神不宁了，不买人家的东西，却借用人家的屋檐躲雨，似乎不合情理。

正当她犹豫徘徊时，那位年轻人又走过来说："夫人，您不必为难，我给您搬了一把椅子，放在门口，您安心坐着休息就是了。"两个小时后，雨过天晴，老妇人向那个年轻人道谢，并向他要了张名片，就颤颤巍巍地走了。

几个月后，费城百货公司的总经理詹姆斯收到一封信，信中要求将这位年轻人派往苏格兰接收一份装潢整个城堡的订单，并让这位年轻人负责自己家族的几个大公司下一季度办公用品的采购任务。詹姆斯与写信人取得联系后，方才知道，这封信出自一位老妇人之手，而这位老妇人正是美国亿万富翁"钢铁大王"卡内基的母亲。

> 詹姆斯马上将这位叫菲利的年轻人推荐给公司的董事会。当菲利收拾行装飞往苏格兰时,他已经成为这家百货公司的合伙人了。那年,菲利22岁。
>
> 【点评】细节决定成败,礼貌带来机会。

礼仪是人类文明和社会进步的重要标志,是现代人必须具备的基本素质。商务礼仪是商务人员的行为准则和道德规范,是商务活动中不可缺少的社交语言。它反映了一个社会组织乃至整个社会的行为特征和文明程度,同时它也能体现商务人员本身的修养和素质。

## 第一节 礼仪概述

### 一、礼仪及其特征

#### (一)礼仪

**1. 礼**

礼是表示敬意的通称,是人们在社会生活中处理人际关系并约束自己行为以示尊重他人的准则。它既可指表示敬意或表示隆重而举行的仪式,也可泛指社会交往中的礼貌。在古代,礼还特指奴隶社会或封建社会贵族等级森严的社会规范和道德规范。

礼的含义比较丰富,经常与"礼"连在一起表述的词有礼貌、礼节和礼仪。

**2. 礼貌**

礼貌是指人们在交往时,相互表示敬重和友好的行为规范。它侧重于表现人的品质与素养,不仅体现了一个人的文化层次和文明程度,同时也体现了时代风尚和道德标准。

礼貌是一个人在待人接物时的外在表现,在日常工作与生活中,礼貌表现在人们的举止、仪表、语言上,表现在服务的规范、程序上,表现在对交往对象的态度上。一个微笑、一个鞠躬、一声"您好"、一句"祝您旅途愉快",这都是礼貌的具体体现。

### 3. 礼节

礼节是人们在日常生活,特别是在社交场合中,相互问候、致意、祝愿、慰问等惯用的形式。如亲友过生日,送一份礼物或一个蛋糕表示祝贺;有客来访,奉上一杯香茶表示欢迎等都是礼节的具体表现。从形式上看,礼节具有约定俗成或严格规定的仪式;从内容上看,礼节反映着某种道德原则和规范的要求,反映着对人的尊重和友善。

礼节是礼貌在语言、行为、仪态等方面的具体表现形式。

礼节与礼貌的关系是:没有礼节,就无所谓礼貌;有了礼貌,必然伴随有具体的礼节。

### 4. 礼仪

礼仪,是礼和仪的合一,它是指人们在社会交往中约定俗成的一种律己、敬人的行为规范、准则及程序。

礼仪,是一个人内在修养和素质的外在表现。

简而言之,礼仪是人们基于生存和发展的需要,在长期社会生活中形成的一种习惯,是人们相互交流所产生的一定形式和规范。

礼貌是礼仪的基础,礼节是礼仪的基本组成部分,礼仪在层次上要高于礼貌、礼节,其内涵更深广。三者所表现的都是对人的尊重、敬意和友好。

**礼仪·佳话　　　总理与鞋**

在外事活动中,周恩来总理十分注重礼节。他重病期间,重要的外事活动都坚持参加,后来病得连脚也肿起来,他原来的皮鞋、布鞋都不能穿,只能穿着拖鞋走路。参加外事活动时,工作人员关心总理,让他穿着拖鞋参加,认为外宾是能够理解的。周总理不同意,他慈祥又严厉地说:"不行,要讲礼仪嘛!"于是,他让工作人员为他特制了一双鞋。

### (二) 礼仪的特征

礼仪作为一门独立学科有漫长的历史,并有明显的国际性、民族性、继承性、时代性和多样性等特征。

### 1. 国际性

礼仪作为一种文化现象,是全人类的共同财富,它跨越了国家和地区的界线。尽管不同国家、不同民族、不同社会制度所形成的礼仪有一定的差异性,但在讲文明、讲礼仪、相互尊重原则基础上形成并完善的规范化的国际礼仪,已为世界各国人民所接受和广泛使用。现代礼仪兼容并蓄,融世界各国礼仪之长,从而使现代礼仪更加国际化,国际礼仪更加趋同化。

## 2. 民族性

礼仪的民族性是指礼仪在形式及其代表的意义上都受到民族因素的影响。同一内容在不同民族中可以有着不同的表现形式,同一形式在不同民族中也可能代表着不同的意义。各个民族都有一些自己独特的、成系列的且世代相传又有所变化的礼仪。例如,同是见面行礼,我国较为通行的是握手,日本则多为鞠躬,而欧美各国普遍采用的是拥抱。

## 3. 继承性

礼仪的形成和完善,是历史发展的产物。但礼仪一旦形成,通常会长期沿袭,经久不衰。没有继承性,民族性就不存在。今天是过去的延续,每一个民族的礼仪都是这个民族历史的产物。如我国古代流传至今的尊老敬贤、父慈子孝、礼尚往来等反映民族传统美德的礼仪,一代一代流传下来,今后也必将代代相传,发扬光大。

## 4. 时代性

礼仪随着时代的发展而发展,与时俱进。现代生活具有多元、丰富、多变的特点,因此,现代礼仪必须正确反映时代精神,体现新的社会道德规范,确立新型的人际关系,并在实践中不断更新其内容,改变其形式。

## 5. 多样性

古今中外,各种礼仪浩如烟海,并存在于社会生活的各个领域,上至国家下至家庭,从内务到外交,从军营到学校,从商业到旅游,礼仪无时不有,无处不在。从适用范围上讲,礼仪可以分为外事礼仪、商务礼仪、学校礼仪、军队礼仪、家庭礼仪、公共场所礼仪、习俗礼仪等;就形式而言,同一礼仪又可以用多种形式表达,比如赞许,可以竖大拇指,可以微笑,可以击掌,还可以点头等,这些均体现了礼仪的多样性。

---

**礼仪·学堂**

**西文"礼仪"之源**

世界语中的 etiquette,可译为礼仪、仪式、礼节、礼貌,还有"纸贴""标签"之意。这表明"礼仪"一词还蕴含着是某种"标志"之意。实际上,西文中"礼仪"一词最早见于法语 etiquette,原意是一种长方形的纸板,上面书写着进入法庭所应遵守的规矩、秩序。因而,这纸板就被视为"法庭上的通行证"。etiquette 进入英文以后,就有了礼仪的涵义,有规矩、礼节、礼仪之意,成为"人际交往的通行证"。

## 二、礼仪的起源与发展

中国是四大文明古国之一,文化传统源远流长。礼作为中华民族文化的基质,有着悠久的历史,中国素有"礼仪之邦"的美誉。

### (一) 礼仪的起源

在我国,"礼"的出现最早是从祭祀神灵开始的。原始社会时期,生产力极其低下,人们处于愚昧无知状态,对自然界充满了敬畏和恐惧,于是各种宗教、原始崇拜由此产生,如拜物教、图腾崇拜、祖先崇拜等。为表达崇拜之意,出现了各种各样的祭祀活动,逐渐形成祭祀礼仪。

### (二) 礼仪的发展

随着社会的发展,到周代已形成了较为完整的国家礼仪与制度。中国历史上第一部记载"礼"的书籍——《周礼》出现于西周时期。《周礼》《仪礼》《礼记》"三礼"为中国最早的礼制百科全书。中国后世的礼仪深受"三礼"的影响。

春秋战国时期,百家争鸣,以孔子、孟子为代表的儒家学说较为系统地阐述了礼的起源、本质和功能。儒家学说的创始人孔子主张"和为贵",以仁爱之心待人;提倡"己所不欲,勿施于人",安分守己,互相谦让;主张"有序""君君臣臣、父父子子""贵贱有等,亲疏有体,长幼有序"等。儒家礼仪的主张得到了统治者的赞同,并被当作最主要的道德观念加以强化,逐渐形成了内容极其广泛的行为规范,成为统治阶级的"统治术"。儒家的礼仪思想构成了中国传统礼仪文化的基本精神,对古代中国礼仪的发展产生了重要而深远的影响,奠定了古代礼仪文化的基础。

辛亥革命以后,受西方文化的影响,科学、民主、自由、平等的观念深入人心,礼仪也得到了重大变革。社会提倡人与人之间人格一律平等的礼仪,并吸取各国各民族礼仪之长,选取适合我国国情的礼仪形式,如取消了跪拜礼,代之以鞠躬礼、握手礼等。

新中国成立后,中国进入了新的文明时代,人与人之间互尊互爱,和睦相处,讲究礼仪蔚然成风。但"文革"给礼仪造成了极大的冲击,社会风气受到了一定影响。

改革开放以来,我国不仅在经济建设上取得了重大成就,文明礼貌也得到全面的恢复和发展。"仓廪实而知礼节",随着人民生活水平提高,国际交往日益频繁,作为人类文明标志的礼仪将继续不断发展。

**周公制礼作乐**

商王万万没有想到的是,一个远远比它弱小的周族,联合了一批更小的国家,居然向着强大的商王朝发起了进攻。双方在商都城附近的牧野决战,商王指挥下的七十万军队,因为痛恨商王的荒淫腐败,在阵前起义,将矛头对准商王。腐朽的商王朝在顷刻之间土崩瓦解。

周武王建立了西周,可惜他很快去世了。继位的成王年纪幼小,于是由他叔叔周公旦辅政。周公是中国古代杰出的政治家。他从商纣王失德亡国的教训中认识到,决定国家兴亡的不是鬼神而是人,要想长治久安,就一定要以民为本,关心人民的疾苦,施行德政。

周公提出了"毋于水鉴,当于民鉴"的思想,要求统治者经常从人民的反应中反思自己为政的得失。周公把礼的重心从鬼神转移到人的身上。他根据"天道"的要求,制定了一套合于理的礼乐制度。这就是传颂千古的"周公制礼作乐"。

儒家的创始人孔子继承并发展了周公的礼乐思想,认为要移风易俗、改造社会风气,最好的办法是推行礼仪文化,使人们于礼仪的规范中,涵养德性、纯洁心灵。经过孔子的提倡及其弟子们的推广,礼的形式不断完善、内涵不断深化,进而成为我国传统文化的标志。

(摘自:周春才《中华礼仪》)

## 三、礼仪的原则

在社会交往中,学习和应用礼仪有必要在宏观上掌握一些具有普遍性、共同性和指导性的礼仪规律。这些礼仪规律,即礼仪的原则。

### (一)尊重原则

孔子说:"礼者,敬人也。"这是对礼仪核心思想的高度概括。尊重是礼仪的核心,礼仪本身从内容到形式都是尊重他人的具体体现。

人际交往必须尊重对方的人格,尊重是礼仪的情感基础。人与人之间彼此互相尊重,才能保持和谐、愉快的人际关系。做到敬人之心长存,处处不可失敬于人,失敬就是失礼,尤其要注意不可侮辱对方的人格。

尊重领导是一种天职,
尊重同事是一种本分,
尊重下属是一种美德,
尊重客户是一种常识,
尊重对手是一种大度,
尊重所有人是一种教养。

### (二) 平等原则

平等原则是指人们以礼待人,对任何交往对象都一视同仁,给予同等程度的礼遇。平等原则是现代礼仪区别于传统礼仪的最主要原则。

在人际交往中,不应该因为交往对象在年龄、性别、种族、国籍、文化、职业、身份、地位、财富以及与自己的关系亲疏远近等方面有所不同,就厚此薄彼、区别对待。平等原则要求我们对所有交往的人都要尊重,一视同仁地讲礼貌,不要厚此薄彼、怠慢他人。

**礼仪·案例　店老板与乞丐**

一家生意红火的蛋糕店门前站着一位衣衫褴褛且身上散发着难闻气味的乞丐。旁边的客人都皱眉掩鼻,露出嫌恶的神色来。伙计喊着:"一边去,快走吧。"乞丐却却拿出几张脏兮兮的小面额钞票小声地说:"我来买蛋糕,最小的那种。"

店老板走过来,热情地从柜子里取出一个小而精致的蛋糕递给乞丐,并深深地向他鞠了一躬:"多谢关照,欢迎再次光临!"

乞丐受宠若惊般离开,要知道他从来没有受到过如此礼貌地对待。

店老板的孙子不解,问道:"爷爷,你为什么对乞丐如此热情?"

店老板解释说:"虽然他是乞丐,却也是顾客呀。他为了吃到我们的蛋糕,不惜花去用很长时间讨得的一点点钱,实在是难得,我不亲自为他服务,怎么对得起他的这份厚爱?"

孙子又问:"既然如此,为什么要收他的钱呢?"

店老板说:"他今天是客人,不是来讨饭的,我们当然要尊重他。如果我不收他的钱,岂不是对他的侮辱? 一定要记住,要尊重我们的每一位顾客,哪怕他是一个乞丐——因为我们的一切都是顾客给予的。"小孩若有所思地点点头。

这个店老板就是日本大企业家堤义明的爷爷。

我们要尊重每一个人，尊重别人就是尊重自己。

### （三）真诚原则

礼仪讲究"诚于中，形于外"，心中有"礼"，言行才能有"礼"。人际交往的品德因素中，真诚是基本的一项。真诚原则要求运用礼仪时，务必做到诚心待人、心口如一、言行一致、诚实无欺。口是心非、言行不一、弄虚作假，不利于人际关系的营造和个人形象及组织形象的塑造。

### （四）宽容原则

"海纳百川，有容乃大"，宽容是一种美德，是现代人的一种礼仪素养。在人际交往过程中，由于个人经历、文化、修养等因素而产生的差异不可能消除，这就需要求同存异、相互包容。宽容的原则要求人们在交往活动中运用礼仪时，不过分计较对方礼仪上的过失，有容人之雅量，多替他人着想，严于律己，宽以待人。

**礼仪·佳话　　林肯的大度**

林肯在竞选总统期间，芝加哥人茅谭曾频频发出尖刻的批评。林肯当选总统，举行盛大宴会时，他看到茅谭正要通过走道，虽然对方曾大声辱骂、诽谤过自己，但林肯还是很有风度地说："你不该站在那里，你应该过来和我站在一起。"当时，每个与会的人都亲眼目睹了林肯赋予茅谭的荣耀。正因如此，茅谭日后成了林肯最忠诚的支持者。

### （五）适度原则

适度原则是指运用礼仪时，要分清对象、场合、时间，合乎规范，特别要注意做到把握分寸，认真得体。如在与人交往时，既要彬彬有礼，又不能低三下四；既要热情大方，又不能阿谀奉承；既要谦虚，又不能拘谨；既要老练，又不能世故。如果施礼过度或不足，都是失礼的表现。

### （六）自律原则

礼仪宛如一面镜子。对照它，你可以发现自己的品质是真诚、高尚还是丑陋、粗俗。《礼记·典礼》开宗明义第一句就是"毋不敬"，但这又是造作不来的。真正领悟礼仪、运用礼仪，关键还要看个人的自律能力。

**礼仪·案例　　文明的球迷**

2018年俄罗斯足球世界杯期间，日本队与塞内加尔的比赛结束后，日本球迷并没有像对手球迷一样急着退场,他们选择留在了球场看台上捡垃圾。他们自发分成几组,利用随身携带的比赛中用来加油的蓝色塑料袋,打包清理走那些球迷留在球场上的垃圾。

这已经不是日本球迷第一次这么做了,早在本届世界杯首场比赛日本对阵哥伦比亚的比赛中,日本球迷就曾做出类似的义举。

其实,日本球迷在赛后清理体育场垃圾的行为,早已是他们看球文化的传统之一。不仅是在本届世界杯,2014年的巴西足球世界杯他们就曾在日本输给科特迪瓦的赛后冒雨捡垃圾。每个赛季的亚冠联赛他们也都坚持这么做,这的确让人非常钦佩。

### (七)遵守原则

礼仪是人们在社会交往中的行为规范和准则,因此,每个人都必须自觉自愿地遵守礼仪,以礼仪规范指导和约束自己的一言一行、一举一动。对于礼仪,不仅要学习,更重要的是学以致用,每个人都有自觉遵守和应用礼仪的义务。

> **礼仪·学堂**
>
> **布吉林的"三A"规则**
>
> 布吉林是国际公关协会主席、美国总统顾问、美国乔治城大学外交学系主任。布吉林认为,要和客人搞好关系,最重要的是要善于向客人表示尊重和友善。这里有三大捷径,人称"三A"规则:第一,接受对方(Accept),即待人如己,客户永远是正确的;第二,重视对方(Appreciate),即欣赏对方,不要挑毛病;第三,赞美对方(Admire),赞美非常重要,但一要实事求是,二要适合对方。

## 第二节　商务礼仪概述

### 一、商务礼仪的作用

商务礼仪是指人们在商务活动中,用以维护企业或个人形象,对交往对象表示尊重和友好的行为规范和惯例,是一般礼仪在商务活动中的运用和体现,它是对交往对象尊重与友好的表现。

商务礼仪的核心是一种行为准则,用来约束和规范我们日常商务活动的方方面面。商务人员在商务活动中礼仪运用是否规范,既影响到个人形象和企业形象,也影响到人与人的关系及沟通交流,进而影响到商务活动的成功与否。

## (一) 塑造形象

在社会生活中,人们总是以不同的身份和角色去与人相处,有时以个人身份去待人接物,此时表现的纯粹是个人形象;有时则代表企业去与人交往,此时表现的就是企业形象。商务礼仪就其职能而言,不仅能帮助个人树立良好的个人形象,还能帮助企业树立优秀的企业形象。

礼仪是吸引他人的名片

在商务活动中,礼仪首先反映的是个人形象。礼仪运用是否得体和规范,反映了一个人的自身修养和文明程度,反映了商务人员对交往者的尊敬与友好程度。良好的仪表、风度、谈吐和举止,会给人留下良好的第一印象,形成交际中的"首因效应",并会形成较强的心理定势,对后期的信息产生指导作用。

企业形象是企业的生命,良好的企业形象是企业巨大的无形资产。企业中的每一位商务人员,在与他人接触的过程中,其一言一行、一举一动,都发挥着塑造企业形象的作用。商务人员是企业形象的主要塑造者,商务人员的礼仪形象是企业形象的"窗口"。因此,商务人员应重视商务礼仪的学习和再教育,自觉掌握商务礼仪的常识,为塑造良好的企业形象服务。

礼仪·学堂

**首因效应**

首因效应,是指当人们第一次与某物或某人接触时会对其留下深刻的印象。第一印象一旦建立起来,对以后所获得的信息的理解和组织有着强烈的定向作用。由于人具有保持认知平衡与情感平衡的心理作用,人们倾向于使后来获得的信息的意义与已经建立起来的观念保持一致,为此,人们对于后来获得的信息的理解,常常是根据第一印象来完成的。第一印象作用最强,持续的时间也长。

## (二) 规范行为

礼仪最基本的功能就是规范各种行为。在商务交往中,人们相互影响、相互合作,如果不遵循既定的规范,双方就会缺乏协作的基础。在众多的商务规范中,礼仪规范可以使人明白应该怎样做、不应该怎样做以及哪些可以做、哪些不可以做,有利于维护自我形象,尊重他人,赢得友谊。

## （三）沟通交流

礼仪既是形象，也是纽带。商务活动是双向交往活动，交往成功与否，关键在于双方的沟通。由于人们的立场、观点不同，对同一问题会产生不同的理解和看法，若交往双方不能很好地沟通，不仅交往的目的不能实现，有时还会导致误解，给企业造成负面影响。礼仪是良好的沟通形式，恰当地运用礼仪，可以消除差异，增进理解，达到情感沟通的目的。

## （四）调适关系

现代企业处在一个复杂、开放的大系统中，面对各类公共关系，如员工关系、顾客关系、媒介关系、政府关系、社区关系等，要协调各方不同的利益要求，难免会产生摩擦和矛盾。讲究商务礼仪，能起到化解矛盾、消除分歧、排除纠纷、达成谅解、促进合作的目的，能使各类公共关系沿着合理、合意的方向发展。

# 二、商务礼仪的养成

商务人员礼仪形象，不是天生具有的，也不是完全自发形成的，而是商务人员在工作及与人交往的过程中，经过长期的自觉学习、训练和积累逐渐形成的。

## （一）学习礼仪

讲究商务礼仪，最重要的是要学习礼仪的基本知识。只有掌握了礼仪的基本知识，才能够更好、更准确、更全面、更自觉地遵守商务礼仪，才能够在商务活动中不断地提高自身的礼仪修养。古人云："人有礼则安，无礼则危。故曰，礼者不可不学也。"

**礼仪·案例　　不懂礼俗闹尴尬**

美国前总统克林顿出访韩国时，按妇女出嫁后从夫姓的美国习惯，称呼韩国总统金泳三的夫人为"金夫人"，成了国际笑料。因为在韩国，女性婚后是保留本姓的。在国宴上，克林顿在发表演说前，突然叫翻译走近他身旁，站在他本人和坐着的金泳三之间，这又是一次失礼，因为在韩国，任何人站在两国元首之间被认为是对元首的一种侮辱。克林顿两次不经意的失礼，原因在于他的公关顾问未能及时弄清韩国的风俗习惯，以提醒总统。可见，学礼、用礼是十分重要且必需的。

### (二)重视践行

礼仪是一种行为准则,其中诸如礼貌、礼节、仪式等都有许多具体规范和约定俗成的做法,只学而不练、不做,永远不能养成良好的行为规范。只有不断践行,从一声称谓到一次握手,我们的一举一动都按礼仪要求去训练、去实践,有意识地培养和锻炼自己,久而久之,才能逐渐养成良好的礼仪习惯,并将它融入我们的个性之中,从而表现出商务人员独特的个性之美。

### (三)遵守规则

商务礼仪是人们在商务活动中形成并得到共同认可的一种行为规范。它有许多约定俗成的规则,这些规则在一般情况下是不可以违反的,如果违反了这些规则,将被视为缺乏礼貌和修养、不尊重他人。

### (四)注意养成

商务礼仪是由许多细节构成的,从细节中可以看出一个人的礼仪素质,这些细节体现在穿着打扮上、举手投足间和言谈举止中。有时细节就是一句话或是一个动作。因此,商务礼仪素质的养成,必须从大处着眼,从细节入手,寓商务礼仪知识于日常商务行为之中,然后逐步渗透于商务活动的方方面面,最后使自己成为一个时时处处都恪守礼仪规定的人。

1. 礼仪是礼和仪的合一。礼仪是人们在社会交往中约定俗成的一种律己、敬人的行为规范、准则及程序,礼仪也是一种习惯,更是各种细节的汇合,它具有国际性、民族性、继承性、时代性和多样性等特征。

2. 正确运用礼仪,必须要明确礼仪的原则,礼仪的原则主要有尊重原则、平等原则、真诚原则、宽容原则、适度原则、自律原则、遵守原则。

3. 商务礼仪是人们在商务活动中,用以维护企业或个人形象,对交往对象表示尊重和友好的行为规范和惯例,是一般礼仪在商务活动中的运用和体现。

4. 商务礼仪具有塑造形象、规范行为、沟通交流和调适关系的作用。

5. 商务人员应从以下几个方面提高自身的商务礼仪修养:第一,学习礼仪;第二,重视践行;第三,遵守规则;第四,注意养成。

## 练 一 练

### 一、自测题

您是不是真的很有修养呢？不妨做一做下面这个简单的自我测验。用"是"或"不是"回答下列问题。

(1) 您对待售货员或饭店的服务员是不是跟您对待朋友一样有礼貌呢？
(2) 您是不是很容易生气？
(3) 如果有人赞美您，您是不是会向他说"谢谢"呢？
(4) 有人遇到尴尬的事情时，您是不是觉得很有趣？
(5) 您是不是很容易展露笑容，甚至是在陌生人的面前？
(6) 您会不会关心别人是否幸福和舒适？
(7) 在您的谈话和信件中，您是不是更多地提到自己？
(8) 您是不是认为礼貌对一个男子汉无足轻重？
(9) 跟别人谈话时，您是不是一直很注意对方？

参考答案解析：
(1) 是。一个富有教养的人，不论对什么样身份的人，都始终彬彬有礼。
(2) 不是。动不动就生气的人修养不会很好。
(3) 是。善于接受他人赞美是一种做人的艺术。
(4) 不是。幸灾乐祸显示一个人的修养较差。
(5) 是。微笑始终是一个人通往快乐的最好的入场券。
(6) 是。关心体贴别人是一个人成熟和有魅力的首要条件。
(7) 不是。那些经常大谈自己的人很少会受到别人的欢迎。
(8) 不是。良好的风度和礼貌，是做人所必需的。
(9) 是。尊重别人的意见才能使别人尊重自己。

### 二、简答题

1. 礼仪及其特点是什么？
2. 设身处地地感受一下礼仪的作用。
3. 举例谈谈遵守商务礼仪的重要性。

### 三、案例分析题

#### 不同的施舍者

一个断肢的残疾人在路边乞讨,旁边围了一些人观看。这时过来一位衣冠楚楚的绅士,掏出一把碎银,丢在乞讨者面前,然后对众人炫耀说:"我邓善人名不虚传吧?"过了一会,又过来一位衣衫褴褛的樵夫,从兜里掏出几枚铜钱送到乞讨者的手上,并说:"不要嫌少,我一天的柴钱只有这些。"

【问题】

你觉得乞丐会怎样回应这两位施舍者?说出你的理由。

### 四、实训题

模拟训练:

以班级为单位,组织同学轮流当一回礼仪示范生,可从仪表、神态、言谈、举止等几个方面来培养与训练学生的礼仪规范,感受礼仪修养的重要性。

# 第二章 仪容礼仪

**学习目标**

知识目标：了解面部修饰、发部修饰的基本礼仪，掌握仪容修饰的具体规范。

能力目标：掌握面容、发部的修饰技巧，塑造商务人员良好的外在形象，以利于商务活动的顺利开展。

君子之修身也，内正其心，外正其容。

——欧阳修

**说事·明"礼"**

### 形象改变人生

德国《星期日画报》曾这样嘲讽默克尔："她的蘑菇头真可怕，脖子周围居然没有头发，刘海简直就像被剃光了！"她的政敌指责她"发型古板，举止不够优雅，像足不出户的农妇，跟不上时代"。默克尔并不太在意自己的外形。她曾说："政治归政治，我不会为了政治而改变容貌。"结果，她为自己的"固执"付出了惨重代价——2002年，她在总理候选人争夺战中输给了党内对手。

2005年，默克尔又被正式提名为总理候选人，她所在的基督教民主联盟明确要求她改变形象，尤其是要改变发型。为了政治前途，默克尔接受了来自党内的建议。

2005年夏，随着总理竞选日期的邻近，德国人在竞选海报、电视上发现，默克尔"变漂亮了""一夜之间成了媒体的宠儿"。德国《明星》周刊当时评论说，默克尔正以新的形象示人；《彩色画刊》认为，默克尔"比以往更有魅力"；很多女性杂志都要采访她，并说在她身上看到了"由内而外散发的光芒"，在媒体一片称奇声中，默克尔的支持率不断升高，最终于2005年11月22日成为德国历史上第一位女总理。

【点评】默克尔正是通过一定的仪容修饰,使自己原来的形象得到了改善,变得更完美,更具有魅力,从而帮助她获得了成功。

仪容礼仪是个人基本礼仪的重要组成部分。仪容主要是指人的容貌,是人体不着装的部位,包括头发、面部、手部等。仪容礼仪讲究容貌上的美化和修饰。美好的仪容,既反映了个人爱美的意识,又体现了对他人的一种礼貌;既振奋了自己的精神,又表现了个人敬业的态度。

对仪容进行修饰,面部与头发是重心。总的来说,商务人员在仪容方面必须遵循两个基本原则:一是干净整洁。平时,商务人员必须勤洗理、勤修饰,使自己的仪容永远清爽、利索。二是修饰避人。商务人员在修饰个人仪容时,不应当不避他人当众"修饰"自己,诸如补妆、整理衣裤等。在别人面前"当窗理云鬓,对镜贴花黄",既失之于端庄稳重,也有可能被人误解。

# 第一节 面部修饰

面部是人际交往中为他人所关注的焦点。在商务交往中,商务人员欲使自己从容而自信,就应注意面部修饰。

## 一、面部的清洁

商务人员修饰自己的面部,首先要保持干净。其标准是无灰尘、无污垢、无汗渍、无分泌物,无一切不洁之物。为此必须养成平日勤于洗脸的好习惯。一般在用餐、午休、外出、流汗、流泪、劳动或者接触灰尘之后,都应清面洁脸,不使自己的面部存在一丝一毫汗渍、泪痕以及不洁之物。

### (一) 保持面部的洁净

**1. 眼部**

"眼睛是心灵的窗户",眼部有分泌物要及时清除。平时清洗要注意指法:眼睛微闭,用中指或者无名指由眼头向眼尾方向打圈移动,应保持一个方向,多次进行,切记不要来回移动。

戴眼镜者还应注意,眼镜片上的脏物也要及时揩除。除有眼疾时,在室内不戴墨镜或有色眼镜。

**2. 口腔**

牙齿洁白,口无异味,是对口腔的基本要求。为此,应坚持每天早、中、晚刷三次牙。尤其是饭后,一定要刷牙,以去除残渣、异味。另外,在重要应酬之前忌食生蒜、生葱、韭菜、萝卜、腐乳等可让人口腔发出刺鼻气味的东西。会客时不嚼口香糖等食物。

**3. 鼻腔**

鼻腔要随时保持干净,不要让鼻涕或别的东西充塞鼻孔;经常修剪一下长到鼻孔外的鼻毛。

**4. 耳朵**

平时洗澡、洗头、洗脸时,应安全地清洗一下耳朵,及时清除耳孔中的分泌物。当耳毛长出耳孔之外时,应进行修剪。

**5. 指甲**

勤洗手,还要常剪手指甲,绝不要留长指甲,因为它不符合良好的交际者的身份,还会藏污纳垢,给人留下不讲卫生的印象。

手指甲的长度以翻转手掌后不长过手指指尖为宜。不宜涂抹有色指甲油。

### (二) 清洁养护的方法

**1. 清洁的方法**

洁面要耐心细致,完全彻底,面面俱到。先用温水先润湿脸部,之后涂抹上适当的洁面剂(如洗面奶、香皂、洗面膏等),用双手中指和无名指由下而上轻轻揉搓、打圈;手经过鼻翼两侧至眼眶周围正反打圈,从上额至颧骨至下颌部位反复打圈,由颈部至左、右耳根反复多次揉搓;再用温水冲净面部的洗面用料;最后用凉水冲洗,令毛孔收缩。在清洁面部的时候时间尽量不要超过一分钟。

**2. 养护的方法**

洁净的面容重在养护,平日要多吃水果、蔬菜,多喝水,以保持足够的水分,防止皮肤粗糙、干燥。要保证足够的睡眠,使面部看上去红润。每个人的皮肤肤质是不一样的,所以要根据自己的肤质选择合适的护肤品进行面部保养。夏季要及时擦去脸上的汗,不要让其留在脸上。冬天在外出前要擦润肤产品,以便保护肌肤,特别要注意的是一年四季都要注意防晒。

> **小贴士** 防晒系数（SPF），是测量防晒品对阳光中紫外线（UVB）的防御能力的检测指数，表明防晒用品所能发挥的防晒效能的高低。它是根据皮肤的最低红斑剂量来确定的。
>
> SPF值后面的系数是指紫外线对皮肤的照射不致伤害的一个时间范围。
>
> 例如，如果在不涂防晒产品的情况下，在阳光下停留20分钟后，皮肤会稍稍变成淡红色，则防晒系数15的产品可保护你达5小时之久。
>
> 20(分钟)×15(SPF)＝300分钟(5小时)
>
> 目前市面上的防晒产品，以防晒指数30和50居多，SPF 30适合日常防晒，SPF 50适合长时间处于户外环境中的防晒。

## 二、面部的修饰

一个人的容貌，很大程度上是人的学识、修养、心理等综合因素的外溢。倘若其具有高尚的品格和修养，以及丰富的学识、健康的心态，那么其举止仪表就能让他人体会到美感。正如俗话所说："十分容颜，五分造化，五分妆成；两颊品貌，一半生成，一半饰成。"在商务场合和人际交往中，进行适度的面部修饰是必要的，而面部修饰的重点是妆容修饰。

**礼仪·学堂**

人际交往中的魔鬼数字："73855"——人的第一印象的构成＝55％外表＋38％声音＋7％语言，如图2.1所示。

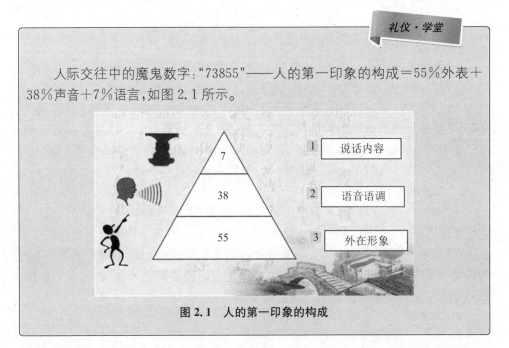

图2.1 人的第一印象的构成

## 第二章 仪容礼仪

> 礼仪·练习

如果你要出席一个商务活动,你会化一个得体的商务妆吗?要注意哪些方面?

### (一)女士化妆

**1. 化妆的原则**

对商界女士来说,淡妆上岗,是对交往对象的尊重,也是一种良好心态的展现。淡妆讲究简约、素雅、端庄,因此应遵循扬长避短、浓淡适宜和化妆(或补妆)避人的原则。

(1)扬长避短。突出美化自己脸上富有美感之处,掩饰面部的不足,以达到化妆的最佳效果。

(2)浓淡适宜。一般来说,化妆有晨妆、晚妆、上班妆、社交妆、舞会妆等多种形式,它们的浓淡程度都存在差异。因此,化妆的浓淡要根据不同的时间和场合来选择,如工作妆要简约、清丽、素雅,而舞会妆则可浓妆艳抹。

(3)化妆(或补妆)避人。化妆或补妆应遵循修饰避人的原则,选择无人的地方,如化妆间、洗手间等,切忌在他人面前肆无忌惮地化妆或补妆。

**2. 化妆的方法**

从方法上讲,进行一次完整而全面的化妆,其程序与步骤有一定的规范。

(1)用品(用具)的准备

化妆用品包括基本化妆品、各部位化妆品和清洁卸妆品。

基本化妆品是用于面部表层的肌肤调理、打底化妆,为进一步化妆做准备的化妆品,包括化妆水、粉底、定妆粉等。

各部位化妆品是用于五官、手等各个局部,使其造型、大小、比例、色泽等分别得到改善、渲染和美化的化妆品,包括唇膏、唇线笔、眼影、眼线笔(块、液)、睫毛膏、眉笔、胭脂等。

清洁卸妆品是用于面部残妆的溶解和污垢的清除,并能形成一层薄膜,保护面部皮肤的化妆品,如卸妆油、卸妆膏、洗面奶等。

化妆用具包括毛刷(粉刷、胭脂刷、眉毛刷、唇刷等)、眉刀、睫毛卷曲器、粉扑、镜子、面巾纸、棉花球(棉签)等。

(2)妆前的准备

① 束发。用宽发带、毛巾等将头发束起来或包起来,最好在肩上披块围巾,防止化妆时弄脏头发和衣服,也可避免散发妨碍化妆。这样会使脸部轮廓更加清晰、明净,以便有针对性地化妆。

② 洁肤。用清洁霜、洗面奶或洗面皂清洁面部的污垢及油脂,有条件的还可

以用洁肤水清除枯死细胞、皮屑,然后结合按摩涂上有营养的化妆水。

③ 护肤。选择膏霜类,如日霜、晚霜、润肤霜、乳液等涂在脸上,令肌肤柔滑,并可防止化妆品与皮肤直接接触,起到保护皮肤的作用。

④ 修眉。用眉钳、小剪修整眉形并拔除多余的眉毛,使之更加整齐秀美。

(3) 化妆的技巧

① 打粉底。粉底液是女人的第二层皮肤。打粉底又叫基面化妆,目的是调整皮肤颜色,使皮肤平滑,增强脸部的立体效果。化妆者可根据自己的皮肤选择合适的粉底,一般以接近自己的肤色为最好。用粉扑或无名指的指肚从鼻子处向外均匀涂抹,尤其不要忽视细小部位,在头与脖子衔接处要渐淡下去,粉底不要太厚,避免看上去像戴上一个面具。

**小贴士** 紧贴肌肤的粉底可使出色的彩妆更完美,方法很简单,你只要先把微湿的化妆海绵放到冰箱里,几分钟后,把冰凉的海绵拍在抹好粉底的肌肤上,你就会觉得肌肤格外清爽,彩妆也显得特别清新。

② 画眉毛。眉毛强调自然美。修饰眉毛应根据脸型的特点来确定眉毛的造型,眉形的设计要适合眼睛的形状,颜色应尽量选择与发色相接近的颜色,这样才会相得益彰。首先用眉刷自下而上将眉毛梳理整齐,然后用眉笔顺眉毛生长方向一道道描画,眉毛从眉头起至三分之二处为眉峰,描至眉峰后应以自然弧度描至眉尾,眉尾处渐淡,最后用眉刷顺眉毛生长方向刷几遍,使眉道自然圆滑。

③ 画眼影。眼影用什么颜色,用多少种颜色,如何画,都因人因事而异。工作妆,一般不需要画眼影;社交妆,商界女士可选择沉静型的眼影,将其涂于眼睑沟内及上眼睑或眼角部位,上眼睑的眼影要有深浅层次,从睫毛到眉毛下沿,着色由深渐浅。

④ 画眼线。眼线要贴着睫毛根画,浓妆时可稍宽一些,淡妆时可稍细一些。上眼线内眼角方向应淡而细,外眼角方向则应加重,至外眼角时要向上挑一点,把眼角向上提,使眼角上翘,显得眼睛有神。

**礼仪·练习**

描画细致眼线可能是一大难题,其实也不难,你可以把手肘放在一个固定的地方,比如你的化妆台,在桌上平放一块小镜子,让双眼朝下望向镜子,就可以放心描画眼线了。

⑤ 刷睫毛。先将睫毛用睫毛夹子夹着由内向外翻卷,然后从睫毛根到睫毛尖

刷上睫毛液,为了使睫毛显得长些、浓些,可在睫毛液干后再刷第二遍、第三遍,最后再用眉刷上的小梳子将黏在一起的睫毛梳开。

⑥ 抹腮红。抹腮红要因人而异,不可千篇一律。长脸型宜横涂,宽脸型宜直涂,瓜子脸型则以面颊中偏上处为重点,然后向四周散开。胭脂的颜色,要根据肤色、着装和场合而定。

⑦ 定妆。用粉扑蘸上干粉轻轻、均匀地扑到妆面上,只需薄薄一层,以起到定妆作用,使妆面柔和,吸收粉底过多的光泽。扑好粉后,用大粉刷将妆面上的浮粉扫掉。

⑧ 画口红。嘴唇是面部较引人注目的部位,化唇可增加唇部的血色感。先用唇线笔画好唇廓,再把唇膏涂在唇廓内,可用唇刷涂,也可用棒式唇膏直接涂。口红的颜色应与服装及妆面协调。为了使口红色彩持久,可用纸巾轻抿一下口红,然后扑上透明定妆粉,再抹一次口红。

职业妆

### 得体商务妆(职业妆)要点

商务妆(职业妆),就是既美丽又令人产生亲切、信任感的妆容,有利于你的日常工作,又不会太繁杂费时。

1. 风格简约:整个面部妆彩色系应保持和谐一致,对比色只会让妆容显得突兀不稳重,同色系的配合则可以让妆容显得更精致、优雅。

2. 细腻滋润:妆容的品质好坏与否,粉底起着关键性作用。上粉底前用冷水拍打肌肤可令毛孔收缩,粉底会上得更均匀。皮肤不是特别出油,可以不用散粉。

3. 眉眼突出:商务妆,强调职业化,所以眉毛宜有棱角,眼睛要有神采,轮廓尽量突出,才能给人以鲜明的第一印象。

4. 清爽洁净:在所有商务场合,清爽洁净、低头不掉粉、眨眼不留痕、唇过无红印,是最起码的礼仪要求。

5. 随时修补:严谨的商务形象要求妆容持久常新,所以完美的商务妆同时也能给每一次的简单修补留出余地。

## (二)男士修饰

美容不是女士的专利,男士要显得有风度、庄重、文雅和有朝气,容貌修饰是必要的。在商务场合,女士不化妆,男士不修面,是对交往对象的不尊重。

### 1. 面部清洁

成年男子皮脂的分泌活动相当活跃,皮脂分泌过多容易黏结灰尘形成污垢,甚至会出现粉刺而影响面容。因此,男士的美容主要是对皮肤进行清洁按摩,保持皮肤的健康、卫生。

### 2. 不蓄胡须

除有特殊的宗教信仰与民族习俗外,商界男士不要蓄须,不留八字胡或其他怪状胡子。要养成每天剃须的习惯。

> **小贴士** 刮胡子会使面部皮肤组织不断剥落和更新,加快皮肤的新陈代谢,导致皮肤发生松弛。因此在刮胡子前,一定要把皮肤清洁干净,刮胡子时按毛囊生长逆方向,由下而上剃。刮胡子后,须涂须后水(乳),以调理、镇静肌肤。

## 第二节 发部修饰

头发是每个人身体的"制高点",也是被他人第一眼注视的地方。得体的发型会使人精神焕发,会给人带来整洁庄重、洒脱文雅、充满朝气并充满自信的感觉。针对不同人,需要扬长避短,选择适合自己的发型。修饰仪容应从头做起。

### 一、发部的清洁

(1) 勤于清洗。勤于洗发,通常夏天应每天洗头,冬天每周至少清洗头发2~3次。

(2) 勤于修剪。在正常情况下,通常应当每半个月左右修剪一次头发,最少也要保持每月修剪一次。

(3) 勤于梳理。出门上班前、换装上岗前、摘下帽子时、下班回家时都要梳理头发。

> **小贴士** 梳头不宜当众进行,应避开外人;梳头不宜直接用手,最好随身携带一把梳子;不到万不得已,千万不要以手指去代替发梳。梳理的断发和头屑不可随手乱扔和乱拍撒。

## 二、发部的修饰

### (一) 发部的造型

发部的造型,亦即发型。发型在一定程度上是时代的留影,也历来是人们审美趣味的中心,它既是保护、美化头部的能动因素,又是修饰面部审美格调的"重彩"。选择发型总的原则是男性应讲究阳刚之美,女性则崇尚阴柔之美。

**1. 女士发型**

女士发型要遵循美观、大方、整洁、实用的原则。商界女士最好为短发,前不遮眉、发不盖脸、侧不及耳、长不过肩。如果是长发,可将其挽或束起来,不适合任意披散。

(1) 发型与脸型

发型的选择以脸型特征为依据,倒三角形脸的女士适合选择掩饰上部、增宽下部的发型;三角形脸的女士可以选择能增宽上部的波浪形卷发;方形脸的女士适合选择卷曲的波浪发型,以改善方脸的形状;椭圆形脸的女士适合选择任何发型,以中分、左右均衡的发型为最佳;长形脸的女士适合选择蓬松的发型,以增宽面部;而圆脸形的女士恰恰相反,适合选择柔顺的长发,以拉长面部。

(2) 发型与体型

体型高瘦的女士适合选择长发、直发,使头发显得厚重;体型矮小的女士适合选择短发或盘发,给人以秀气之感;体型高大的女士适合选择直发或大波浪卷发,给人以简洁、明快之感;体型矮胖的女士适合选择运动式发型,给人以健康之感。

(3) 发型与性格、气质

每个人的性格、气质各不相同,所选择的发型也不能千篇一律。举止端庄、稳重的人,宜选择朴素、自然大方的发型;性格开朗直爽的人,宜选择线条明快、造型简洁、体现个性特点的发型;潇洒奔放的人,宜选择豪爽、浪漫的发型。

(4) 发型与职业、场合

职业女性的发型应文雅、端庄;参加晚宴或舞会时,发型可高雅、华丽。

**2. 男士发型**

男士选择发型的基本原则是"得体",即发型要与人的各种因素相称。

商界男士发型应线条简单、容易梳理、平淡自然。具体来讲,商界男士头发的具体标准为:前不覆额,侧不掩耳,后不及领,面不留须。发质清洁、无头屑。

(1) 发型与脸型

长形脸不宜留短发,宽形脸不宜留长发、蓄鬓角,否则给人以头重脚轻、臃肿、做作之感。头发稀少或者秃顶的人,更不宜留长发,因为头发稀少又不规则,不但不美观,反而给人以病态之感。

(2) 发型与体型

高瘦者应该留分段式长发,矮胖或瘦小者应剪短发,以显得有精神。

(3) 发型与服装

男士穿西装,发型应吹风定型,以显得风度翩翩。

### 礼仪·佳话  南开中学的"容止格言"

周恩来青少年时期曾就读的南开中学各教学楼门口都有一面大镜子,上面写着引人注目的《镜箴》:

面必净、发必理、衣必整、纽必结、头容正、肩容平、胸容宽、背容直,气象勿傲、勿暴、勿怠,颜色宜和、宜静、宜庄。

这段著名的"容止格言"每天都提醒着南开学子要时刻保持端庄得体的仪表、仪容、仪态,处处注意自己的容貌举止。20世纪50年代,当新中国向国外派遣第一批大使时,从南开中学毕业的周恩来总理还能背出这些箴言,勉励那些即将赴任的大使。周恩来毕生注重彬彬有礼的风度,保持光彩动人的形象,这与他在南开中学所受的礼仪教育不无关系。

### (二) 发部的美化

人们在修饰头发时,往往会有意识地运用某些技术手段对其进行美化,这就是所谓的美发。美发不仅要美观大方,而且要自然,不宜雕琢痕迹过重,或不合时宜。

有些商务男士虽然西装革履,但头发因为涂抹了过量的发胶或摩丝而看上去"油光可鉴",实在不雅。商界女士的发型设计也不宜太时髦,头上不宜刻意添加过分花哨的发饰。既不允许把头发做成钢丝式、爆炸式等发型,也不允许随随便便地长发过肩,自由"发挥"。不可不分场合地把用于室外或社交场合的帽子,如公主帽、发卡帽、贝雷帽、学士帽、棒球帽、太阳帽等戴进写字间。有些发型,需要戴发卡、发箍,也应不使之被卡通娃娃、花卉图案等色彩鲜艳、稚气不减的东西占据"醒目"的位置。发卡应朴实无华,发箍应以黑色与藏蓝色且无任何花饰的为主。

### 小贴士

如果想使头发长久保持发型,简单易行的方法就是早上吹头发时预先喷些发胶或者啫喱水,然后用热吹风吹干,这样发型就会长久不变,保持一天的美丽与清爽。

## 本章小结

1. 仪容主要是指人的容貌,是人体不着装的部位,包括头发、面部、手部等。对仪容进行修饰,面部与头发是两个重心。

2. 面部的清洁标准是无灰尘、无污垢、无汗渍、无分泌物、无一切不洁之物。面部清洁包括保持面部的洁净、清洁养护的方法。

3. 面部修饰的重点是妆容修饰。对女士而言,面部化妆应讲究原则、注意方法、掌握技巧;对男士而言,面部修饰应做到面部清洁、不蓄胡须。商务人员不仅要掌握化妆、皮肤保养的一般知识,而且还要懂得化妆的礼节。

4. 不论男士与女士,头发应勤于清洗、修剪、梳理。

5. 发部的修饰包括发部的造型及美化,对商务人士而言,造型得体、自然美观是重点。

## 练一练

### 一、选择题

1. 商界女士化妆讲究的原则是( )。
A. 扬长避短  B. 浓淡适宜  C. 化妆(补妆)避人

2. 商界男士发型的要求是( )。
A. 前部头发不遮住自己的眉毛
B. 侧部头发不盖住自己的耳朵
C. 后面的头发不超过衬衣领子的上部

### 二、简答题

1. 女士化妆应注意什么?
2. 男士发型应注意什么?
3. 请谈一谈商务人员修饰面容的重要性。

### 三、案例分析题

#### 不满意的服务

某报记者吴先生为做一次重要采访,下榻于北京某饭店。经过连续几日的辛苦采访,终于圆满完成任务。吴先生与两位同学打算庆祝一下。当他们来到餐厅,接待他们的是一位五官清秀的服务员。服务员接待服务工作做得很好,可是她面无血色,显得无精打采。吴先生一看到她就觉得没有了刚才的好心情,仔细留意才发现原来这位服务员没有化工作淡妆,在餐厅昏黄的灯光下显得病态十足。这又怎能让客人看了有好心情就餐呢?上菜时,吴先生又看到传菜员涂的指甲油缺了一块。当时吴先生的第一反应就是"不知是不是掉入我的菜里了"。为了不惊扰其他客人用餐,吴先生没有将他的怀疑说出来,但心里总不舒服。最后,他们唤柜台内的服务员结账,而服务员却一直对着反光玻璃墙面修饰自己的妆容,丝毫没注意到客人的需要。对于本次用餐,吴先生对该饭店的服务十分不满。

【问题】

吴先生对这家饭店哪些方面的服务不满意?

## 四、实训题

1. 根据自己的脸型及五官的具体形状为自己化个工作妆。
2. 根据自己的脸型为自己设计一款发型。

# 第三章 服饰礼仪

**学习目标**

**知识目标：** 了解基本的商务服饰礼仪规范、商务服饰礼仪细节；了解商务活动中男士着装和女士着装的基本要点；了解饰物佩戴的基本原则及其要点。

**能力目标：** 能够根据不同的商务场合，搭配合体的商务服饰。

**礼仪格言**

服装打造一个人，不修边幅的人在社会上是没有影响力的。

——马克·吐温

**说事·明"礼"**

**失败的着装**

郑伟是一家大型国有企业的总经理。有一次，他获悉德国一家著名企业的董事长正在本市进行访问，并有寻求合作伙伴的意向。于是，郑伟请有关部门为双方牵线搭桥。让郑总经理欣喜若狂的是，对方也有兴趣同他的企业进行合作，而且希望尽快与他见面。到了双方会面的那一天，郑总经理上穿夹克衫，下穿牛仔裤，头戴棒球帽，足蹬旅游鞋前去赴约。无疑，他希望自己能给对方留下精明强干、时尚新潮的印象。然而事与愿违，郑总经理自我感觉良好的这一身时髦的"行头"，却偏偏坏了他的大事。德商在与郑伟见面后，只草草聊了几句便匆匆离去。

【点评】古今中外，服饰体现着一种社会文化，体现着一个人的文化修养和审美情操，它是一个人身份、气质以及内在素质的无言名片。在商务场合，注重服饰礼仪是每个商务人员的基本素养。

# 第一节 服饰概述

## 一、服饰的功能

服饰是人的外在表象,由服装本体及其延伸饰物所构成。服饰作为自然环境和社会环境综合作用的产物,具有多种价值,发挥着多重功能,其主要功能是保护功能、审美功能和提升形象功能。

### (一) 保护功能

服饰产生于人们的生理需要。远古时代,人类多半裸露在寒暑无定的自然环境里,饱受日晒雨淋和风袭雪侵之苦,为了蔽体御寒,人类便披兽皮、围树叶。随着社会的发展,直到纺织术发明,才有了现代意义的服饰。但不管服饰如何千变万化、向前发展,总离不开它的基本属性——蔽体。这是它的第一功能。

### (二) 审美功能

当人们开始用贝壳、兽齿打扮自己,以及在腰带上挂满精巧的物件来装饰自己时,便萌发了美的意识,衣着也就有了审美功能。随着时代的发展,服饰的作用不仅仅是保护人的身体,更主要的是表现人格特征和文化修养。传播学专家认为,一个人可以用四种方式表达自身的信息:语言、表情、姿势、服饰,其中服饰是最含蓄也是最有趣的一种,它不是固定的符号,却能通过服饰与身份的对比,传递出语言不能穷尽的丰富信息。展示一个人的人格特征和涵养,追求气质美、风度美、仪表美,均离不开对服饰的讲究。服饰从最初只具有保暖御寒的实用功能,发展到具有审美功能,从而成为现代社会虚幻语境最重要的营造工具。

### (三) 提升形象功能

俗话说"佛靠金装,人靠衣装""人靠衣裳,马靠鞍",在当今这个讲究形象的时代里,服饰好似一封无言的介绍信,时时刻刻向每一个交往对象传递着各种信息。它能反映出一个人的文化修养、审美情趣,也能表现出一个人的价值观、生活哲学。正如莎士比亚所说:"一个人的穿着打扮就是其自身修养的最好的形象说明。"可以说,一个人的服饰并不只是其外在表象,它还是提升社交形象、取得成功的重要前提。

## 第三章 服饰礼仪

**礼仪·案例**

**形象的魅力**

美国著名的服饰工程师约翰·摩洛埃曾做过一项研究。他派一位中下层社会出身的大学毕业生去拜访100家公司,去其中50家时他穿着普通服装,去另外50家时则穿着高档服饰。对于每家公司的经理,摩洛埃都事先打过招呼,让经理们通知自己的秘书,这个年轻人是摩洛埃刚刚聘任的助理,并要求秘书听从这个年轻人的吩咐。结果这位年轻人穿着高档服饰去拜访时,秘书几乎是有求必应;而穿着普通服装时,至少有三分之一的秘书对他表示冷淡,或颇有微词。当他要求调三份职员档案时,身穿高档服饰时有42次在10分钟内收到,而在身着普通服装时只有12次。这个实验的统计数据显示,身着高档服饰时,在50次会面中得到的积极反应和合作是30次,而身着普通服装时却只有4次。

可见,借助服饰既可以美化形象,增强人际吸引力,又可以塑造形象,优化你的"第一印象",使你得到他人的重视和尊重,从而让生意兴隆、发达,事业顺畅、成功。

## 二、服饰打扮的原则

正确的着装,能使形体、容貌等形成一种和谐的整体美。服饰整体美的构成因素是多方面的,包括人的形体和内在气质,服装饰物的款式、色彩、质地、加工技巧乃至着装的环境等。正如培根所说,"美不在部分而在整体",孤立地看一个事物的各个部分可能不美,但是整体搭配看却可能显得很美。

服饰打扮虽说由于每个人的喜好、打扮方式不同,产生的效果也不同,因此也成就了五彩斑斓的服饰世界,但根据人们的审美观及审美心理,还是有一些基本的原则可循。

马棚修容的故事

### (一)整洁原则

整洁原则是指整齐干净的原则,这是服饰打扮的一个最基本的原则。一个穿着整洁的人总能给人以积极向上的感觉,并且也表示出对交往对象的尊重和对商务活动的重视。整洁原则并不意味着时髦和高档,只要保持服饰的干净合体、全身整齐有致即可。

### (二)个性原则

个性原则是指在社交场合树立个人形象的要求。不同的人由于年龄、性格、职业、文化素养等各方面不同,自然就会形成各自不同的气质,在选择服装进行服饰打扮时,不仅要符合个人的

体型与穿衣

气质,还要通过服饰凸显个性气质。为此,必须深入了解自我,正确认识自我,根据自己特定的身份选择合适的服饰,这样才可以让服饰尽显风采。如商务人员着装需要庄重雅致,服务人员在岗需要身穿制服等。

**礼仪·学堂**

**根据体型选服装**

在现实生活中并非每个人的体型都十分理想,人们或多或少地存在着体型上的不完美或欠缺,或高或矮,或胖或瘦。若能根据自己的体型挑选合适的服装,扬长避短,则能实现服装美和人体美的和谐统一。

一般来说,身高较高的人,上衣应适当加长,配以低圆领及宽大的衬衣、宽大的裙子,这样能给人以"矮"的感觉,衣服颜色上最好选择深色、单色或柔和的颜色;身高较矮的人,不宜穿大花图案或宽格条纹的服装,最好选择浅色的套装,上衣应稍短一些,使腿比上身突出,服装款式以简单直线为宜,上下颜色应保持一致。体型较胖的人应选择有小花纹、直条纹的衣料,最好是冷色调,以达到显"瘦"的效果,在款式上,要力求简洁,中腰略收,不宜采用关门领,以"V"型领为最佳;体型较瘦的人应选择色彩鲜明,有大花图案以及方格、横格的衣料,给人以宽阔、健壮的视觉效果,在款式上,应选择尺寸宽大、有上下分割花纹、有变化、较复杂、质地不太软的衣服,切忌穿紧身裤,也不要穿深色的衣服。

### (三)"TPO"原则

"TPO"原则就是要求人们要因时间(Time)、地点(Place)和场合(Occasion)的变化而穿着不同的服装,即着装应该与当时的时间、地点和所处的场合相协调。这一原则简称为着装的"TPO"原则。

#### 1. 时间原则(Time)

时间涵盖了每一天的早中晚三个时间段,也包括每年春夏秋冬四个季节。因此,职业人士在着装时必然要考虑时间因素,做到"随时更衣"。在通常情况下,晨练着装应以方便、随意为宜;工作时间的着装要根据自己的工作性质和特点,以庄重大方为原则;晚间宴会、舞会、音乐会一类的正式社交活动居多,着装以晚礼服为宜。夏季着装以轻柔、凉爽、简洁为主;冬季应以保暖、轻便为着装原则,避免着装过厚而显得臃肿不堪,也要避免为了风度而不要温度;春秋两季着装的自由度相对较大,但总体上以轻巧灵便、薄厚适宜为着装原则。

#### 2. 地点原则(Place)

从地点上讲,置身于室内或室外,身处于单位或家中,这些不同的地点,着装的款式也应有所不同。西装革履步入金碧辉煌的高级酒店会产生一种人境两相宜的效果；而西装革履地出现在农田里，便显得极不协调、反差强烈。穿泳装出现在海滨浴场，是人们司空见惯的，但若是穿着泳装去上班、逛街，则令人哗然。在静谧肃穆的办公室里穿一套随意的休闲装，穿一双拖鞋，或者在绿草茵茵的运动场穿着一身挺括的西服，穿一双皮鞋，都会因地点与服饰特性的不协调而显得人境两不宜。所以有必要选择适宜的服饰款式与色彩，达到人境相融的最佳效果。

3. 场合原则(Occasion)

不同场合的衣着要与场合的气氛相协调。在喜庆的场合不能穿得太古板，在悲伤的场合不能穿得太艳丽，在庄重的场合不能穿得太随意，在休闲的场合也不必穿得过于正式。在较为正式的场合，如参加会议、庆典、招待会、酒会以及各种仪式、会见活动等，衣着应正式、稳重。在舞厅或音乐会上，男士一般以穿深色两件套或三件套西服为宜，女士可穿得华丽、高贵、漂亮，色彩也可以丰富一些。在运动场或和朋友聚会、郊游等场合，着装应休闲、舒适，如穿牛仔装、运动装、T恤衫和夹克衫等。去教堂或参加追悼会则要穿得庄严，宜穿黑色、灰色等深颜色的衣服。

### （四）色彩搭配原则

1. 同色搭配

同色搭配，即由色彩相近或相同、明度有层次变化的色彩相互搭配造成一种统一和谐的效果。如墨绿配浅绿、咖啡配米色等。在同色搭配时，宜上淡下深、上明下暗，这样整体上给人一种稳重踏实之感。

2. 相似色搭配

色彩学把色轮上大约九十度以内的邻近色称之为相似色。如蓝与绿、红与橙。相似色搭配时，两个色的明度、纯度要错开，如深一点的蓝色和浅一点的绿色配在一起比较合适。

3. 主色搭配

主色搭配指选一种起主导作用的基调和主色，相配于各种颜色，达到互相陪衬、相映成趣之效。采用这种配色方法，首先应确定整体服饰的基调，其次选择与基调一致的主色，最后再选出多种辅色。主色搭配如选色不当，容易造成混乱不堪，有损整体形象，因此使用的时候要慎重。

# 第二节 着装礼仪

## 一、男士的着装

### (一) 西装

西装是一种国际性服装,它起源于欧洲,目前是世界上最流行的一种服装,也是商界人士在正式场合的首选服装。

**1. 西装的选择**

(1) 西装的色彩

商界男士往往将西装视为自己在商务活动中所穿的制服。因此,西装的整体色彩必须显得稳重、正统,而不能过于轻浮和随便。据此,男士在商务交往中所穿的西装色彩应当为单色套装,且首推藏蓝色。在世界各地,藏蓝色的西装往往是每一位商务男士的首选。

除此之外,还可以选择灰色的西装。黑色的西装适合在庄严肃穆的礼仪性活动中穿着。日常工作中,一般不穿黑色西装。穿西装时,应遵守"三色原则",即全身色彩不宜多于三种或者三色系。最好是选择深色西装、白色衬衫、黑色鞋袜。领带的色彩最好与西装的色彩保持一致。

(2) 西装的图案

商界男士推崇的是成熟、稳重,所以其西装一般以无图案为佳。不要选择绘有花、鸟、虫、鱼、人等图案的西装,更不要自行在西装上绘制或刺绣图案、标志、字母、符号,等等。

通常,上乘西装的特征之一,便是没有任何图案。唯一的例外是,商界男士可选择以"牙签呢"缝制的竖条纹的西装。竖条纹的西装,以条纹细密者为佳,以条纹粗阔者为劣。在着装异常考究的欧洲国家,商界男士最体面的西装,往往就是深灰色的、条纹细密的竖条纹西装。用"格子呢"缝制的西装,一般只有在非正式场合时才可以穿。

**西装的类型**

※ 英式西装

英式西装的主要特征是不刻意强调肩宽,而讲究穿在身上自然、贴身,如图 3.1 所示。它多为单排扣式,衣领是"V"型,并且较窄。腰部略收,垫肩较薄,后摆两侧开叉。面料一般采用纯毛织物,色彩以深蓝和黑色为主,配以白衬衫和黑领结。整体效果威严、高贵。许多上层人士在正式场合都喜欢选择英式西装,故英式西装素有正式西装之称。一般说来,在酒会、庆典、宴会、会见贵宾等正式、隆重的场合,应穿英式西装。

※ 美式西装

美式西装的主要特征是外观上方方正正,宽松舒适,较欧式西装稍短一些,如图 3.2 所示。肩部不加衬垫,其领型为宽度适中的"V"型,腰部略收,垫肩较薄,后摆中间开叉,多为单排扣式。美式西装的面料较薄,且有一定的伸缩性,也不强调光泽的强弱。美式西装特别重视机能性,不刻板,穿着时比较随便,反映了美国人自由清新的着装理念。美式西装最适宜用作日常办公服装,它可使人显得自然大方、平易近人。

图 3.1　英式西装　　　　图 3.2　美式西装

※ 欧式西装

欧式西装的主要特征是上衣呈倒梯形,多为双排两粒扣式或双排六粒扣式,如图 3.3 所示。这类西装剪裁得体,造型优雅、规矩,垫肩很高,有时甚至给人一种双肩微微耸起的感觉,胸部使用上等的内衬显得十分挺括。面料多以黑、蓝精纺棉织物为主,质地要求细密厚实。就整体效果来看,欧式西装和英式西装十分相似,但比英式西装更讲究、更优雅,腰身紧收,裤管窄瘦,背后开双叉,裤管呈锥形向下收紧。欧式西装给人以自信和挺拔之感,并略带一丝浪漫情怀。

※日式西装

日式西装的主要特征是上衣呈"H"型,不过分强调肩部与腰部,如图3.4所示。垫肩不高,领子较短、较窄,后摆心不开叉,多为单排扣式。这个款式的西装比较适合中国人的体形。

上述四种造型的西装,各有自己的特色:英式西装裁剪得体,欧式西装洒脱大气,美式西装宽大飘逸,日式西装则贴身凝重。商界男士在具体选择时,一般来说,欧式西装要求穿着者高大魁梧,美式西装穿起来稍显散漫,中国人在选择时宜慎重。比较而言,英式西装与日式西装似乎更适合中国人穿着。

图3.3 欧式西装

图3.4 日式西装

### 2. 西装的穿着

西装七分在做工,三分在穿着。那么,怎样穿西装才算得体呢?

(1) 衬衫的搭配

好的西装唯有配上合适的衬衫,才能使西装显出档次和风度,也才合乎礼仪规范。与西装为伍的衬衫,应当是正装衬衫。

西装与衬衫

① 质地与颜色。从面料上来说,衬衫主要以高织精纺的纯棉、纯毛制品为主。而且正装衬衫必须为单一色彩。

② 图案与大小。一般说来,白色的长袖衬衫是搭配西装最好的选择,其次是浅蓝色带有细纹或小格子图案的衬衫。衬衫大小要合身,不能有污垢,要熨烫平整,领子要挺括。衬衫袖口应露出西装外约1~2厘米,衬衫衣领应高出西装衣领1~2厘米,这样既可以显示衣着的层次,又可以起到保护西装的作用。上衣身长应与手的虎口相平;袖长和手腕相平;胸围以穿一件羊毛衫感到松紧适中为宜;上衣下摆与地面平行。西装裤子裤长以裤腿边口前盖脚面、后不擦地为准。

(2) 领带的搭配

① 领带的佩戴。领带是男性商务人员穿西装时最重要的饰物。一条打得漂亮的领带,在穿西装的人身上将起到画龙点睛的作用。

领带的质地。一般情况下,商务人员在选择领带时,应当选择用真丝或羊毛制作而成的领带。

领带的颜色。要注意领带与西装颜色、款式的搭配,在商务活动中,蓝色、灰色、棕色、黑色、紫红色等单色领带都是十分理想的选择。领带颜色不可太过艳丽花哨。

领带的长度。领带的长度要适合,以达皮带处为宜。系领带时衬衣的第一颗扣子一定要扣好(如果穿西装不系领带,第一颗扣子要解开)。如果佩戴领带夹,一般应夹在衬衣的第四、第五颗纽扣之间。

② 领带的打法。

※平结(如图3.5所示)。平结为男士最常选用的领结打法,几乎适用于各种材质的领带。要注意领结下方所形成的凹洞须两边均匀且对称。

图3.5　平结

※交叉结(如图3.6所示)。这是单色、素雅、质料较薄的领带适合选用的领结,喜欢展现流行感的男士,不妨使用交叉结。

图3.6　交叉结

※双环结(如图3.7所示)。一条质地细致的领带再搭配上双环结颇能营造时尚感,适合年轻的上班族选用。该领结的特色就是第一圈会稍露出于第二圈之外。

图3.7　双环结

※温莎结(如图3.8所示)。温莎结适合用于宽领型的衬衫,该领结应多往横向发展,应避免用材质过厚的领带,领结也勿打得过大。

图3.8 温莎结

领带之温莎结

※双交叉结(如图3.9所示)。这样的领结给人以高雅且隆重的感觉,适合正式活动场合选用。该领结应多运用在素色的丝质领带上,若搭配大翻领的衬衫不仅适合且有种尊贵感。

图3.9 双交叉结

(3)毛衫的搭配

西装要穿得有"型"、有"味",除了衬衫与背心之外,在西装上衣之内,最好不要再穿其他任何衣物。如寒冷季节,可在西装上衣之内穿上一件薄型"V"领的单色羊毛衫或羊绒衫。但千万不要穿色彩、图案十分繁杂的羊毛衫或羊绒衫,也不要穿扣式的开领羊毛衫或羊绒衫,更不能同时穿上多件羊毛衫、羊绒衫、背心。

**小贴士** 因特殊情况必须在衬衫之内加穿背心、毛衫时必须注意:数量以一件为限,色彩必须与衬衫的色彩相近,款式上应短于衬衫,其领形以"U""V"形为宜。

(4)扣子的搭配

西装有单排扣和双排扣之分,单排两粒扣的西装上衣,讲究"扣上不扣下",即只扣上面一粒纽扣;单排三粒扣则扣中间的一粒,或扣上面的两粒;单排扣的西装有时也可以不扣。双排扣的西装上衣要把纽扣全部扣上,以示庄重。穿西装背心时，不论是与配套西装同时穿还是单独穿，都要扣上纽扣，单排扣的背心最下面的纽扣也可以不扣。现在的西装裤使用的都是拉链，要时刻提醒自己将拉链拉好。

### 礼仪·练习

试一试单排两粒扣西装的扣法和单排一粒扣西装的扣法。

（5）口袋的搭配

在西装的上衣、背心、裤子、内衣等口袋里应少装东西或不装东西。

西装上衣左侧的外胸袋，除可插入一块用以装饰的真丝手帕外，不可再放其他任何东西，尤其不应当别钢笔、挂眼镜。

西装上衣内侧的胸袋，可用来别眼镜、放钱夹或名片夹，但不要放过大或过厚的东西以及无用之物。

西装外侧下方的两只口袋，原则上以不放任何东西为佳。西装背心上的口袋多具装饰功能，除可以放置怀表以外，不宜再放别的东西。

西装裤子两侧的口袋只能够放纸巾、钥匙包或零钱包，其后侧的两只口袋大都不放任何东西。

（6）鞋袜的搭配

① 鞋子的搭配。穿西装时，所穿的鞋子与袜子均应符合统一的要求，认真搭配。

皮鞋的质地。与西装配套的鞋子，只能选择皮鞋。制作材料应当是真皮制品而非仿皮。一般来说，牛皮鞋与西装最般配，羊皮鞋、猪皮鞋都不太合适。同时需要说明的是，磨砂皮鞋、翻毛皮鞋大都属于休闲皮鞋，也不太适合与西装配套。

皮鞋的颜色。按照惯例应以深色为佳、以单色为宜。最适合同西装配套的皮鞋颜色只有黑色一种。另外，皮鞋在穿着过程中，要注意擦拭光亮，且要经常通风，保持无气味。正式的皮鞋是系带皮鞋。皮鞋必须打油擦亮，不允许钉铁鞋掌。

② 袜子的搭配：

袜子的颜色。穿西装、皮鞋时要搭配深色或单色的袜子，并且最好是黑色的，不能穿白色袜子或色彩鲜艳的袜子。

袜子的大小。在正式场合穿的袜子，大小一定要合脚。特别应当注意，别穿太小、太短的袜子。袜子太小，不但易破，而且容易从脚上滑下去；袜子太短，则时常会使腿肚子外露出来。

袜子的长短。一般而言，袜子的长度，不宜低于自己的踝骨。另外，袜子要经常换洗，以防止有异味。

> **小贴士** 正式场合男士着装的"三大禁忌":忌穿白袜和尼龙袜,即鞋袜色调不配;忌在正式场合穿夹克打领带;忌保留西装上的商标。

(7) 公文包的搭配

公文包被称为商界男士的"移动式办公桌",是其外出之际必不可少之物。

公文包的面料。以真皮为宜,并以牛皮、羊皮制品为最佳,非真皮包则难登大雅之堂。

公文包的颜色。公文包的色彩以深色、单色为好,浅色、多色的公文包均不适用于商界男士。在通常情况下,黑色、棕色的公文包是最正统的选择。若从色彩搭配的角度来说,应讲究"三一定律",即三个部位色彩要一致:鞋子、腰带、公文包应为一个颜色,以黑色为佳,较庄重。

**礼仪·案例　小黄的困惑**

小黄是某公司销售部的一名职员,这家公司对职员的个人形象要求很高。作为一名销售人员,小黄明白,形象在业务交往中至关重要。因此,他第一次外出推销产品时,便穿了一身刚买的深色西装,配了一条印有草履虫图纹的领带和一双黑色皮鞋,希望自己的形象能为业务的拓展做好铺垫。然而事实却不尽如人意,他虽然跑了不少地方,但与接待他的人刚一见面,对方打量他几眼后,便把他支走了。这让小黄大惑不解。

后来,他请教身边的朋友,才知道自己屡屡被拒之门外的原因,主要是他的西装没有搭配好,形象欠佳。小黄身穿深色西装,本来是很合适的,因为深色显得稳重,让人有信赖感,可是他却配了一条草履虫图纹的领带,而且分外醒目,这很不协调,因为这种花纹的领带只能在休闲时配戴,小黄在这种正式的场合配戴,违背了西装着装的基本要求。

## (二) 中山装

中山装是我国的民族服装,也是我国男士的传统礼服,是很多社交场合和商务场合的首选男士服装,如图 3.10 所示。

### 1. 服装的款式

中山装前门襟有五粒扣子,领口为带风纪扣的封闭式领口,上下左右共有四个贴袋,袋盖外翻并有盖扣。中山装的穿着讲究优质整洁、熨烫平整,衣领里可稍许露出一圈白衬衫领。

图 3.10　中山装

> **礼仪·学堂**
>
> 　　中山装是在广泛吸收欧美服饰的基础上,由中国革命先驱者孙中山先生综合日式学生服装(诘襟服)与中式服装的特点,设计出的一种直翻领有袋盖的四贴袋服装,并被世人称为中山装。此后中山装大为流行,一度成为当时中国男子最喜欢的标准服装。由于新中国开国领袖毛泽东经常在公开场合穿中山装,西方也习惯称呼中山装为"毛装"。

**2. 服装的颜色**

　　中山装的色彩相对西装来说是比较丰富的,除常见的蓝色、灰色外,还有驼色、黑色、白色、灰绿色、米黄色等。一般来说,南方地区偏爱浅色,而北方地区则偏爱深色。在不同场合,对其颜色选择也不一样,作礼服用的中山装色彩要庄重、沉着,而作便服用时色彩可以鲜明活泼些。

**3. 面料的选用**

　　作为礼服用的中山装面料宜选用纯毛华达呢、驼丝锦、麦尔登、海军呢等。这些面料的特点是质地厚实,手感丰满,呢面平滑,光泽柔和,与中山装的款式风格相得益彰,使服装更显得沉稳庄重。而作为便服用的面料,选择相对较灵活,可用棉布、卡其、华达呢、化纤织物以及混纺毛织物。

**4. 穿着的方法**

　　① 拆除商标。位于上衣左边袖子上袖口处的商标,在正式穿之前,切勿忘记将它们先行拆除。

　　② 熨烫平整。欲使一套穿在自己身上的中山装看上去美观大方,首先就要使其显得平整而挺括,线条笔直。要做到此点,除了要定期对中山装进行干洗外,还要在每次正式穿着之前,认真熨烫。

　　③ 扣好钮扣。穿着时,中山装上衣的前门襟扣、风纪扣、袋盖扣应当全部系上,以示郑重其事。

　　④ 不卷不挽。在公共场所,千万不要当众随心所欲地脱下中山装上衣,更不能把它当作披风一样披在肩上。需要特别强调的是,无论如何,都不可以将中山装上衣的衣袖挽上去。

　　⑤ 少装东西。为保证中山装在外观上不走样,就应当在中山装的口袋里少装东西,或者不装东西。对于中山装上衣上侧的外胸袋,现代的穿法仅供装饰之用,切勿插入钢笔、挂眼镜;内侧的胸袋,可用来别钢笔、放钱夹或名片夹,但不要放过大过厚的东西或无用之物。外侧下方的两只口袋,原则上以不放任何东西为佳。

中山装的韵味不是单靠中山装本身体现出来的,而是通过着装者的良好的形体及沉着稳重的语言的搭配体现出来的。

## 二、女士的着装

商界女士在正式场合要想显得衣着不俗,不仅要选择一身符合常规要求的职业女装,更要注意的是,职业女装的穿着一定要得法。一般来说,在正式场合适宜的职业女装是套裙。

### (一) 套裙

#### 1. 套裙的类型

在商务场合,女士的正式服装是套裙。套裙分两种基本类型:一种是用女士西装上衣和随意的一条裙子进行自由组合形成的"随意型",另一种是女士西装上衣和裙子成套设计、制作而成的"成套型"或"标准型"。

**礼仪·学堂**

**套裙的造型**

套裙的造型,指的是它的外观与轮廓。从总体上来讲,造型的基本轮廓大致上可以分为"H"型、"X"型、"A"型、"Y"型四种类型。

"H"型造型套裙的主要特点:上衣较为宽松,裙子亦多为筒式。这样一来,上衣与下裙便给人以直上直下、浑然一体之感。它既可以让着装者显得优雅、含蓄和帅气,也可以为身材肥胖者避短。

"X"型造型套裙的主要特点:上衣为紧身式,裙子则大多是喇叭式。实际上,它是以上紧下松来有意识地突出着装者纤细的腰部。此种造型的套裙轮廓清晰而生动,可令着装者看上去婀娜多姿、楚楚动人。

"A"型造型套裙的主要特点:上衣为紧身式,裙子则为宽松式。此种上紧下松的造型,既能体现着装者上半身的身材优势,又能适当地遮掩其下半身的身材劣势。不仅如此,它还在总体造型上显得松紧有致,富于变化和动感。

"Y"型造型套裙的主要特点:上衣为松身式,裙子多为紧身式,并且以筒式为主,它的基本造型就是上松下紧。一般来说,它意在遮掩着装者上半身的短处,同时表现出下半身的长处。此种造型的套裙往往会令着装者看上去亭亭玉立、端庄大方。

### 2. 套裙的穿着

**（1）大小适度**

通常认为，套裙之中的上衣最短可以齐腰，裙子最长可以达到小腿的中部。但在一般情况下，上衣不可以太短，裙子也不可以太长。否则，便会给人以勉强或者散漫的感觉。

特别应当注意的是，上衣的袖长以恰好盖住着装者的手腕为好，衣袖如果过长，甚至在垂手而立时挡住着装者的大半个手掌，往往会使其看上去矮小而无神；衣袖如果过短，动不动就使着装者"捉襟见肘"，甚至将其手腕完全暴露，则会显得滑稽而随便。

> **小贴士** 套裙的上衣或裙子均不可过于肥大或紧身。如果说过于肥大的套裙易使着装者显得萎靡不振的话，那么过于包身的套裙则往往会给人留下着装者过于轻浮的印象。

**（2）穿着到位**

在穿套裙时，必须依照其常规的穿着方法，将其认真穿好，令其处处到位。尤其要注意，上衣的领子要完全翻好，衣袋的盖子要拉出来盖住衣袋；不允许将上衣披在或者搭在身上；裙子要穿得端端正正，上下对齐之处务必准确对齐。

按照规矩，商界女士在正式场合穿套裙时，上衣的衣扣要全部系上，不允许将其部分或全部解开，更不允许当着别人的面随便将上衣脱下来。

**（3）注意场合**

商界女士在各种正式的商务交往中，一般以穿着套裙为好，而在出席宴会、舞会、音乐会时，可酌情选择与此类场合协调的礼服或时装，如果此刻依旧穿套裙，则会使自己与现场"格格不入"，并且还有可能影响到他人的情绪。

**（4）协调妆饰**

就化妆而言，商界女士穿套裙时，既不可以不化妆，也不可以化浓妆。不可以化浓妆，是因为商界女士在工作岗位上突出的是工作能力、敬业精神，而非自己的性别特征和靓丽容颜，所以应当只化淡妆，达到"妆成有却无"的效果，恰到好处即可。

就佩饰而言，商界女士在穿套裙时要以少为宜，合乎身份。在工作岗位之上，可以不佩戴任何首饰。如果要佩戴的话，则至多不超过三种，每种也不宜多过两件。

> **小贴士** 穿套裙的商界女士在佩戴首饰时，必须兼顾自己的职业女性这一身份。按照惯例，不允许佩戴有可能过度地张扬自己"女人味"的耳环、手镯、脚链等首饰。

### (5) 兼顾举止

穿套裙时,商界女士站姿应稳重大方,不可叉开双腿,或站得东倒西歪,或是倚墙靠壁而立。

一套裁剪合身或稍微紧身一些的套裙,在行走之时或取放东西时,有可能对着装者产生一定程度的制约。由于裙摆所限,穿套装者走路时不能大步流星,而只宜以小碎步进行。行进之中,步子以轻、稳为佳,不可走得"咚咚"直响。需取物时,若其与自己相距较远,可请他人相助,千万不要逞强,尤其是不要踮起脚尖、伸直胳膊费力地去够,或是俯身、探头去拿,免得露出自己身上不该暴露的部位,甚至使套裙因此而訇然开裂。

> **搭配套裙的衬衫的选择**
>
> 与套裙配套穿着的衬衫,从面料上讲,要求轻薄而柔软,真丝、麻纱、府绸、罗布、涤棉等,都可以用作其面料。从色彩上讲,要求雅致而端庄,并且不失女性的妩媚。除了白色之外,其他各式各样的色彩,包括流行色在内,只要不是过于鲜艳,同时与所穿套裙的色彩不相互排斥,均可用作衬衫的色彩。不过,还是以单色为最佳。同时,还要有意识地注意,衬衫的色彩应与同时所穿的套裙的色彩相协调,可外深内浅,也可外浅内深,形成两者之间的深浅对比。

## (二) 旗袍

旗袍是中国女性的传统服饰,被誉为中国国粹和女性国服。旗袍款式流畅巧妙,最能体现东方女性的朴素典雅、柔美婀娜。

### 1. 旗袍的款式

一般采用紧扣的高领、贴身、身长过膝、两旁开叉、斜式开襟、袖口至手腕上方或肘关节上端的款式。旗袍的款式主要体现在旗袍的领口、袖子、开叉等处。如从袖子来说有长袖、短袖和无袖;从领口来说有高领、低领、无领;开叉的位置也有高有低,分为高开叉、低开叉;还有长旗袍、短旗袍、夹旗袍、单旗袍等。

 正式场合穿旗袍,应选择相对保守的款式,尽量避免穿无袖的、镂空面积比较大的、开叉较高的旗袍。

### 2. 旗袍的面料

夏季旗袍可用棉布、丝绸、棉麻等作面料,秋冬季可采用锦丝绒、织锦缎制作。

## 3. 旗袍的穿着

**(1) 大小**

旗袍的领围、领高、肩宽、胸围、腰围、臀围都要合身,任何一处过于紧绷或过于宽松,都会使美感大打折扣,穿着者也会感觉很不舒服。

**(2) 搭配**

旗袍是单件穿着,如果没有饰物相配则会略显单薄。一般情况下可佩戴金银、珍珠、玛瑙等精致饰物。饰物的选择要考虑与旗袍面料、图案和款式的搭配,不能"喧宾夺主"。

在正式场合,宜穿与旗袍颜色相同或相近的高跟或半高跟皮鞋。穿旗袍时搭配的丝袜最好是连裤袜,这样就不用担心袜口从开叉处露出。但要注意的是,旗袍的面料一定要选择不与丝袜起静电的面料。

**(3) 姿态**

由于旗袍的款式修身合体,侧有开叉。所以在穿着的时候,要求站立时身体挺拔,胸微含,下颌微收,不要塌腰撅臀。走路时步幅不宜过大,以免旗袍开叉过大,露出皮肉。坐立时上身保持端正,如坐沙发时不应坐得太靠里面,可采取斜放式坐姿。

不管天气如何,旗袍的所有纽扣都要扣上,不然就会落下"轻浮"的印象。

# 第三节 饰 物 佩 戴

## 一、佩戴的原则

在商务活动中,人们除了要注意服装的选择外,还要根据不同的服饰、妆容等配以戒指、耳环、项链、胸针等饰物进行点缀。饰物的佩戴应与着装、个人气质、出席场合等搭配协调,一般来说应该遵循以下几个原则。

### 礼仪·学堂

**适体地佩戴首饰**

脸圆或戴眼镜的女士,要少戴大耳环和圆形耳环,戴得过多或戴得不合体则有画蛇添足之嫌;年轻女士应选择质地佳、颜色好、款式新潮的首饰,以显妩媚可爱;相反,年龄较大的女士则应戴一些比较贵重、精致的首饰,以衬托自己庄重、高雅,等等。首饰的个性是通过首饰使用者的个人气质表现出来的,要善于利用各种饰物的点缀为人增色,来衬托个人的特质,如书生型女性应佩戴一些较为端庄素净的首饰,以树立起自己在社会中理智的形象;天真型女性所用首饰的式样最好不要过于复杂;魄力型女性佩戴首饰应以刚直、抽象的为好,显得练达,节奏感强,干劲十足;妖娆甜美型女性应该佩戴线条造型不那么冷峻,色彩柔和,充满暖意的首饰,方显得温情脉脉,富有吸引力。

## (一) 适体原则

适体即适合使用者个人的情况,它是首饰佩戴应遵循的第一个原则。人的体型有高矮胖瘦之分,年龄有老中青幼之别,脸型有长方圆尖差异,适体首先要适合这些情况。适体,一是要适合人的体型、年龄、脸型等,二是要适合人的个性。

## (二) 适度原则

适度是指佩戴首饰要有分寸,宜简则简,宜繁则繁。一般来说,太简单易流于粗陋,太繁琐则易流于杂乱。为了达到服饰的整体效果,各种首饰的配套作用是必不可少的。一件漂亮的衣服,配以恰当的装饰品,会使衣服锦上添花,更加富有魅力。如果首饰佩戴得不合适,则会喧宾夺主,破坏服饰的整体美。首饰的品种、形态、材质各有不同,适度就要求在品种的采用、形态的确定、材质的选择等方面都与消费者本身情况相符。佩戴的饰物一般要求质地精良、色彩一致,以保守为佳,扬长避短,且少而精,不得超过三件。

## (三) 适用原则

首饰的适用原则主要是指不同场合应佩戴不同质地、不同款式的首饰。社交场合需要佩戴豪华瑞丽、线条明快的宝石或金首饰方能引人注目;结伴出游时,不宜佩戴贵重的高档首饰,应该选择造型简单、色彩鲜明的首饰,以显得活泼、自然;庄重严肃的场合如商务谈判,只可以佩戴简单、素色的饰品,以显得稳重而又不失身份。

## (四) 适时原则

每一个时代有每一个时代的服饰美,适时也是首饰佩戴十分重要的原则之一。适时的首饰是美的,过时的首饰则难以体现当代人的美感。

适时不仅有一个时尚问题,还有一个季节问题。如柳枝抽芽的初春,佩戴绿色系的宝石饰物,如绿宝石、翡翠、孔雀石等,会显得生机勃发;满山红叶的秋天,黄金、琥珀、玛瑙、鸡血石质地的首饰使人感到深沉瑰丽;雪花悄然飘落的冬天,戴上银饰品或白金饰品,或镶紫英石及月长石等的饰物,会给人一种安静的神秘感,等等。总之,饰物佩戴要与场合、身材、脸型、服装、身份相协调。

**礼仪·练习**

假如你明天要去参加人才招聘会,请结合自身实际,与同学讨论该选择佩戴何种饰物加以点缀。

## 二、佩戴的技巧

### (一)手表

手表一般佩戴在左手上,在正规的商务场合,手表往往被视同饰物,对于平时只有戒指这一种首饰可戴的男士来说,手表更是备受重视。有人甚至强调说:"手表不仅是男人的首饰,而且是男人最重要的首饰。"在西方国家,手表与钢笔、打火机曾一度被称为成年男子的"三件宝",是每个男人必备之物。佩戴手表,通常意味着时间观念强、作风严谨,也是一个人身份、地位、财富状况的体现。

**小贴士** 选择手表时,男士尤其是尊者、年长者要注意:一般而言,正圆形、椭圆形、正方形、长方形及菱形手表,因其造型庄重、保守,适用范围极广,特别适合在正式场合佩戴。而不论是单色手表还是双色手表,其色彩都要清晰、高贵、典雅。其中,金色表、银色表、黑色表,是最理想的选择。

### (二)戒指

**1. 戒指的戴法**

戒指一般戴在左手,且最好只戴一枚,至多戴两枚,戴两枚戒指时,可戴在左手两个相邻的手指上,也可以戴在两只手对应的手指上。较为正式的商务场合佩戴戒指一定要讲究,一只手上只戴一枚戒指,切忌同时戴两枚款式不同、风格迥异的戒指。

**2. 佩戴的寓意**

戒指的佩戴往往暗示佩戴者的婚姻和择偶状况,通常拇指不戴戒指,若拇指戴戒指,展现的是富有权力、霸道、自信,应戴在拇指两个关节中间的位置;戒指戴在食指上,表示未婚;戴在中指上,表示正处于恋爱之中;戴在无名指上,表示已订婚或结婚;戴在小手指上,则暗示自己是一位独身主义者,将终身不嫁(娶);修女则把戒指戴在右手无名指上,这意味着将全部的爱奉献给上帝;如果把戒指戴在食指上,表示无偶或求婚。

在西方,人们把结婚戒指戴在左手的无名指上,这是因为古罗马人相信人的无名指上有一条静脉血管直通心脏,将戒指戴在无名指上可以获得永恒的爱情。

**礼仪·案例**

### 李丽的错误

李丽毕业后到某公司做文秘工作不久,一次在接待客户时,领导让她照顾一位华侨女士。临分别时,华侨对小李热情而周到的服务非常满意,留下名片,并认真地说:"谢谢!欢迎你到我公司来做客,请代我向你的先生问好。"小李愣住了,因为她根本没有男朋友。可是,那位华侨也没有错,她之所以这么说,是因为他看见小李的左手无名指上戴有一枚戒指。

### (三)耳环

耳环是女性的主要首饰之一,佩戴时应根据自己的脸型来选配。在正式场合,应避免佩戴发光、发亮、发声的耳环,应该选择比较低调的耳钉或耳坠。不同的脸型在耳环形状的挑选上也是不尽相同的。从整体上来说,体格骨架较小的人应当选择小巧轻盈的耳环,而体格骨架相对较大的可以选择形状较大或较重的耳环。

**礼仪·学堂**

### 耳环的选择

方形脸可以选择纵向、椭圆或者叶子形状的耳环,应尽可能避开方形与三角形的耳环;长形脸可以选择横向、圆形或扇形等较为圆润的形状,应避免纵向和长坠形的耳环;圆形脸可以选择偏长形的耳环,如长方形,或有柔和线条的,如水滴形,尽量避免横向、圆形或棱角尖锐的耳环;"由"字形脸、上小下大脸型,则建议选择上大下小形的耳环,如倒水滴形或长坠形;颧骨较大的中宽形、菱形脸,则最好挑选下大上小的形状,如水滴形、心形或倒三角形;瓜子脸与鹅蛋形脸在耳环形状的选择上并无太多禁忌,基本上任何类型都适合搭配。

### (四)项链

项链也是较受女性青睐的首饰之一,佩戴项链,在视觉上对脸型有一定的改观作用。佩戴项链应和自己的年龄及体型相协调,根据不同的脸型来佩戴项链,可以获得令人满意的效果。

一般来说,佩戴项链遵循"反其道而行之"原则。脖子粗短的人,宜戴细长的项链,这样就会使脖子有被拉长的错觉;脖子细长的人,佩戴方形或粗短形项链则比较好;圆脸形和方脸形的人不宜戴由圆珠串成的大项链,因为过多的圆线条不利于调整脸型的视觉印象,如果选择带坠子的项链,可利用坠子垂挂所形成的"V"字形,使脸部的视觉长度加强;长脸型应该选择圆形、扇形的项链坠子,项链长度也不可太长;椭圆形脸在项链款式的选择上几乎不受限制,可依据自己的爱好和场合来选择。

### (五) 手链

手链是一种佩戴于手腕上的链状饰物。手链和手镯的佩戴相似,与手镯不同的是,男女均可佩戴手链。在一般情况下,只在左手上佩戴一条手链,一只手上不能同时戴两条或两条以上的手链,不能双手同时戴手链,手链与手镯同时佩戴也是不允许的,它与手镯均不应与手表同戴于一只手上。

### (六) 胸针

胸针的佩戴是有讲究的。男士胸针的佩戴方式一贯是严格的,穿带领的衣服时胸针要佩戴在左侧;穿不带领的衣服时,则佩戴在右侧;发型偏左时佩戴在右侧,反之则佩戴在左侧;而且,胸针的位置应该在第一颗纽扣及第二颗纽扣之间的平行位置上。

小方巾之玫瑰结

**小贴士**

在穿正装时,可以选择大一些的胸针,质地要上乘一些,色彩要纯正。穿衬衫或薄羊毛衫时,可以佩戴款式新颖别致、小巧玲珑的胸针。

工作场合佩戴胸牌(工号牌)时,应佩戴在左胸上方10厘米处。

小方巾之宝石结

女士们可以随心所欲地创造属于自己的胸针佩戴方式。传统的扣法是将胸针扣在外套的翻领上,但花卉胸针可以戴在任何地方,佩戴在外套的口袋甚至是牛仔裤的口袋上也会令人耳目一新。

**礼仪·学堂**

**腰带的搭配**

在现代生活中,腰带的作用更偏重于装饰,可将其视为饰物的一种。

男士的腰带一般比较简单,质地大多是皮革的,没有太多的花样。穿西服时,都要扎腰带,而穿其他的服装(如运动、休闲服饰)可以不扎。夏季,只穿衬衫并把衬衫扎到裤子里去的时候,也要系上腰带。

女士的腰带样式很丰富,质地有皮革的、编织物的以及其他纺织品的,纯装饰性的作用更多,款式也多种多样。

女士使用腰带时要注意这样几个问题:

一是要和服装协调搭配。包括款式和颜色,比如穿西装套裙一般选择皮革或纺织的、花样较少的腰带,以便和服装的端庄风格搭配;暗色的服装不要配用浅色的腰带,除非出于修正形体的需要。

二是要和体型搭配。如果个子过于瘦高,可以用较显眼的腰带,形成横线,分割一下,增加横向宽度;如果上身长下身短,可以适当提高腰带到比较合适的上下身比例线上,形成比较好的视觉效果;如果身体过于矮胖,就要避免使用宽大的、花样较多的腰带扣,也不要使用宽腰带。

三是要和场合协调。职业场合不要用装饰太多的腰带,而要显得干净利索;参加晚宴、舞会时,腰带可以花哨些。

无论男女,扎腰带一定要注意:出门前看看你的腰带扎得是否合适,腰带有没有"异常",在公共场合或别人面前调整腰带是不合适的;在进餐的时候,更不要当众松腰带,这样既不礼貌也不雅观,如果有必要,可以起身到洗手间去整理。

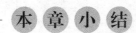

## 本 章 小 结

1. 服饰是人的外在表象,由服装本体及其延伸饰物所构成。服饰是一种文化。服饰作为自然环境和社会环境综合作用的产物,具有多种价值,发挥着多重功能,其主要有保护功能、审美功能和提升形象的功能。

2. 服饰打扮应遵循的原则:整洁原则、个性原则、"TPO"原则。

3. 西装是一种国际性服装,是世界公认的男士正统服装。不同的西装类型适合不同的穿着群体。西装穿着应遵循一定的礼仪原则。中山装是我国的民族服装,也是我国男士的传统礼服,男士应注意中山装的穿法。

4. 商界女士在正式场合要想显得衣着不俗,需要选择一身符合常规要求的套裙,而且套裙的穿着一定要得当。身着套裙出席商务场合,一定要注意套裙的穿着和搭配方法。中山装是我国男士的传统礼服,是很多社交场合和商务场合的首选男士服装,男士应注意中山装的穿法。旗袍是中国女性的传统服饰及中国女性别具一格的特色服装,女士应注意旗袍的穿法。

5. 商务人员佩戴饰物应该遵循以下几方面的原则:适体原则、适度原则、适用原则、适时原则。

## 练一练

### 一、选择题

1. 服饰作为自然环境和社会环境综合作用的产物，具有多种价值，发挥着多重功能，其主要功能是（　　）。
   A. 保护功能　　　　　　　　B. 审美功能
   C. 提升形象的功能　　　　　D. 美化环境的功能
2. _____西装与_____西装似乎更适合中国人穿着。（　　）
   A. 英式　　　B. 美式　　　C. 欧式　　　D. 日式
3. _____色的长袖衬衫是搭配西装最好的选择。（　　）
   A. 深色　　　B. 白色　　　C. 深蓝　　　D. 藏青
4. 女士套裙可以分为两种基本类型：_____和_____。（　　）
   A. 标准型　　B. 基本型　　C. 创新型　　D. 随意型
5. 在正式场合，应避免戴_____、_____、_____的耳环，应该选择比较低调的耳钉或耳坠。（　　）
   A. 贵重　　　B. 发光　　　C. 发亮　　　D. 发声

### 二、填空题

1. "TPO"原则就是要求人们要因时间、地点和场合的变化而穿着不同的服装，即着装应该与当时的_____、所处的_____和_____相协调。
2. 公文包的色彩以_____、_____为好，浅色、多色的公文包，均不适用于商界男士。
3. 女士套裙穿着规范应注意_____、_____、_____、_____以及兼顾举止等五个方面。
4. 饰物的佩戴应遵循_____、_____、_____、_____四个原则。
5. 戒指的佩戴往往暗示佩戴者的_____和_____状况。

### 三、简答题

1. 服饰打扮的原则有哪些？
2. 职业套裙的穿着规范有哪些？
3. 佩戴饰物要遵循哪些原则？

四、案例分析题

小刘的着装

小刘和几个外国朋友相约周末一起聚会娱乐,为了表示对朋友的尊重,星期天一大早,小刘就西装革履地打扮好,对照镜子摆正漂亮的领结前去赴约。北京的八月天气酷热,他们来到一家酒店就餐,边吃边聊,大家非常开心。可是不一会儿,小刘便汗流浃背,不停地用手帕擦汗。饭后,大家到娱乐厅打保龄球,在球场上,小刘不断为朋友鼓掌叫好,在朋友的强烈要求下,小刘勉强站起来整理好服装,做好投球准备,当他摆好姿势用力把球投出去时,只听到"嚓"的一声,上衣的袖子扯开了一个大口子。

【问题】

小刘的着装有什么不妥之处?请为小刘的着装进行重新设计。

五、实训题

1. 将班级男女生分成两组,推选出一名男生和一名女生担当模特,由小组其他成员对其进行商务正装装扮,然后两组互相评判,指出优缺点。

2. 将班级成员分成若干小组,开展打领带比赛,看哪组打得又快又好。

# 第四章 仪态礼仪

**学习目标**

**知识目标：**了解基本的商务仪态礼仪规范，包括站、坐、行、蹲的姿势和规范的体态语言的表达。

**能力目标：**熟练掌握商务人员在工作中应遵循的商务仪态礼仪，并能将个人礼仪运用到实际的商务交往活动中。

相貌的美高于色泽的美，而秀雅合适的动作美又高于相貌的美。

——培根

**说事·明"礼"**

**我的"财气"都被他抖掉了**

有一位美国华侨，到国内洽谈合资业务，谈了好几次，最后一次来华洽谈之前，曾对朋友说："这是我最后一次洽谈了，我要跟他们的最高领导谈，谈得好，就可以拍板。"过了两个星期，他又回到了美国，朋友问："谈成了吗？"他说："没谈成。"朋友问其原因，他回答："对方很有诚意，进行得也很好，就是跟我谈判的这个领导坐在我的对面，当他跟我谈判时，他不时地抖着他的双腿，我觉得还没有跟他合作，我的'财气'都被他抖掉了。"

**【点评】**美国华侨之所以拒绝合作，是因为那位领导没有注意自己的举止。抖腿看似是一个小动作，但却反映了一个人的素养以及对他人的礼貌。商务人员要想成功，要在细节上为自己增加成功的几率。

人的一举手、一投足、一点头、一弯腰乃至一颦一笑，并非是偶然的、随意的。这些行为举止自成体系，像有声语言那样具有一定的规律，并具有传情达意的功能。人们可以通过自己的仪态向他人传递个人的学识与修养,并能够交流思想、表达情感。达·芬奇说:"从仪态了解人的内心世界、把握人的本来面目,往往具有相当高的准确性和可靠性。"用优良的仪态礼仪表情达意,往往比语言更让人感到真实、生动。

# 第一节 举止礼仪

举止是指人在行为中的姿势和风度。姿势是指身体所呈现的样子,风度则属于内在气质的外化。人们通常用举止大方、风度翩翩来形容优雅的举止。优雅的举止应该是从容、自信而不张扬的。在商务交往中,举止优雅的人容易获得他人的好感,绝不亚于口头语言所发挥的作用。它有利于沟通,容易得到信任,从而树立良好的个人形象。

## 一、挺拔的站姿

站姿是商务人员在日常交往中最基本的举止,它是仪态美的起点,又是发展不同动态美的基础。良好的站姿能展示出美好的气质和风度。

### (一)站姿的要求

标准的站姿应从整体上给人以挺、直、高的感觉,也就是人们常说的"站如松",即站得要像松树一样挺拔。

其基本要领是:双腿并拢、脚跟相靠、脚尖分开呈 45°~60°,身体重心放在两脚中间至脚跟;挺胸收腹,提臀立腰,身体有向上的感觉,双肩放松,自然呼吸;双手自然垂于两侧(侧放式),手指自然弯曲;头正肩平,下颌微收,面部平和自然,双目平视前方,如图 4.1 所示。

图 4.1 标准的站姿

站姿训练:按照标准的站姿要求背靠墙训练,后脑勺、双肩、臀部、小腿及脚后跟都紧贴墙壁站立;也可以两人一组,要求背靠背站立训练,播放轻音乐,训练不同的站姿。

## （二）不同的站姿

### 1. 侧放式

脚掌分开呈"V"字形，脚跟靠拢，两膝并拢，双手放在腿部两侧，手指稍弯曲呈半握拳状，如图 4.2 所示。

### 2. 前腹式

脚掌分开呈"V"字形，脚跟靠拢，两膝并拢，双手相交放在小腹部，如图 4.3 所示。

图 4.2　侧放式站姿　　　　图 4.3　前腹式站姿

### 3. 后背式

两腿稍分开，两脚平行，两脚间距离比肩宽略窄些，双手轻握放在后背腰处。一般适合男士使用，如图 4.4 所示。

图 4.4　后背式站姿

### 4. 丁字式

一脚在前,将脚跟靠于另一脚内侧,两脚尖向外略展开,形成一个斜写的"丁"字,双手在腹前相交,身体重心在两脚上,如图4.5所示。

图4.5　丁字式站姿

因男女性别的差异,对规范站姿的要求也各有不同。男士的站姿应体现刚毅洒脱、挺拔向上的气质,故一般选择侧放式或后背式。女士应站得庄重大方、秀雅优美,基本的站立姿势除了侧放式,还可以选择前腹式和丁字式。站立时要适当放松,避免肌肉僵硬。为了维持较长时间的站立,可以稍作休息,稍息时上身仍然保持挺直的站立姿势,将身体重心转移在左脚或右脚上,两脚外沿宽度以不超过两肩的宽度为宜,两脚位置的替换也不能过于频繁。

> **小贴士**　女性在站立时胸部应略向前方挺出,同时要注意收紧腹肌,并挺直后背,双腿并拢,使整个身体的重心集中于双腿中间,不偏不斜。这样的话,不仅能使自己看起来精神振奋,线条优美,而且也不会出现凹胸、挺腹、弓背等难看的姿势。

## (三)站姿的禁忌

### 1. 忌身体歪斜

站立时,不可驼着背、弓着腰、眼睛不断向左右斜、一肩高一肩低、双臂左右乱摆等。

### 2. 忌前伏后靠

站立时,不应倚墙靠柜,否则会显得懒散和无精打采。

### 3. 忌动作过多

站立时,不要下意识地做小动作,如摆弄衣服和发辫,玩弄小玩意儿,双脚不停轮换站立,腿脚抖动等,否则不但显得拘谨,给人以缺乏自信的感觉,而且也有失庄重。

### 4. 忌手位脚位不当

站立时,将手插在裤袋里,或双手抱在胸前、叉腰,两腿交叉站立或双脚叉开距离过大,或歪脚站立、挺腹翘臀等,都是不可取的站姿。

## 二、优雅的坐姿

### （一）标准的坐姿

标准的坐姿要求是"坐如钟"，即坐立时要像钟一样稳当。

基本要领：轻入座、雅落座、慢离座。入座时要轻稳，左进左出，轻缓地走到座位前转身，右脚后退半步，缓慢坐下。女士入座时，应用双手轻拢裙子，以显得优雅端庄。

入座后上体自然挺直，挺胸，双眼平视，下颌微收，双肩平正放松，双臂自然弯曲，表情亲切，目光柔和，双唇微闭。在正式场合，不能坐满座位，一般只坐座位的2/3。

端庄优美的坐姿会给人以文雅、稳重、自然大方的美感。

### （二）不同的坐姿

#### 1. 正坐式

入座时，上身与大腿、大腿与小腿均成直角，并使小腿与地面垂直。女士双膝双脚完全并拢，如图4.6所示；男士双膝可稍许分开，但不要超过肩宽，如图4.7所示。此坐姿适用于最正规的商务场合，男女皆适宜，但要注意在尊长者面前不宜坐满椅面，以占2/3左右为宜，以表示对长者的尊重。

图 4.6　女士正坐式　　图 4.7　男士正坐式

### 2. 交叉式

双膝并拢，双脚在脚踝部交叉后向身后并拢，此坐姿男女皆适宜。

### 3. 叠放式

双腿一上一下完全交叠在一起，叠放在上的那只腿，脚尖应垂直向地面。采用此种坐姿时，切忌双手抱膝，如图4.8所示。

### 4. 斜放式

双腿并拢后，双脚同时向右侧或左侧斜放，并与地面成45°角，如图4.9所示。此种坐姿适用于穿短裙的女士在较低的座椅上就坐。

图4.8　双腿叠放式　　　　　　　　图4.9　双腿斜放式

**礼仪·练习**

练习几种不同的坐姿，练习中假设女生身着短裙。

## （三）坐姿的禁忌

### 1. 忌落座有声

入座时，不要猛坐猛起，应避免碰撞椅子发出噪音，以体现出自身良好的修养。

### 2. 忌前趴后仰

入座时，头不应靠在椅背上，上身不趴向前方或两侧，保持上身正直。

### 3. 忌手位不当

入座后，不应双手抱臂，不要将肘部支于桌子上，也不要将双手压在腿下或夹在腿中间，不可将大腿并拢、小腿分开。

**4. 忌腿脚动作不雅**

坐姿中,双腿分开过大、抖脚、跷二郎腿、脚尖朝天、脚踏其他物品等,都是不雅的姿势。

> **小贴士**　商务人员在就座时一定要做到不紧不慢、不慌不忙、大大方方地从座椅的左后侧接近它,然后不声不响地轻轻坐下。不要大大咧咧地一把拉过椅子,"扑通"一声把自己扔进座椅里。落座时搞得响声大作,是没有教养的表现,所以落座时切忌用力过猛。若是走向他人对面的座椅落座,可采用后退步接近属于自己的座椅,尽量不要背对自己将要与之交谈的人。女性商务人员若坐下之后所要面对的是男性,则通常应当在入座前用手将裙子拢一下,显得娴雅。

**礼仪·案例　面　试**

一次,有位老师带着三位毕业生同时应聘一家公司的业务员。面试前,老师怕学生面试时紧张,同人事部主任商量让三位同学一起面试。三位同学进入人事部主任办公室时,主任上前请三位同学入座。当主任回到办公桌前,抬头一看,欲言又止,只见两位同学坐在沙发上,一个架起二郎腿,而且两腿不停地抖动,另一个身子松懈地斜靠在沙发一角,两手攥握手指"咯咯"作响,只有一位同学端坐在椅子上等候面试,人事部主任起身非常客气地对两位坐在沙发上的同学说:"对不起,你们二位的面试已经结束了,请退出。"两位同学四目相对,不知何故,面试怎么什么都没问,就结束了。

人事部主任要两位同学退出的原因在于他们在社会交往中不懂得通过得体的举止来塑造良好形象,以尊重他人。

## 三、洒脱的走姿

### (一) 标准的走姿

标准的走姿要求是"行如风",即走起路来要像风一样轻盈。

基本要领:上身保持站立姿势,头正肩平胸挺,目光平视前方,双臂前后自然摆动,步伐适中均匀,身体的重心随着前进的步伐而略向前倾,两脚之间的距离不宜太大,如图4.10所示。

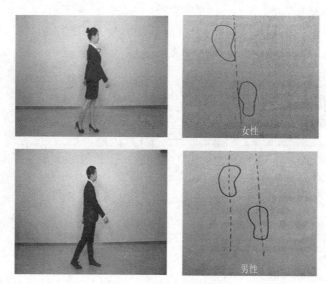

图 4.10 标准的走姿

## (二) 不同的走姿

### 1. 前行走姿

行走时,脚跟先着地,由脚跟向脚尖方向抬脚,注意走直线。要注意使腿部肌肉向内侧拉伸,背部拉长。迈出的脚要脚跟先着地,之后身体的重心再移至全脚,再由脚跟向脚尖方向抬起。

男士的步幅一般在 50 厘米左右,女士的步幅一般在 30 厘米左右。行走时,双臂前后摆动的幅度为 30°~40°。男士在行走时,两只脚踩出的是两条平行线;女士在行走时,两只脚尽可能走在一条直线上。三人行,中为上、右次之、左再次之。

### 2. 后退走姿

与人告别时,应当先向后退两三步,然后才能转身离去,退步时脚轻擦地面,步幅要小,先转身后转头。

### 3. 引导走姿

引导走姿是在前面走并带路时的步态。引导时要走在客人的左斜前方,整个身体半转向客人方向,保持两三步的距离;遇到上下楼梯、拐角或进门时,要伸出左手示意,并告诉客人上楼、拐弯或者进门等,如图 4.11 所示。

图 4.11 引导手势

## （三）走姿的禁忌

### 1. 忌步态不雅

"内八字"脚或"外八字"脚，走路时横向摇摆、蹦蹦跳跳或手插裤袋，双手反背于背后，都是不雅的姿势。

### 2. 忌制造噪音

行走时脚步过重，声音过响，穿钉有金属鞋掌的鞋子行走或拖着脚行走，都会发出令人厌烦的噪音，应该尽量避免。与多人走路时，忌勾肩搭背，或奔跑蹦跳，或大声喊叫等。

### 3. 忌体位不正

行走时不要弯腰驼背，不要摇晃肩膀，不要扭腰摆臀。

### 礼仪·练习

**1. 行走辅助训练**

（1）摆臂。站立，保持基本站姿。在距离小腹两拳处确定一个点，两手呈半握拳状，斜前方均向此点摆动，由大臂带动小臂。

（2）展膝。保持基本站姿，左脚跟起踵，脚尖不离地面，左脚跟落下时，右脚跟同时起踵，两脚交替进行，脚跟提起的腿屈膝，另一条腿膝部内侧用力绷直。做此动作时，两膝靠拢，内侧做摩擦运动。

（3）平衡。行走时，在头上放个小垫子或书本，用左右手轮流扶住，在能够掌握平衡之后，再放下手进行练习，注意保持物品不掉下来。通过训练，使背脊、脖子保持竖直，上半身不随便摇晃。

**2. 迈步分解动作练习**

（1）保持基本站姿，双手叉腰，左腿擦地前点地，与右脚相距一个脚长，右腿直腿蹬地，髋关节迅速前移重心，成右后点地，然后换方向练习。

（2）保持基本站姿，两臂体侧自然下垂。左腿前点地时，右臂移至小腹前的指定点位置，左臂向后斜摆，右腿蹬地，重心前移成右后点地时，手臂位置不变，然后换方向练习。

**3. 行走连续动作训练**

（1）左腿屈膝，向上抬起，提腿向正前方迈出，脚跟先落地，经脚心、前脚掌至全脚落地，同时右脚后跟向上慢慢垫起，身体重心移向左腿。

（2）换右腿屈膝，经与左腿膝盖内侧摩擦向上抬起，勾脚迈出，脚跟先着地，落在左脚前方，两脚间相隔一脚距离。

（3）迈左腿时，右臂在前；迈右腿时，左臂在前。

（4）将以上动作连贯起来，反复练习。

## 四、文雅的蹲姿

蹲姿不像站姿、坐姿、走姿那样使用频繁,但讲究仪态礼仪的人士,同样应讲究蹲姿。

### (一)标准的蹲姿

标准蹲姿的基本要领:站在所取物品的旁边,以左边为佳,蹲下屈膝去拿,不要低头,也不要弓背,要慢慢地把腰部放低;两腿合力支撑身体,掌握好身体的重心,臀部向下。蹲姿体现了举止礼仪的细节美。

### (二)不同的蹲姿

**1. 交叉式蹲姿**

下蹲时,左脚在前,右脚在后,左小腿垂直于地面,全脚着地。右腿在后与左腿交叉重叠。右膝由后面伸向左侧,右脚跟抬起,脚掌着地。两腿前后靠紧,合力支撑身体。臀部向下,上身稍前倾,如图4.12所示。

**2. 高低式蹲姿**

下蹲时,左脚在前,右脚稍后(不重叠),两腿靠紧向下蹲。左脚全脚着地,小腿基本垂直于地面,右脚脚跟提起,脚掌着地。右膝低于左膝,右膝内侧靠于左小腿内侧,形成左膝高、右膝低的姿势,臀部向下,基本上以右腿支撑身体,如图4.13所示。

图4.12 交叉式蹲姿

图4.13 高低式蹲姿

### (三)蹲姿的禁忌

**1. 速度过快**

当自己在行进中需要下蹲时,要特别注意这一点。

**2. 离人太近**

应该注意自己与别人相隔的距离,以免发生碰撞的尴尬局面或发生其他的误会。

**3. 方位失当**

女士在他人身边下蹲时,应选好下蹲的位置,如果距离很近时最好侧身拾物,因为正面他人或者背对他人下蹲,都是不礼貌的,还容易造成尴尬。

**4. 毫无遮掩**

身着裙装的女士,在人多的地方一定要避免在下身很少有遮掩的情况下就贸然下蹲。值得注意的是,大腿叉开也是相当忌讳的动作。

> **小贴士** 下蹲拾物时应自然、得体、大方,若用右手捡东西,可以先走到东西的左边,右脚向后退半步后蹲下来。脊背保持挺直,头、胸、膝关节应在一个角度上,使蹲姿优美。下蹲时一定要注意不要有弯腰、臀部向后撅起的动作,如图4.14所示。

图4.14 不雅的姿势

## 第二节 体态语言

人际交往过程中,在运用口头语言和书面语言的同时,为了准确表达丰富的情感,往往需要运用许多非语言的行为进行沟通,包括表情、手势、身体动作等形式。这种通过非语言的沟通方式统称为"体态语言沟通"。在人际交往中,"体态语言沟通"以其独有的特性,发挥着巨大的作用。

### 一、得体的微笑

卡耐基说:"微笑,它不花费什么,但却创造了许多成果。它丰富了那些接受的人,而又不使给予的人变得贫瘠。它产生在一刹那间,却给人留下永久的记忆。"

现代职场,微笑被称为商务人员的常规表情,它不仅在外表上能给人以美感,而且还可以最真实地表达自己的热情与友善之意,甚至还能够打破僵局,产生巨大的感染力,以影响交往对象。真诚友好的微笑,是对商务人员面部表情的基本要求。

（一）微笑的作用

**1. 表现心境良好**

面露平和欢愉的微笑,说明心情愉快,充实满足,乐观向上,善待人生,这样的人才会产生吸引别人的魅力。

**2. 表现充满自信**

面带微笑,表明对自己的能力有充分的信心,以不卑不亢的态度与人交往,使人产生信任感,容易被别人真正地接受。

**3. 表现真诚友善**

微笑反映自己心底坦荡,善良友好,待人真心实意,而非虚情假意,使他人在与自己的交往中自然放松,不知不觉地缩短了心理距离。

**4. 表现乐业敬业**

在岗位上保持微笑,说明热爱本职工作,乐于恪尽职守。如在服务岗位,微笑更是可以营造和谐融洽的气氛,让服务对象倍感愉快和温暖。

　**微笑着工作**

小王、小张和小李是三位卖报纸的年轻人。他们地处不同的街道,并且都有自己独特的营销策略,但是,只有小李的报纸卖得最好。奇怪的是,小李并不处在最好的地段。

小王,站在人流聚集地,虽说是地处黄金地段,但他总是愁眉苦脸地站在那里,当乘车人招手索要报纸时,他懒洋洋地递上去,并露出一幅招牌式苦瓜脸。每逢刮风下雨,都很难寻觅到他的身影。

小张,他没有固定的卖报场所,总是在马路上到处穿梭,哪里人多往哪跑,哪里要报就去哪。他顾不上显示任何表情,他看似很繁忙,但销量却不尽如人意。

小李,他总是固定地站在一个地方,双腿略微分开,以保持他的站姿。为了让客人看到报纸的大标题,他把报纸放在胸前。他总是保持着微笑,且使用"早上好"愉悦地向身边的人问好。当有人购买报纸时,他会露出灿烂的笑容,当别人转身离去时,他会大声说:"谢谢你,祝你天天快乐!"他的报纸销量是最高的。

小李并没有优越的地理位置,也没有"奔走呼号",他只是靠自己的微笑赢得了顾客,成为销量最高的一位卖报人。在商务场合,微笑是一种最基本的礼仪,它是一种无声的语言,也是最美丽的语言。

### (二) 微笑的要求

#### 1. 展现时机

应该在与交往对象目光接触的瞬间展现微笑,表达友好。如果与对方目光接触的瞬间仍然延续之前的表情,即使是微笑也会让人觉得有些虚伪,是故作姿态。

#### 2. 维持长度

在交往过程中,目光停留在对方身上的时间应该占交往过程整个时间的1/3或2/3。在这段时间里,在与对方目光接触的时候是应该展现出灿烂笑容的。在其余的时间段内,应该适当地将笑容稍微收拢,保持亲和的态度就可以了。

布恩的微笑

#### 3. 真诚自然

微笑是一种个性化的表情,不应该以技术化、标准化的形式加以规定。微笑的美在于文雅适度、亲切自然,符合礼仪规范。微笑要诚恳和发自内心,做到"诚于中而形于外",切不可故作笑颜,假意奉承。在生活中只有调整好自己的心态才能够展现出表里如一的微笑。

#### 4. 表现和谐

笑是人们的眉、眼、鼻、口、齿以及面部肌肉所进行的协调行动。每笑一声,从面部到腹部约有80块肌肉参与运动。因此,发自内心的微笑,会自然调动人的五官:眼睛略眯起、有神,眉毛上扬并稍弯,鼻翼张开,脸肌收拢,嘴角上翘。做到眼到、眉到、鼻到、肌到、嘴到,才会亲切可人,打动人心,如图4.15所示。

图 4.15　微笑

**小贴士**

微笑是所有表情中最美的一种。每个人都会有某个瞬间的微笑是最美的,但是如果将这个瞬间定格,让其贯穿整个交往活动就失去了表情的灵动性,失去了生气。

在整个交往过程中微笑的程度要有所变化。在整个过程中需要保持微笑,但要有收有放。微笑的程度有很多层次,有浅浅一笑,眼中含笑,也有热情的微笑、开朗的微笑。应该展现何种微笑,应视具体氛围而定。

## （三）微笑的训练

### 1. 简易训练法

用门牙轻轻地咬住木筷子，嘴角两边都要翘起，并观察连接嘴角两端的线是否与木筷子在同一水平线上。保持这个状态10秒，然后轻轻地拔出木筷子，练习维持该状态，如图4.16所示。

### 2. 细节训练法

图4.16 微笑训练

形成微笑是在放松的状态下训练的，练习的关键是使嘴角上升的程度一致。如果嘴角歪斜，表情就不会好看。在练习各种笑容的过程中，你将发现最适合自己的微笑。

（1）小微笑。两端嘴角往上提起，稍微露出2颗门牙配合微笑。保持5秒之后，恢复原来的状态并放松。

（2）普通微笑。两端嘴角往上提起，露出上门牙6颗左右，眼睛也含一点笑意。保持5秒之后，恢复原来的状态并放松。

（3）大微笑。两端嘴角往上提起，稍微露出8颗门牙，同时也稍微露出下门牙，配合微笑。保持5秒之后，恢复原来的状态并放松。

**礼仪·练习**

自备小镜子，按照微笑的训练方法面对镜子练习微笑，同学之间可以相互点评。

## 二、恰当的眼神

俗话说："眼睛是心灵的窗户"，是人的面部最有效的表达情感和传递信息的器官，而且能表达最细微、最精妙的差异，从一个人的眼睛中可以看到他内心的世界。

在商务活动中，眼神的运用需要有一定的礼仪规范，如果运用得不恰当，会被视为无礼，将给人留下极其不好的印象。眼神的表达主要是通过目光的交流来实现的。

### （一）注视方式

#### 1. 公务注视（上三角）

一般用于洽谈、磋商等场合，注视的位置在对方的双眼与额头之间的三角区域。

### 2. 社交注视（中三角）

一般在社交场合，如舞会、酒会上使用，注视的位置在对方的双眼与嘴唇之间的三角位置。

### 3. 亲密注视（下三角）

一般在亲人、恋人、家庭成员等亲近人员之间使用，注视的位置在对方的双眼和胸部之间。

## （二）注视的时间

人们在交谈时，若对谈话者本人、谈话内容感兴趣，眼神会比较专注，目光注视对方面部的时间，约占全部谈话时间的30%～60%。

若对谈话内容、谈话者本人不怎么感兴趣，谈话时就会心不在焉，东张西望，或者是由于紧张，不敢正视对方，目光注视对方面部的时间，不到谈话时间的1/3。

## （三）视线的位置

人们在社会交往中，对于不同的场合和对象，目光所及之处也有差别。视线向下体现出权威感或者优越感，视线向上体现出服从，视线水平表示客观和理智。

# 三、准确的手势

手势，是指人们在人际交往中运用手及手臂各种动作的变化来表情达意的方式，是一种极具表现力的"体态语言"。聋哑人能用手语进行交流，可见手势语的丰富程度。适当地运用这种无声的信息表达方式，能够起到很好的沟通效果。手势的运用要规范和适度，动作不宜过大，要给人一种优雅、含蓄和彬彬有礼的感觉。

## （一）手势的使用要求

### 1. 准确

在商务活动中，人们经常用手势传递各种信息和感情，为避免和克服手势的混乱和歧义，使对方能够准确、完整地理解自己的用意，应尽量准确地使用手势，用不同手势表达不同的意思，并使手势与语言表达的意思一致。

### 2. 规范

在一定的社会背景下，每一个手势如介绍的手势、请的手势、鼓掌的手势等，都有其约定俗成的动作和要求，不能乱加使用，以免产生误解，引起麻烦。

### 3. 适度

与人交谈时，可随谈话的内容做一定的手势，这样有助于双方的沟通，但手势的摆动幅度不宜过大,否则适得其反。同时,手势的使用也应有所限制,并非多多益善,如果使用太多或滥用手势,会让人产生反感。尤其是手势与口语、面部表情等不协调时,会给人一种装腔作势的感觉。

(二)手势的常见形式

1. 请进

迎接客人时,站立一旁,手臂向外侧横向摆动,指尖指向被引导或指示的方向。微笑并友好地目视来宾,直到客人走过,再放下手臂,如图4.17所示。

2. 引导

为客人引路时,应走在客人左前方的2～3步前,小臂指引,手跟小臂呈一条直线,五指并拢,掌心斜向上方45°,指示前方,眼睛应兼顾方向和来宾,直到来宾表示清楚了所指示的内容后,再把手臂放下,如图4.18所示。

图4.17 请进

图4.18 引导

3. 请坐

接待客人入座时,用一只手摆动到腰位线上,使手和手臂向下形成一斜线,表示请入座,如图4.19所示。

4. 递物

递物时,用双手或右手,手掌向上,五指并拢,用力均匀,要做到轻而稳。身体正面朝向对方,如图4.20所示。

图 4.19 请坐

图 4.20 递物

如果递送带刀、刃等易伤人的物品时,应做到刀尖向内。

5. 鼓掌

鼓掌是用以表示欢迎、祝贺、支持的一种手势,多用于会议、演出、比赛或迎接嘉宾。其做法是右手在上,左手在下,以右手四指有节奏地拍击掌心向上的左手手掌部位。必要时,应起身站立。

#### 6. 夸奖

这种手势主要用以表扬他人。其做法是伸出右手,竖起拇指,指尖向上,指腹面向被称道者。但此种手势在不同的国家可能有不同的含义,因此在涉外交往中要慎用。

#### 7. 道别

目视对方,手臂伸直,呈一条直线,手放在体侧,向前向上抬至与肩同高或略高于肩,小臂晃动。手臂不可弯曲和摆动,掌心朝向对方,指尖朝向上方,五指并拢。

> **礼仪·学堂**
>
> **指示的手势**
>
> 正确的指示手势应该是除拇指外四指合拢,伸出手掌用指尖所指的方向示意,而不能直接伸出食指,用一个指头进行指示,尤其是在相互介绍的场合,最忌讳用一个指头指着人向第三方介绍。假如用手指直接指向对方就更加不礼貌了,甚至会引起对方的反感。此外,一些人习惯性地用手中正在使用的笔指点对方或做指示,也不符合礼仪规范。

### (三)手势的注意事项

#### 1. 注意区域性差异

不同国家、不同地区、不同民族,由于文化习俗的不同,手势的含意也有很多差别,甚至同一手势表达的含意也不相同。所以,只有了解手势表达的含意,才不至于"惹事生非"。

#### 2. 注意频率和幅度

在运用手势时,切忌"指手画脚"和"手舞足蹈",这样会给人烦躁不安、心神不定的感觉,甚至让人产生轻佻的感觉。在与人交谈时,如果反复摆弄自己的手指,比如活动关节,甚至发出"咯咯"的声响,或者是手指动来动去,会给人以不舒服的感觉。

#### 3. 注意速度和高度

手势比划过快,会给人带来紧张感;手势过高,超过了头顶,有失端庄大方,手势最高不能超过耳朵。

#### 4. 注意自然和协调

手势使用不当,会给人僵硬、做作的感觉,一定要做到自然、协调、美观。在工作中,若是将一只手或双手插放在自己的口袋中,不论其姿势是否优雅,通常都是不允许的。正确的做法是双臂自然下垂,双手掌心向内轻贴大腿两侧。

> **礼仪·学堂**
>
> **静止的双手是权威的表示**
>
> 　　有的人一与人谈话,手就会做一些不相关的习惯动作,如掏鼻孔、剔牙、摆弄衣服或物件、抬腕看表或手东挪西放等,都会使对方感到话题不被重视;有的人一与人交谈,就手足无措,手指发抖,搔头摸脸搓手,给人以不自信的印象。"静止的双手是权威的表示",这句话是有一定道理的。

## (四) 手势表达的含义

在不同的国家、民族和地区,由于文化习俗的不同,手势的含义有很大区别,同一手势表达不同的含义。所以,手势的运用要合乎规范,常用的手势如下:

### 1. 竖起大拇指

这是中国人最常用的手势,表示夸奖和赞许别人,表示"好""妙""了不起""高明"之意;在韩国,这一手势表示"父亲""部长"和"队长";在墨西哥、荷兰、斯里兰卡等国家,这一手势表示"祈祷""幸运";在美国、印度、法国,在拦路搭车时横向伸出大拇指则是表示"要搭车";在德国表示数字"1";在日本表示"5";在印度尼西亚,人们一般伸出大拇指指东西;在尼日利亚,宾客来临,要伸出大拇指,表示对来自远方的友人的问候;但在澳大利亚,竖大拇指则是一个粗野的动作,表示骂人。

### 2. 大拇指向下

世界有相当多的国家和地区都使用这一手势,但含义不尽相同。在中国,把大拇指向下,意味着"向下""下面""鄙视";在英国、美国、菲律宾,表示"不能接受""不同意""结束"之义,或表示"对方输了";墨西哥人,法国人则用这一手势来表示"没用""死了"或"运气差";在泰国、缅甸、菲律宾、马来西亚、印度尼西亚,拇指向下表示"失败";在澳大利亚,使用这一手势表示"讥笑"和"嘲讽";在突尼斯,向下伸出大拇指,表示"倒水"和"停止"。

### 3. 向上伸食指

世界上使用这一手势的民族也很多,但表示的意思不一样。中国人向上伸食指,表示数目,可以指"一",也可能指"一十""一百""一千"等这样的整数;在日本、韩国、菲律宾、斯里兰卡、印度尼西亚、沙特阿拉伯、墨西哥等国,食指向上表示只有一个(次)的意思;在美国,让对方稍等时,要使用这个手势;在法国,学生在课堂上向上伸出食指,老师才会让他回答问题;在新加坡,谈话时伸出食指,表示所谈的事最重要;在缅甸,请求别人帮忙或拜托某人某事时,都要使用这一手势;在澳大利亚,在酒吧、饭店向上伸出食指,表示"请来一杯啤酒";在墨西哥、缅甸、日本、马来西亚,这一手势表示"顺序上的第一"。

### 4. 手指交叉相叠

在中国内地，中指和食指交叉相叠表示数目"10"和"加号"；在中国香港地区，这一手势则表示"关系密切"；在英国、美国、法国、墨西哥、新加坡、菲律宾、马来西亚，这一手势表示"祝愿""祈祷幸运"；在澳大利亚，表示"期待""期盼"；在斯里兰卡，表示"曲折""邪恶"；在印度，表示"结束""完成"；在荷兰，表示"发誓""赌咒"，或"对方撒谎"；在尼日利亚，表示东西或数字"相加"。

### 5. 伸出食指和中指

在欧洲绝大多数国家，人们在日常交往中常常伸出右手的食指和中指，掌心向外。比划作"V"形表示"胜利"，"V"是英语单词 Victory（胜利）的第一个字母，是表示"胜利"之意。这种手势是第二次世界大战时英国首相丘吉尔首先使用的，现在已经广为流传。世界大多数地区伸手示数时表示数字"二"。如果掌心向内，在西欧则表示"侮辱""下贱"之意；在英国则表示"伤风败俗之事"；在希腊，做这一手势的时候，如果手臂伸直，即使掌心向外，也有对人不恭之嫌。

### 6. OK 手势

OK手势源于美国，用大拇指和食指相接成圆形，其余三指伸直，掌心向外，表示"同意""很好""顺利"的意思；而在法国则表示"零"或"没有"；在日本、缅甸、韩国表示"金钱"；在泰国，表示"没问题""请便"；在印度，表示"正确""不错"；在突尼斯，表示"傻瓜"。

## 四、恰当的距离

商务礼仪所讲的空间，是指人们在交往时，特别是个人与个人、个体与群体、群体与群体交往时，因彼此的关系不同、周围的环境不同，而在无形中感到彼此间应保持的一种特定的距离。

**礼仪·练习**

**阅览室里的有趣实验**

一位心理学家做过这样一个实验。在一个宽大的阅览室里，当里面只有一位读者时，心理学家进去坐在那位读者的旁边。实验进行了整整80次。结果是，在一个只有两位读者的空旷的阅览室里，没有一个被试者能够忍受一个陌生人紧挨自己坐下。大多数人很快默默地走开到别处坐下，有人则干脆明确表示："你想干什么？"

请议一议：为什么会出现这样的结果？

## （一）空间距离的分类

一般而言，交往双方的人际关系以及所处情境决定着相互间自我空间的范围。美国人类学家爱德华·霍尔博士划分了4种区域或距离，各种距离都与对方的关系相称。

### 1. 亲密距离

这是人际交往中的最小间隔或几乎无间隔，即常说的"亲密无间"，其近范围约15厘米，彼此间可能肌肤相触，耳鬓厮磨，以至相互能感受到对方的体温、气味和气息；其远范围是15～46厘米，身体上的接触可能表现为挽臂执手或促膝谈心，仍体现出亲密友好的人际关系。

就交往情境而言，亲密距离属于私下情境，只限于在情感上联系高度密切的人之间使用，在社交场合及大庭广众，两个人（尤其是异性）如此贴近，就不太雅观。在同性别的人之间，往往只限于贴心朋友，彼此十分熟识而随和，可以不拘小节，无话不谈。在异性之间，只限于夫妻和恋人之间。因此，在人际交往中，一个不属于这个亲密距离圈子内的人随意闯入这一空间，不管他的用意如何，都是不礼貌的，会引起对方的反感，结果是自讨没趣。

### 2. 个人距离

这是人际间隔上稍有分寸感的距离，已较少有直接的身体接触。个人距离的近范围为46～76厘米，正好能相互亲切握手，友好交谈。这是与熟人交往的空间，陌生人进入这个距离会构成对别人的侵犯。个人距离的远范围是76～122厘米，任何朋友和熟人都可以自由地进入这个空间。不过，在通常情况下，较为融洽的熟人之间交往时保持的距离更靠近远范围的近距离（76厘米）一端，而陌生人之间谈话则更靠近远范围的远距离（122厘米）一端。

到办公室找领导办事，最佳的空间距离为122～213厘米。小于该距离，领导会误认为你强人所难；大于该距离，领导会误认为你不是真心实意想办事。领导的办公桌较为宽大，就告诉了你这一空间信息。人际交往中，亲密距离与个人距离通常都在非正式社交情境中使用，在正式社交场合则使用社交距离。

### 3. 社交距离

这已超出了亲密或熟人的人际关系，而体现出一种社交性或礼节上的较正式关系。其近范围为1.2～2.1米，一般在工作环境中和社交聚会上，人们都保持这种程度的距离；远范围为2.1～3.7米，表现为一种更加正式的交往关系。公司的经理们常使用一个大而宽阔的办公桌，并将来访者的座位放在离桌子一段距离的地方，这样与来访者谈话时就能保持一定的距离。如企业或国家领导人之间的谈判、工作招聘时的面谈、论文答辩等，双方往往都要隔一张桌子或保持一定距离，这样就形成了庄重的气氛。

在社交距离范围内,没有直接的身体接触。因此,说话时,应适当提高声音,实现更充分的目光接触。如果谈话者得不到对方目光的支持,他(或她)会有强烈的被忽视、被拒绝的感受。这时,相互间的目光接触已是交谈中不可缺少的感情交流形式了。

**礼仪·案例**

**失败的求婚**

有这样一个小伙子,他爱上了一个姑娘。但是他向姑娘求婚却当众遭到了拒绝。姑娘后来恼怒地说:"他竟在离我2.4米的地方谈这种事。"

显然,小伙子没弄明白,这种社交距离不是谈婚论嫁的距离。

### 4. 公众距离

这是公开演说时演说者与听众所保持的距离。其近范围为3.7~7.6米,远范围在7.6米之外。这是一个几乎能容纳一切人的"门户开放"的空间,人们完全可以对处于该空间的其他人"视而不见",不予交往,因为相互之间未必能发生一定的联系。因此,这个空间的交往,大多是当众演讲之类,当演讲者试图与一个特定的听众谈话时,他必须走下讲台,使两个人的距离缩短为个人距离或社交距离,才能够实现有效沟通。

## (二)空间距离的运用

相互交往时空间距离的远近,是交往双方之间是否亲近、是否喜欢、是否友好的重要标志。因此,人们在交往时,选择正确的距离是至关重要的。人际交往的空间距离不是固定不变的,它具有一定的伸缩性,这依赖于具体情境、交谈双方的关系、社会地位、文化背景、性格特征、心境等。

由于空间距离的客观存在,我们在商务活动中就应当给予足够的认识,有礼貌地维护属于他人的空间范围,以保证交往活动在平等、轻松的气氛中进行。合理地运用人和人的空间,会使你取得意想不到的交际效果。

**礼仪·学堂**

**不同的"自我"认同**

北美人理解"自我"包括皮肤、衣服以及体外几十厘米的空间,而阿拉伯人的"自我"则仅限于心灵,他们甚至把皮肤都当成是身外之物。因此,在交往时,往往出现阿拉伯人步步逼近,总嫌对方过于冷淡;而北美人却连连后退,接受不了对方的过度亲热。同是欧洲人,交往时,法国人喜欢保持近距离,乃至能感觉到对方的呼吸,而英国人会感到很不习惯,步步后退,维持适合于自己的空间范围。

第四章 仪态礼仪

本章小结

1. 仪态是指人在行为中的身体姿态和风度,包括举止和体态。优雅的举止应该从容、自信而不张扬。恰当的体态语言沟通在人际交往中发挥着巨大作用。

2. 良好的站姿、坐姿、走姿、蹲姿能展示出美好的气质和风度。在商务交往中要遵循站立、就座、行走以及下蹲礼仪。

3. 微笑是现代职场商务人员的常规表情。真诚友好的微笑,是对商务人员面部表情的基本要求。

4. 手势是一种极具表现力的"体态语言"。手势的运用要规范和适度,动作不宜过大,给人一种优雅、含蓄和彬彬有礼的感觉。

5. 人们在交往中,应保持一定的空间距离。在商务活动中应当对空间距离予以足够的认识,有礼貌地维护属于他人的空间范围。

练 一 练

一、选择题

1. 男士的站姿应体现刚毅洒脱,挺拔向上,故一般选择( )或( )。
   A. 侧放式　　　B. 丁字式　　　C. 后背式　　　D. 前腹式

2. 正襟危坐式坐姿要求入座者上身与大腿、大腿与小腿均成( ),并使小腿与地面垂直,双膝双脚完全并拢。
   A. 90°角　　　B. 45°角　　　C. 60°角　　　D. 135°角

3. 在商务交往中,保持微笑,作用有( )。
   A. 表现心境良好　B. 表现真诚友善　C. 表现充满自信　D. 表现乐业敬业

4. 当遇到别人与自己争执的时候,( )既能缓解对方的紧逼势头,又能为自己寻找应对办法赢得时间。
   A. 哭泣　　　B. 微笑　　　C. 沉默　　　D. 争吵

5. 企业代表之间在进行谈判时,较为合适的空间距离是( )。
   A. 亲密距离　　B. 个人距离　　C. 社交距离　　D. 公众距离

二、填空题

1. 女子应站得庄重大方,秀雅优美,基本的站立姿势除了侧放式,还可以选择_____和_____。

2. 标准的走姿要求上身保持_____姿势。

3. 打手势是指人们在人际交往中运用手及手臂各种动作的变化来表情达意，手势是一种极具表现力的_____。

## 三、简答题

1. 简述标准站姿的基本要求。
2. 就座时应遵守哪些礼仪规范？
3. 简述手势的使用要求。

## 四、案例分析题

### 你对顾客微笑了没有

1919年，希尔顿把父亲留给他的1.2万美元连同自己挣来的几千美元投资出去，开始了他雄心勃勃的旅馆经营计划。当他的资产从1.5万美元奇迹般地增长到几千万美元的时候，他欣喜、自豪地把这一成就告诉母亲，母亲却淡然地说："依我看，你跟以前根本没有什么两样……事实上你必须把握住比几千万美元更值钱的东西：除了对顾客忠诚之外，还要想办法使住过希尔顿旅馆的人还想再来住，你要想出这样的简单、容易、不花本钱而行之久远的办法来吸引顾客。这样你的旅馆才有前途。"

母亲的忠告使希尔顿陷入迷惘：究竟什么办法才具备母亲指出的这四大条件呢？他冥思苦想不得其解。于是他逛商店串旅店，把自己作为一个顾客的亲身感受，得出了"微笑服务"这一准确的答案。它同时具备了母亲提出的四大条件。

从此，希尔顿实行了"微笑服务"这一独创的经营策略。每天他对服务员说的第一句话是："你对顾客微笑了没有？"他要求每个员工不论如何辛苦，都要对顾客报以微笑。

1930年，西方国家普遍爆发经济危机，也是美国经济严重萧条的一年，全美旅馆倒闭了80%。希尔顿的旅馆也一家接一家地亏损，曾一度负债50亿美元。希尔顿并不灰心，而是充满信心地对旅馆员工说："目前正值旅馆靠借债度日的时期，我决定强渡难关，请各位记住，千万不可把愁云挂在脸上，无论旅馆本身遭遇的困难如何，希尔顿旅馆服务员的微笑永远是属于顾客的阳光。"因此，经济危机中幸存的20%的旅馆中，只有希尔顿旅馆服务员面带微笑。经济萧条刚过，希尔顿旅馆便率先进入了繁荣时期，跨入了黄金时代。

【问题】

是什么帮助希尔顿渡过难关，将企业由小做大？微笑在商务交往中发挥了怎样的重要作用？

## 五、实训题

1. 走姿训练：走直线或顶书而行。要求眼睛平视前方，收腹、挺胸、面带微笑；练习背小包、拿公文包、穿裙子时的行走姿势。

2. 组织一次模拟招聘会。要求应聘者运用学习过的仪态礼仪展现良好的精神风貌。

见面礼仪

接访礼仪

宴请礼仪

通信礼仪

# 交往篇
JIAOWANG PIAN

# 第五章 见面礼仪

**学习目标**

**知识目标**：了解称呼、介绍、握手、致意、使用名片及交谈的礼仪要求与规范。

**能力目标**：掌握称呼、介绍、握手、使用名片和交谈的技巧，在商务活动中做到准确地称呼对方、得体地进行自我介绍和介绍他人、规范地使用名片和进行握手、恰当地进行交谈等。

在人与人的交往中，礼仪越周到越保险，运气也越好。

——卡莱尔

说事·明"礼"

**遗忘的名片**

某公司要添置一批新的办公家具，价值数百万元，公司的总经理决定向 A 公司购买这批家具。这天 A 公司的销售部门负责人打来电话要拜访总经理。总经理决定等对方来了，就在订单上盖章，定下这笔生意。

不料对方比预定的时间提前两个小时就到了，原来对方听说这家公司的员工宿舍也要在近期内落成，希望员工宿舍的家具也向 A 公司购买。为了谈笔合同事，销售负责人还带来一大堆资料，摆满了台面。总经理没料到对方会提前到访，刚好手边又有事，便请秘书让对方等一会儿。这位销售负责人等了不到半小时，就开始不耐烦了，一边收拾起资料一边说："我还是改日再来拜访吧！"

这时，总经理发现，对方在收拾资料准备离开时，不小心将自己刚才递上的名片掉在了地上，对方却并没有发觉，走时还无意地从名片上踩了过去。但这个不小心的失误，令总经理改变了初衷，A 公司不但没有机会与对方商谈员工宿舍设备的购买，连几乎到手的数百万元的办公用具生意也告吹了。

【问题】A 公司的销售负责人出现了哪些失误？对你有何启示？

在与他人的交往中,人们都希望能够给对方留下一个深刻的印象,这个印象是好是坏,在很大程度上取决于在与对方见面时的礼仪举止是否得体。因此,商务人员要掌握见面时的礼仪要求,为以后的商务交往奠定良好的基础。

# 第一节 称呼与介绍

## 一、合宜的称呼

称呼又叫称谓,是人们在见面时所使用的表明彼此身份与关系的名称。正确、得体的称呼,既反映出自身的礼仪修养,也体现了对对方的尊重。

一般来讲,称呼有两个方面的作用:一是表明彼此之间的关系;二是拉近双方的距离,不同的称呼表示着双方关系的远近和亲疏。

在我国,商务活动中经常使用的是敬称和谦称。敬称是对他人表示尊敬,谦称是抑己,抑己也是为了敬人。准确地使用敬称和谦称,可以拉近自己与他人的距离,为双方见面营造良好氛围。商务活动中的称呼主要有以下四个方面:

1. **行政职务**

在较为正式的官方活动中,对国家机关、企事业单位的工作人员,以其所担任的职务来进行称呼,如"董事长""总经理""局长""校长"等。这是人际交往中使用最广泛的称呼。

2. **技术职称**

对于拥有一定技术职称者,尤其是高级职称者,可以用其职称来称呼,如"工程师""会计师""教授"等。另外,某些既有职务又有职称的人员,要依据其承担的主要工作来称呼,遵循"就高不就低"的原则。

3. **职业称呼**

以对方所从事的职业或行业来称呼他,表示对其职业的尊重。在称呼对方的同时,也可以将话题自然地引向其职业,为交谈打下基础,如"老师""医生""律师"等。

4. **社会通称**

这是一种模糊了性别、年龄、职务、职业等因素的在社会中广泛使用的称呼,如"先生""女士""师傅""同志"等。社会通称会随着社会的发展变化而变化,具有一定的时代性特点。在不同的地区,社会通称也会有所不同,具有地域性特点。因此,要做到入乡随俗,力争准确称呼,得体称呼。

> **礼仪·学堂**
>
> **失敬的称呼**
>
> 1. 无称呼：没有称呼是非常不礼貌的，是无修养的标志，如"喂""哎"等。
> 2. 庸俗的称呼：不宜在正式场合使用的称呼，如别人的小名、外号、"哥们儿"等。
> 3. 不规范的简称：为图简便而采用的简称，在影视剧中经常出现，如"周支""王队"等。
> 4. 错误的称呼：包括错误称呼对方的职务、职称和误读对方的姓名等。

## 二、规范的介绍

介绍是向他人说明情况，是人们在交往中互相认识、了解的基本途径之一。介绍可以缩短人与人之间的距离，使原本不熟悉的人成为彼此认识或了解的朋友。了解并掌握有效的、有吸引力的、独具特色的介绍方式，对于商务人员来说，既是一项常识，更是一门重要的艺术。

### （一）介绍的原则

介绍应遵循"尊者优先了解情况"的原则，即在具体的介绍场合中，先要分清尊卑，再决定先介绍谁，后介绍谁，处于优先地位的人员要先知道对方的情况。

一般情况下，先把男士介绍给女士，先把晚辈介绍给长辈，先把下级介绍给上级，先把年轻者介绍给年长者。如果出现了交叉，要看具体的情况进行。如上级是男士，下级是女士，这种情况下，要区分哪一种情况占主导地位，再行选择。

> **礼仪·学堂**
>
> **介绍的具体原则**
>
> 1. 将男士介绍给女士。
> 2. 将年轻者介绍给年长者。
> 3. 将未婚的介绍给已婚的。
> 4. 将家庭成员介绍给对方。
> 5. 将职位低的介绍给职位高的。
> 6. 将个人介绍给集体。
> 7. 将后来者介绍给先到者。

> 注意:
> 1. 若所要介绍的双方符合其中两个或两个以上的顺序时,我国一般以先职位再年龄,先年龄再性别的顺序作介绍。
> 2. 为集体作介绍,应把贵宾由职位高到职位低依次介绍。
> 3. 在一般没有明显高低长幼次序的社交场合,也可淡化高低次序,按位置顺序一一介绍。

### (二)介绍的类型

**1. 根据介绍者的位置不同**

(1)自我介绍。自我介绍就是在商务场合把自己介绍给其他人,使别人能够认识自己。无人引荐时,可视情况把自己介绍给对方,但如果有介绍人在场,自我介绍则被视为是不礼貌的。

自我介绍的方式有寒暄式、公务式、社交式等。

寒暄式的自我介绍,一般用于与对方初次见面,不得不作介绍但又不想与对方深交的场合。此时介绍的内容只有一个,即自己的姓名。

公务式的自我介绍,指工作之中在正式场合做的介绍。一般包括四个要素:单位、部门、职务、姓名。

社交式的自我介绍,指在交往中,想与对方进行深入的交流,了解对方的情况时所采用的一种介绍方式。一般介绍自己的姓名、职业、籍贯、爱好及与对方的共同之处等一些具有私人性的内容。

**小贴士　关于自我介绍的三点建议**

> 1. 时机的选择。在你想认识对方时,先进行自我介绍;自我介绍时,没有其他第三人在场,这时对方对你的注意力较为集中,介绍的效果比较理想。
> 2. 时间的选择。时间不宜过长。用最简短的语言介绍自己,也可使用名片,辅之以语言,切忌喋喋不休,招人厌烦。一般以半分钟为宜,特殊情况下也不宜超过一分钟。
> 3. 介绍内容的选择。作自我介绍时,也不可以为了表示诚意,便将自己所有的情况和盘托出,初次见面时,只需介绍自己最基本的信息即可。

(2)第三方介绍。作为介绍人,首先要确认双方是否有结识的意愿,忌生拉硬扯、强行介绍,而引起双方的不愉快;要充分了解双方的具体情况,做到对双方的情况都非常清楚,忌胡编滥造。

要根据具体的情况,分清尊卑,确定介绍的先后顺序:先介绍谁,后介绍谁。

介绍的内容不要过多,要选择双方有共同点的内容,在介绍完之后,要引导双方交谈,千万不要刚介绍完就立即离开,造成冷场。

(3)他人为你介绍。作为被介绍者,应面带微笑,等介绍人介绍完情况后,主动与对方握手,并打招呼,如"认识你我很荣幸""你好"等。如果有介绍人在场,不可打断其话语进行自我介绍,这是非常不礼貌的。

2. 被介绍者数目的多少

(1)个人介绍。即个人向另一个人介绍对方的情况,人数较少,情况比较简单。

(2)集体介绍。这是按照一定的顺序将介绍的先后顺序排好,向多数人介绍。这种介绍多见于宴会或正式的官方场合。但要注意确定好先后的标准,一般常见的有行政职务的高低、年龄的大小等。

(三)介绍的规范

1. 介绍的表情

自我介绍时,眼睛注视对方,语句清楚,表达流利,声音适中,能够让对方听清楚即可,忌声音过大或过小。

他人为你介绍时,应用眼睛注视对方,忌到处乱看、眼神游离不定,如果这样,对方会认为你不愿与他认识。

2. 介绍的姿态

为他人做介绍时,被介绍的双方应面对面站立,相距80厘米,介绍人应掌心向上,手掌自然并拢,胳膊向外斜指向被介绍者,不能用手指点对方;另外,向谁介绍,眼睛要注视谁,以示尊重,如图5.1所示。

他人为你介绍时,要等介绍人说完以后,才能与对方握手、寒暄,不可在中途打断介绍的话或插话,这样有失修养。

图5.1　介绍的姿态

### 3. 介绍的内容

介绍时,多说优点,少提缺点。介绍优点时要实事求是,不可过分夸大。介绍后,提出一个双方都感兴趣的话题或寻找双方的共同之处,引导双方交谈,使交谈进入良好的状态。

### 4. 介绍的语言

介绍时应尽量使用普通话,能够让对方听懂;语速应平稳,表达应清晰、流畅。满口的地方方言、过快或过慢的语速、含糊不清的语音、生硬冷漠的语气都会对介绍的效果产生不良的影响。

## 第二节 握手与致意

### 一、握手的规则

握手是一种世界各国通用的见面礼节,也是人们日常成功开展交际的重要礼仪。握手的姿势、力量与时间,往往能够表达出对对方的不同的礼遇与态度,给人留下不同的印象,也可以通过握手了解对方的个性特点,从而获得社交的主动。

#### (一)握手的场合

握手虽然是一种常见的礼节,但这并不意味着使用握手礼可以不分场合,具体的场合有以下这些:正式场合与他人见面或道别;向对方表示感谢、祝贺、慰问;作为主人,迎接或送别客人;在交际场合中,遇到自己长时间未见的熟人;向他人赠送礼品或颁发奖品;作为被介绍人,当别人介绍完情况后。

握手的体验

#### (二)握手的原则

握手讲求"尊者决定"的原则,即由身份、地位较高的人决定双方有无握手的必要。

一般来说,长辈、上级、女士先伸手,表示出握手的意愿,晚辈、下级、男士才能伸手与之相握;当一人要与多人握手时,要注意握手的先后顺序,不可随意乱握手;女主人应主动伸手与来宾相握,以示欢迎。如果有人忽视了握手的规则,率先伸手,那另一方也应及时伸手,避免对方尴尬。

### （三）握手的姿势

握手的标准姿势是双方相距一步左右的距离，伸右手，拇指张开与其余四指形成大于 60°的角度，手的高度大约在腰部，上身向前微倾，面带微笑，手掌与对方相握，轻摇 2～3 下。

> **小贴士** 握手的其他姿势有抓握式、长久式、随意式、抖动式、支配式、软弱式。
>
> （1）抓握式。握手时用力抓住对方的手，让对方有一些微痛的感觉，以显示出很强的自信。
>
> （2）长久式。握手时紧紧握住对方的手不愿放开，这种姿势在与异性握手时要慎用。
>
> （3）随意式。在与人握手时，只轻触一下对方的手即放开或只握住对方的指尖部分，显得漫不经心和过于随意。
>
> （4）抖动式。握手时抓住对方的手上下抖动，采用这种姿势的人，性格比较开朗、乐观，心理素质好。
>
> （5）支配式。握手时将掌心向下朝向对方，这是一种粗鲁的表现，显示出极强的占有欲。
>
> （6）软弱式。握手时将手心朝上伸向对方，采用这种姿势的人性格比较软弱，表现出谦恭的一面。

在实际的礼仪场合中，还有其他的握手姿势，而每个人的握手姿势都不尽相同，需要细心观察。

### （四）握手的要求

**1. 手位**

要握住对方的手，一般握到虎口位置即可，不可"蜻蜓点水"式地与对方刚一碰触就分开，或者只握到对方的手指头，这样有敷衍对方的嫌疑。

**2. 力度**

掌控好握手的力度，力量太小，没握住对方的手，让其从自己手中掉落，显得过于随意，不重视、不尊重对方；力量过重，并不是热情的表示，紧抓住对方的手不放，或者用力过大让对方有痛感，会让你显得有点不拘小节或者给人以粗鲁的感觉。力度以握住对方的手后不滑落为佳。

**3. 时间**

握手时间的长短要拿捏有度，一边与对方握手，一边问候，时间一般以 1～3 秒为宜。如果时间太短有敷衍的嫌疑，不够礼貌；如果总是握住不放，尤其是与女性握手时,则会有轻薄的嫌疑,会引起对方的误会。

### (五) 握手的禁忌

**1. 忌用左手**

握手,尤其跟外国人握手时,一定要记住:一般只用右手,通常不用左手。因为,在一些国家,左手是罪恶之手,是不洁净的。

**2. 忌心不在焉**

在握手时,忌面无表情或眼睛不注视对方,看其他地方或其他人。

**3. 忌交叉"十"字**

在信奉基督教的国家,双手交叉时所形成的"十"字形状,是他们非常忌讳的。

**4. 忌戴手套**

与人握手时,要去除两只手的手套,女士的与礼服相配的装饰性手套可以不用去掉。

当他人伸出手时,如果真的不方便握手,应当面解释清楚,以免引起误会。

**礼仪·练习**

按照教材的内容,现场模拟各种握手的姿势。

## 二、致意

致意又叫"袖珍招呼",是用礼节向他人传达问候的心意。礼貌地致意,会给人一种友善的感觉,反之,则给人一种有失教养的感觉。

### (一) 致意的原则

一般来说,在正式的交际场合中,下级应先向上级致意,年轻者应先向年长者致意,男士应先向女士致意。但在实际的使用中,违反规则的现象也屡见不鲜,如上级主动向下级致意打招呼,会显得有亲和力,更具风度,容易得到别人的好感,将会取得很好的效果。

### (二) 致意的方式

致意作为一种见面礼节,主要的方式有点头致意、挥手致意、注目致意和鞠躬致意等。

#### 1. 点头致意

点头礼通常见于路遇熟人,或在剧场等不方便与人交谈的地方,或多次见面,或与多人见面而又无法一一进行交谈时。

具体的做法是行礼者面带微笑,头部轻轻向下一点。要注意点头的幅度不宜过大,点头的频率不宜过繁,以免给人以点头哈腰的感觉。

#### 2. 挥手致意

挥手礼适用于双方距离比较远,不能近距离打招呼时。

具体做法是右手向前上方伸直,掌心朝向对方,左右摇摆一两下即可。注意手不可上下晃动,手背不可朝向对方。

#### 3. 注目致意

注目礼多用于大型庆典、升国旗、接受检阅、剪彩揭幕等活动中。

具体做法是行礼者立正站好,抬头挺胸,庄重地注视被行礼者,并随着对方的移动而移动,直至对方走出自己的视线范围。注意行注目礼时,不可嬉皮笑脸,不能大声喧哗。

#### 4. 鞠躬致意

(1) 鞠躬的方式。鞠躬礼适用于庄严肃穆、喜庆欢快的场合。具体做法是面对鞠躬对象,双脚并拢,视线由注视对方的脸向下移至自己的脚前1米左右范围,男士双手自然下垂放在身体两侧行礼,女士则双手合放于腹部的位置。

(2) 鞠躬的含义。鞠躬的角度越大,表示对对方越尊重。鞠躬15°表示一般的招呼,30°是迎接宾客的礼节,45°是送别宾客的礼节,90°用于重大场合,如遗体告别仪式、忏悔、谢罪等。

## 第三节 名片的使用

名片又称卡片,是一种经过精心设计,标识自己姓名、所属单位及联系方式的纸质卡片。它的使用是现代商务活动发展的需要,也是认识新朋友、自我介绍的较快较有效的方式。

### 一、名片的内容

名片在交际场合中所起的作用非常重要,被称为"第二张脸",因此,对于名片样式设计、内容安排、印刷质量等都极其讲究。名片按排版的方式可分为横式和竖式名片,按用途可分为私人名片和商务名片。

## (一) 内容

### 1. 名称与徽记

公司的名称要使用全称,最好使用公司的标准字体;公司的徽记要清晰。这一部分应处在名片的最上方,以一行写完整。

### 2. 姓名和职衔

这是名片中最重要的一部分内容,占整个名片的版面也最大。通常姓名的字号最大,以方便接受名片的人一眼就注意到;在姓名后用较小的字号标识自己的职务或职称。

设计名片时要注意列出的职务或职称不可太多,只要标出一至两个最主要的即可,否则会给人留下华而不实的印象。

### 3. 联系方式

联系方式印在名片的最下方,字号最小,主要包括详细的联系地址、邮政编码、联系电话、手机号码、邮箱地址、QQ 号等。注意:无论所提供的是哪一种联系方式,都必须要保证在相当长的一段时间内畅通,如有更改要及时告知。在商务名片中一般不列出家庭地址和家庭电话。

### 4. 经营范围

常见于商务名片,通常印在名片的背面,起到广告宣传的作用。

## (二) 规格

名片在印制时要讲究一定的规格,常见的规格有 90 毫米×54 毫米、90 毫米×50 毫米,其中 90 毫米×54 毫米是国内公司常用的尺寸,90 毫米×50 毫米是欧美公司常用的尺寸。

## (三) 色彩

名片的底色一般以浅色为主,如白色、浅黄色、浅蓝色,显得庄重、典雅。忌多色混杂或颜色过于鲜艳,既显得杂乱无章,又影响别人准确了解名片上的信息。

# 二、名片的递接

恰到好处地使用自己的名片,得体地接受他人的名片,既体现出自己良好的礼仪和修养，又能在短时间内让别人记住自己，让自己认识他人，为以后的合作打下基础。

(一) 名片的放置

名片应放置在易于拿出的地方，最好是集中放在名片盒内，或置于随身携带的公文包内，随身携带的名片最好是放在专用的名片夹中，也可以放在西装的上衣口袋内，但数量不能过多，以免影响西装的穿着效果。不要放在裤子口袋、裙兜、提包或钱夹里面。在商务场合，如用名片，应将其事先预备好，不要在使用时慌乱地找。

(二) 名片的存放

接受他人名片后，应将其精心放入自己的名片包、名片夹内。

存放名片的方法大体上有以下四种：按姓名的外文字母或汉语拼音字母顺序分类；按姓名的汉字笔画的多少分类；按专业或部门分类；按国别或地区分类。如果收藏的名片很多，还可以编一个索引，这样用起来就更方便了。

出示的名片应是新的，平整光滑，不能有任何的污点或折痕。

(三) 名片的递送

向他人递送名片是相互交往的一个重要的环节，若要给别人留下好的印象，每一个细节都必须处理得当。

1. 递送的时机

递送名片时，要选择和把握好时机。一是在介绍人介绍完后，可以适时递交名片，表达要和对方结识的意愿；二是在与对方的交谈进入比较融洽的状态后，希望与对方建立长期的密切联系时；三是双方在告别时，可递交自己的名片，表达期望与对方再次相见的愿望，也可以加深对方对自己的印象。

2. 递送的要求

要用右手或双手递送自己的名片；递送名片时眼睛要注视对方；名片文字正方要朝向对方，使对方接到名片可以立即进行阅读。

递交名片

(四) 名片的接收

1. 接收

接收他人的名片要用双手或右手，不可用左手，接收后应郑重地收入自己的名片夹内或上衣口袋内，不可看都不看就随手放到桌子上或其他地方,也不要在手中翻来覆去地看或把玩。也不能在别人的名片上做任何标记。

**2. 阅读**

接受名片后,一般要认真看一下名片上的内容,读出名片上的单位和姓名、职称或职务等内容。

**3. 回赠**

一般情况下,在收到对方的名片后,如果自己带有名片,应马上回赠对方一张名片;如果没带名片,应向对方道歉并解释清楚,立即作自我介绍。

## 第四节　交谈的礼仪

商务性交谈是商务人员经常性的商务活动,是商务人员为了增进双方的交流,促进合作,为随后的商务谈判顺利进行和取得理想的效果而采取的沟通方式。商务活动的交往首先是人与人之间的交流,交谈是交流的主要方式,谈得好与不好,将直接影响到以后能否进行友好的合作。因此,商务人员在开展商务活动时,要解决好如何与他人交谈的问题。

### 一、交谈的语言

语言是一种最重要的交际工具。管理学家哈里·西蒙曾说:"成功的人都是出色的语言表达者。"可见语言的运用能力对于个人发展极其重要。

#### (一) 语言的基本要求

**1. 得体流畅**

所谓得体就是适合语言环境,用语恰如其分。即语言的运用符合其所在场合的气氛,符合说话人的年龄、身份、地位及所从事的职业。每个人的语言都具备自己的特色,但无论是什么样的特点,都要与自身所处的具体场合相适应,与自己的特质相吻合。

流畅则要求说话者的思维与表达完美结合。在表达过程中,思路清晰,逻辑严密,说话有条理、有重点,层次清楚,话题明确。

**2. 谦恭优雅**

语言的礼貌性也是一项重要的要求,多使用敬语、谦语、雅语,不说脏话、粗话、黑话、"黄话"和怪话。

牛皋问路

使用敬语表示对听话人的尊重,是构成文雅谈吐的重要组成部分,是展示谈话人风度与魅力必不可少的基本要素之一,运用敬语的场景主要有:

(1) 见面问好。人们在彼此相见时,向对方问候"您好""好久不见""久违"等,一方面能向对方传达出尊重、亲切、友好的情绪,另一方面又可以展示自己的修养、风度和礼貌。

(2) 表达谢意。在受到对方的帮助、慰问、赞美、支持之后,最有效的回应就是向对方说一声"谢谢"。

(3) 求人办事。在敬语中"请"的功能最强大。有求于人时,言谈中多用"请"字,可以获得对方的理解与支持。

(4) 失礼道歉。在出现失礼行为,对他人造成一定的不利影响时,及时、主动地向对方道歉,说一声"对不起",可以缓和对方的情绪。

与敬语相关的是谦语,用来向他人表示谦恭和自谦。最常用的是在他人面前谦称自己和自己的家人,如"在下""鄙人""家父""家母"等。但自谦不等于自我贬低,或以嘲笑自己来愉悦他人。

---

**礼仪·学堂**

**中国古代的谦称**

1. 古代帝王的自谦称呼有:孤、寡、不谷(不善);
2. 古代官吏的自谦称呼有:下官、小吏、末官;
3. 古代读书人的自谦称呼有:小生、晚生、晚学、不才、不肖;
4. 对自己家人的谦称有:家父、家母、家兄、舍弟、舍妹。

---

雅语是指一些比较文雅的语言,常常在正式的场合或者有长辈、女士在场的情况下使用,用来取代那些随便或粗俗的语言。如"喝茶"与"请用茶","坐"和"请就座","你今年多大"与"贵庚"等,后者就是比较典型的雅语用词。多使用雅语,能体现出一个人的较高的文化素养及尊重他人的良好的个人素质。

**3. 明白易懂**

交谈的语言应是标准的普通话,确保对方能够听懂、听明白。独具地方特色的,仅在一定地区使用的方言不能作为交谈的语言。因此,作为商务人员,应该熟练掌握和使用普通话,好让与你交谈的所有人都能理解你所说的内容,实现交谈的目的。另外,一口流利标准的普通话也是提升自身形象的重要手段。

此外,在交谈时,保持适中的语速,即不要过快,第一句话听者还没有完全理解的时候,第二句就已经说完了,不利于他人抓住你谈话的重点;也不能过慢,会让听者失去耐心,继而急躁不安,也无法达到交谈的效果。

**4. 有节奏感**

语言的节奏是指在与他人交谈时,语气不要过于平淡,而要有一定的起伏。从音量上来看,有大有小,音调有强有弱,表达的重点需要重音来进行强调,抑扬顿挫的语言表达比毫无生气的平淡无奇更能打动对方。

你认为一个人的语言表达能力体现在哪些方面?

**(二)善用肢体语言**

肢体语言指通过人的身体姿态、手势、表情、目光等传递信息。美国的一位心理学家通过实验曾得出这样的结论:将信息完整地传递给对方,55%靠面部表情,36%靠语音,有声语言的效果只占到7%。这个结论说明了一个重要的信息:无声语言在传递信息的过程中起到了极其重要的作用。

**1. 肢体语言的特点**

(1)无意识性。一个人的体态语言行为是对外界刺激的一种直接反应,是一种下意识的行为。商务人员可以利用这个特性,对交谈对象的内心变化做出一个大致的判断。

(2)真实可信性。有声语言受到人理性意识的控制,容易做假,而肢体语言则不同,它发自于内心深处,无法进行掩饰和遮盖,具有真实性,而且是极其可信的。

(3)个性化。每一个人的肢体语言是与其性格、气质紧密相连的,是与众不同的。

**2. 肢体语言的表现**

(1)面部表情。面部表情是指人的面部情态,通过眼、嘴、眉等的动作表达出内心的思想与感情的变化。

① 目光语。在面对面的交往中,目光的交流是一个重要的起点。目光运用得是否得当,将影响到信息的传递效果。学会在不同场合对不同的人运用不同的目光进行交流是商务人员必备的素质之一。

练习三种目光的注视范围:凝视、环视、虚视。

② 唇语。嘴部的动作也能传达丰富的信息。撇嘴表示轻蔑;撅嘴表示生气或不满意对方的表现;嘴角上翘,常表示开心;嘴角向下拉,则表示不满和固执;紧紧

抿嘴,可以看出这是一个意志坚定的人;咬嘴唇,则很有可能对方在努力控制自己的情绪。

③ 眉语。眉毛通常和眼睛配合一起传达某种意思,但也可以独立表情达意。眉头紧皱是不赞同、不愉快的表现;眉毛高挑则表示疑问;眉毛下垂则是沮丧或难过的表现。

(2) 肢体动作。肢体动作主要指手、腿等部位的动作所传达出的信息。

① 手部动作。握拳表示情绪比较紧张;交谈时用手敲打桌面,则表示对话题不感兴趣或不耐烦;两臂交叉于胸前,表示防卫或保守。

② 腿部动作。双膝分开,上身后仰,表明其充满自信,并有愿意合作的意向;在交谈中始终保持并腿且保持上身直立或前倾的姿势,意味着有求于对方;双脚经常小幅度交叉后又解开,做此反复动作表示情绪的紧张不安。

肢体语言所传达的信息非常丰富,我们在观察对方的动作或姿态时,不能只对某一个静止的动作进行分析和判断,而是要从其连续性、系列化的动作进行综合分析和判断,再结合交谈时对方的语气、语调,这样才能得到比较科学、准确的结论。

## 二、交谈的主题

交谈的主题是指与对方交谈所围绕的主要话题,是交谈的中心内容。话题的选择是否恰当,直接影响到交谈能否顺利进行、交谈的气氛是否融洽。

### (一) 适宜的话题

1. 高雅的话题

商务人员在交谈时,可以选择一些能够展现自己学识水平、文化修养的话题。如文学、人生、哲学等。但不可故作高深,如果曲高和寡,就失去了交谈的实际意义。

2. 对方擅长的话题

要了解对方所擅长的领域,以此为标准来选择对方所擅长的话题,让对方在交谈时能够获得展示自我的机会,增强其成就感,从而创造出良好的交谈氛围。但要注意的是,对方所擅长的绝不能是自己一无所知的,否则交谈就变成了"一言堂"。

3. 轻松的话题

高雅的话题能够体现出一个人的修养,但有时显得过于沉重,不利于形成良好的交谈氛围。因此,选择轻松的话题可以让交谈双方的心情放松,利于谈话的顺利进行,更加增进彼此的了解。

4. 时尚的话题

即时下最流行的话题,如热门的体育赛事、受争议的电影、时尚明星的动态等都可以作为交谈的话题。但要回避敏感的政治话题,低级庸俗的话题也不足取。

### (二)禁忌的话题

**1. 议论他人**

俗话说:"传播是非者,定是是非人。"背后议论别人,尤其是上司、领导、同事的不是,这种行为本身就是一件有失修养的事情,会让与你交谈的人对你的人品、信誉产生质疑,从而大大影响别人对你的评价。

**2. 个人隐私**

包括你所知道的他人的隐私、自己的隐私和打听交谈对象的个人隐私。尊重他人的隐私是做人处事的基本原则,过多地谈论自己的隐私也是不适宜的,而打听对方的隐私也会招人厌烦,要做到"五不问",即不问年龄、不问收入、不问婚否、不问健康、不问个人经历。

**3. 传播谣言**

谣言是没有事实根据、未经证实的消息或传言。道听途说的信息不可作为交谈的话题。尤其是用"你知道吗?我听说……"这种故作神秘的语气,以引起别人的关注,很有可能成为大家所反感的对象。

**4. 敏感话题**

热点、有争议的政治问题一般不要轻易涉及,以防因政见不同而造成不愉快;无论对方是否有宗教信仰,对于宗教问题不要进行批判和否定,更不能侮辱和蔑视,以免引发冲突。

---

**礼仪·学堂**

**与人交谈的十个坏习惯**

一是不注意倾听;二是问太多问题;三是冷场;四是不好的表达方式;五是贸然打断别人;六是争论谁对谁错;七是谈论不合适的话题;八是乏味;九是不接话;十是不积极主动。

---

## 三、交谈的技巧

在商务交往中,对商务人员的口才要求很高。商务人员不一定要妙语连珠,但一定要有清晰的逻辑思维能力和语言表达能力,在交谈中始终保持自己的风度,以礼待人。掌握一些交谈的技巧,对于商务人员在商务交往中搞好人际关系大有帮助。

## （一）语速适中，语调适度

在交谈中，语速要尽量做到平稳，保持中速，速度过快会使人抓不住你所说话语的重点，会错过很多的信息，不利于双方的交流；速度太慢，话语之间的间隔过长，会让人觉得语句不够连贯。

声音的大小也要适度控制，过大的音量会让人感觉在争论，虽引起其他人的注意，但对自己的形象有损；音量过小，一方面给人以窃窃私语之感，好像在说不可告人之事，另一方面，也会让对方不容易听清楚你所说的内容，造成误解，不利于交谈。

## （二）学会倾听，礼貌交往

在与对方说话的过程中，要始终保持认真倾听的状态。要留意对方说话的内容、音调，通过对方体态的变化，判断其心理的变化，领会对方话语中的言外之意，并随时附之以点头、微笑或"嗯""对""有道理"等动作或语言表示你在认真地听。

耐心倾听

一个积极的倾听者本身就是一种对对方的鼓励，会激发对方的谈话兴趣。

在听的过程中，除非特殊必要，一般不要轻易打断对方的谈话。如若插话，应先说："不好意思，请允许我打断一下""能让我问一个问题吗""我可以说一下我的看法吗"等询问、请求性的语句。忌用"你不要说了，听我说""你说的不对，应该是这样的"等否定或质疑性的语句。

## （三）双向沟通，注重互动

交谈至少是两个人在一起交流，发表对某一话题的看法，所以双方都要说话，这才能称为交流，也就是说双方发言的机会是均等的，不可只顾自己畅所欲言，而对方却一言不发或根本就没有发言的机会，这样就不能称为交谈了。

当然，如果遇到的是非常健谈的人，你也可以只做一个优秀的听众。

## （四）说话有度，把握分寸

在与对方交谈时，对自己所要说的内容或回答对方的问题，哪些可以说、哪些不能说要有清醒的认识，能说的说，不能说的一定不说。不文明的话不能说，脏字、脏话或一些不雅的口头禅也不可以说；涉及商业机密、他人隐私的内容不能说；自己不确定的消息不能说，等等。

### （五）面带微笑，有幽默感

俗话说："伸手不打笑脸人"，可见微笑对于交际的重要作用。在商务活动中，微笑是商务人员的常规表情，是礼貌修养的表现。一个善意的微笑会给人留下良好的第一印象，为交谈创造一个好的开局。

幽默则是智慧的闪光，是人际交往中的润滑剂。具有幽默感的人会给别人带来笑声，会让人心情舒畅，自然会受到欢迎。适时地使用幽默，也会消除矛盾，化解分歧，将不满消解于无形。但要注意幽默不是恶搞、恶作剧或故意拿别人开玩笑。如果是与对方初次见面或面对上级、长辈时，要慎用幽默。

### （六）保持距离，文明交谈

在与人交谈尤其是面对面交谈时，要注意保持一定的距离，这既是有礼貌、有修养的体现，也是健康卫生的需要。

从健康的角度来说，至少应与对方保持1.2米左右的距离，避免在说话时所产生的飞沫溅到对方身上，既不卫生，也影响交谈的情绪。

作为商务人员应该特别强调与他人见面时的言谈举止，从得体地称呼他人、别开生面地介绍，到和他人打招呼致意、正确使用名片以及与他人侃侃而谈等，每个过程都应留意，以创造良好的第一印象为出发点和行动目标，努力打开商务交往的新局面。

本 章 小 结

1. 得体地称呼他人，利于打开与他人交往的良好局面；无论是自我介绍，还是充当介绍人，都要注意相应的礼仪规范。

2. 见面的礼节有很多种，握手是最常见、最常用的一种礼节，要注意使用的要求与禁忌；还有一些其他的致意礼节，如点头、举手、注目、鞠躬等，要了解其具体的使用场合。

3. 名片是交往中一个重要的工具，要讲究名片的设计，注意名片的使用规范。

4. 交谈是增进了解、拉近距离的有效手段，要从主题的选择、使用的语言及交谈礼仪等方面准确掌握，增强与他人的交际能力。

## 练一练

### 一、选择题

1. 一个朋友正在向你倾诉他的心事,你会（　　）。
   A. 体会出他的感受并安慰他
   B. 不时发表自己的见解
   C. 对他表示赞同,用眼神支持他讲下去
   D. 耐着性子听
2. 一般情况下,在路上遇到熟人,你会（　　）。
   A. 等对方发现我时再打招呼　　　B. 低头走过去
   C. 点点头,各走各的路　　　　　D. 主动与对方寒暄
3. 当你听到同事在谈论小李的隐私时,你认为合适的做法是（　　）。
   A. 与他们一起谈论　　　　　　　B. 劝同事不要谈论
   C. 悄悄告诉小李　　　　　　　　D. 在一旁静静地听

### 二、填空题

1. 商务活动中的称呼有_____、_____、_____、_____。
2. 介绍的基本原则是_____。
3. 名片的内容包括_____、_____、_____、_____。

### 三、简答题

1. 常见的称呼方式有哪些？你还知道哪些称呼方式？
2. 介绍的具体要求是什么？
3. 简述握手的礼仪要求。
4. 致意的礼节有哪些？
5. 名片的使用应注意哪些方面？
6. 简述交谈语言的基本要求。
7. 交谈的话题哪些可选？哪些不能选？
8. 交谈的技巧有哪些？

### 四、案例分析题

#### 尴尬的见面

王峰在大学读书时学习非常刻苦,成绩也非常优秀,几乎年年都拿特等奖学

金,为此,同学们给他起了一个绰号——"超人"。大学毕业后,王峰顺利取得了在美国攻读硕士学位的机会,毕业后又顺利进入美国公司工作。一晃8年过去了,王峰已成为公司的部门经理。

国庆节期间,王峰带着妻子女儿回国探亲。一天在大剧院观看音乐剧,刚刚落座,就发现有3个人向他们走来。其中一个人一边走一边伸出手大声叫:"喂!这不是超人吗?你怎么回来了?"这时王峰才认出这是他的高中同学贾征。贾征没考上大学,自己跑到南方做生意,赚了些钱,如今回到上海当起了老板。今天正好陪着两位从香港来的生意伙伴一起来看音乐剧。这对生意伙伴是贾征交往多年的年长的香港夫妇。

此时,王峰和贾征彼此既高兴又激动。贾征大声寒暄之后,才想起王峰身边还站着一位女士,就问王峰身边的女士是谁。王峰这才想起向贾征介绍自己的妻子。待王峰介绍完毕,贾征高兴地走上去,给了王峰妻子一个拥抱礼。这时贾征想起了该向老同学介绍他的生意伙伴。大家相互介绍、握手、交换名片和简单的交谈后,就各自回到自己的座位上观看音乐剧了。

**【问题】**

试分析在所描述的场景中有哪些失礼之处。

### 五、实训题

1. 按照要求制作一张名片。
2. 做一次有特色的自我介绍。

# 第六章 接访礼仪

**学习目标**

**知识目标**：接待的准备及礼仪；拜访的准备及礼仪；送礼的原则。

**能力目标**：完成一份完整、合理的接待方案；遵循拜访的礼仪，成为一个受欢迎的人；针对送礼的具体情形，选择适合的礼物。

君子敬而无失，与人恭而有礼，四海之内皆兄弟也。
——《论语》

**说事·明"礼"**

**慌乱的接待**

某公司准备接待一个来访的外国考察团，双方互不相识。小张是接待工作的主要负责人。在了解对方到达的时间后，于当天安排了几个人带了几辆车前往机场迎接。可是由于通往机场的主要路段正在维修，被堵了半个小时。等接待人员到达机场后，客人所乘坐的飞机已经抵达了。他们并不认识客人，情急之下，有人想到了通过广播寻找。小张马上跑到机场广播室请求帮助，通过广播通知客人他们所处的位置，这样主客双方才接上了头。但接待人员发现，所带车辆坐不下所有的人，于是一些人乘接待车辆，另一些人乘出租车回了公司。

【问题】如果你是接待工作的负责人，你认为要做哪些方面的准备，才能顺利完成此项任务？

随着经济的发展，企业与企业之间的竞争日趋激烈，商务活动中的你来我往也越来越密切和频繁。因此，商务接待和拜访成为商务活动中必不可少的一个重要环节。无论双方的关系如何、目的怎样，都应以礼相待。如此一来，既能体现商务人员自身的礼仪素质，又能对外展现良好的企业形象。

# 第一节 接待礼仪

接待是商务双方在商务活动中的最初接触，接待得是否周到，直接影响双方接下来的活动效果。接待工作繁杂琐碎，稍有不慎，就会给企业带来经济上、信誉上的损失。

## 一、接待的程序

### （一）接待的原则

**1. 不卑不亢**

商务交往的最终目的是为了寻求发展和获得最大利润。在竞争日益激烈的情况下，企业要为自己创造一个好的生存和发展环境，就必须要结交更多的朋友，寻找合适的合作伙伴。无论对方是强是弱，都应本着平等的原则进行交往。面对强者，妥协退让是难免的，但自己的根本利益是最后底线；面对弱者，也不能以强凌弱。

**2. 细心周到**

接待工作是一项非常细致的工作，要求事事皆考虑到，不能有任何遗漏或闪失。对待客人要热情相迎，礼貌接待，服务周到，使客人有宾至如归的感觉。如果能关注礼仪细节，讲究礼仪技巧，自然会缩短与客人的心理及情感距离，使双方的关系更为融洽，进一步强化接待质量，提高接待效果。

**3. 一视同仁**

无论对方是否与自己有过交往，无论对方的规模与实力是否强大，不管对方来自何地，属于哪一个民族，生活习惯、宗教信仰与己是否相同，他们都是自己的客人，不能以任何理由对他们有所歧视，应平等对待，要热情接待，笑脸相迎。

### （二）接待的准备

在客人还未到达之前，就应该将接待的规格、接待人员的安排和具体的接待工作部署到位，做好充分的准备，迎接客人的到来。

### 1. 确定接待规格

在接到来客的信息后,要了解客人的地位、身份、人数、姓名、民族、性别构成及宗教信仰等相关情况,以此来安排适合其级别的接待规格,包括我方接待人员的级别、人数、性别组成等,住宿、餐饮的标准,交通工具的档次和数量,预订房间的数量及住宿安排情况等。

### 2. 确定到达方式及时间

了解客人所乘坐的交通工具、到达的时间和到达地点,如车站、机场、码头等,便于提前安排接站。

### 3. 提前预订酒店或宾馆

按照确定的规格提前预订住宿的酒店或宾馆。要选择卫生、安全状况俱佳的酒店或宾馆,还要注意不要距离公司太远,而且交通要便利。

### 4. 安排接待人员

除了要和客人的身份对等以外,如果来的客人较多,那么接待人员的人数不可过少,其中若有女士,应安排女性接待人员,便于工作。另外,接待人员的分工要明确,做到各负其责,确保接待工作的顺利进行。如果双方是第一次见面,要事先做好指示牌,便于双方成功会面。

### 5. 布置接待场所

接待场所的选择应根据来访客人的具体情况来进行,人数较多、级别较高时,可安排在酒店或宾馆的专门接待室或会议室;在其他情况下,可安排在本单位的接待室。无论是在哪里,首先要保证接待室干净卫生、整齐有序、温度适中,确保客人能够感受到应有的轻松与舒适。

### 6. 安排来访日程

无论客人停留的时间长或短,都要安排相应的日程,活动的内容与形式要精心设计,如商务洽谈、参观游览、娱乐休闲、观看演出等,同时要考虑客人的生活习惯和兴趣爱好。日程安排不可过紧,要保证客人有充足的休息时间。

---

**礼仪·学堂**

**不同的接待规格**

接待规格是从陪同领导的角度而言的。接待规格过高,影响领导的正常工作;接待规格过低,影响上下左右的关系。所以,确定接待规格时应进行慎重、全面的考虑。

1. 高规格接待。即主要陪同人员比来宾的职位高。如上级领导派工作人员来了解情况,传达意见;兄弟企业派人来商量要事等,须高规格接待。

2. 低规格接待。即主要陪同人员比客人的职位低。如上级领导或主管领导到基层视察,只能低规格接待。

3. 对等接待。即主要陪同人员与客人的职位同等。这是最常用的接待规格。

### (三)接待的程序

**1. 迎接客人**

在确定了客人的相关情况后,在客人到达的当天,应安排专人负责接站。对于一般客人,可由业务部门或公司公关部门到车站、机场或码头迎接;若是重要的客人,则由相关领导亲自迎接。

**2. 安排食宿**

接到客人后,若对方停留时间较短,可安排在公司会议室或办公室进行短暂休息;对于外地的客人,要进行较长时间的商务活动,宜将他们先请到事先订好的酒店或宾馆,充分休息后,再进行其他活动。

**3. 告知日程**

在客人到达房间后,接待人员要将未来几天的日程安排情况口头或书面告知客人,好让他们做好相应的准备,但要注意,此时在房间停留的时间不宜过长,以免影响旅途劳累的客人休息。

**4. 安排返程**

商务接待要根据客人的需要为其安排返程,为客人预订车票或机票。在重要客人走时,还可以组织相关人员到车站、码头或机场欢送。

### 礼仪·练习

在人际交往中,刚接到朋友时便询问其离开的时间是否是一种礼貌的行为?

## 二、接待的礼仪

接待礼仪是接待工作过程要全程遵守的基本礼仪要求,是接待工作人员必须掌握的礼仪常识和技能。

### (一)迎接礼仪

**1. 热情相迎**

迎接最基本的就是让客人感受到你的热情,发自内心的真诚微笑是给客人最好的礼物,而真诚的心意,能使客人感到受尊重、被重视。接到客人后,问候一声"一路辛苦""路上还顺利吧""欢迎您的到来"等,会让客人有宾至如归的感觉。当然,对于重要的客人还可以专门举行一个隆重的欢迎仪式。

2. 得体介绍

向客人介绍接待人员、接站的领导和自我介绍,要分清先后,介绍的内容要简短、明了。语言清晰流畅,语速适中,声音高低适度。

3. 主动代劳

客人一到,除了热情地问候外,还要主动帮客人提拉所携带的行李、箱包。但女性随身携带的手提包是不能随便代拿的。

4. 见面礼节

见面礼节通常使用的是握手礼,这是国际通用礼节,但在具体情况下会有所不同。如西方人见面时常拥抱、亲吻脸颊等,而东方人尤其是日本人,礼节较多,通常还会备一些礼物作为见面礼。因此,要根据客人的具体情况进行合理的选择,免得闹出笑话。

5. 斟茶送水

斟茶送水时,首先,茶具要干净。给客人倒茶时,要使用干净的茶具,尤其要注意茶具是否久置未用,是否沾染灰尘等。其次,茶水茶叶要适量。俗话说"茶满欺人,酒满敬人"。茶水斟得很满,会让客人觉得很别扭,既不便客人端起杯子,也给客人留下缺乏饮茶、待客常识的感觉。再次,端茶要得法。按照礼仪习惯,应双手给客人端茶。有杯耳的茶杯,通常是右手拿着茶杯的中部,左手托着杯底,杯耳应朝向客人且双手端茶从客人的左后侧奉上。没有杯耳的茶杯,用小茶碟装杯子,微微俯身,将水杯端至客人头部下方的位置,微笑着用语言和目光示意对方"请用茶",递送水杯的位置不可高过客人的头部。

奉茶要遵循"先客后主、先长后幼、先女后男"的顺序。

1. 不要用一只手上茶,尤其不能用左手。
2. 切勿让手指碰到杯口。
3. 为客人倒的第一杯茶,通常不宜斟得过满,以杯深的 2/3 处为宜。
4. 把握好续水的时机,以不妨碍宾客交谈为佳,不能等到茶杯见底后再续水。

(二) 乘车礼仪

1. 不同车型的座次

确定轿车的座次,关键是看何种车型。不同车型的座次不尽相同,如图 6.1

所示。

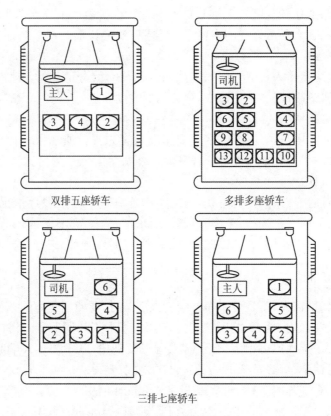

图 6.1 不同车型的座次

乘坐轿车,以双排五座轿车为例,有两种情况:一是主人亲自开车,双排五座轿车座位由高到低的次序是副驾驶座、后排右座、后排左座、后排中座;二是专职司机驾车,双排五座轿车座次的次序是后排右座、后排左座、后排中座、副驾驶座。

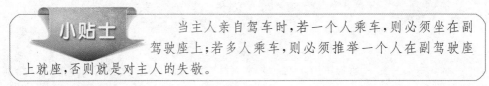

当主人亲自驾车时,若一个人乘车,则必须坐在副驾驶座上;若多人乘车,则必须推举一个人在副驾驶座上就座,否则就是对主人的失敬。

根据常识,轿车的前排,特别是副驾驶座,是车上最不安全的座位。而在公务活动中,副驾驶座,特别是双排五座轿车上的副驾驶座,又称"随员座",是专供秘书、翻译、警卫、陪同等随从人员就座的位置。

乘坐四排座或四排座以上的中型或大型轿车时,应遵循"以右为尊"的原则。驾驶员身后的第一排为尊位,其他各排座位从前往后依次递减。各排座位的座次安排,讲究"右高左低",从右到左依次递减,即由前而后,自右而左。

### 2. 上下车的礼仪

乘坐轿车时,应请位尊者最先上车,最后下车。但为了上车的方便,后排中座的人应比后排左座的人先上。

上下车礼仪

上车时,接待人员应先打开车门,用手遮挡车门的上边框,防止客人出现碰撞的情况,等客人上车坐稳后,再轻轻关上车门,切忌过于用力。下车时,接待人员应首先下车,打开车门,请客人下车。

上车一般采用"背入式",即打开车门上车时,背对车内,臀部先坐下,上身和头部再进入车内,再将双腿并拢收入车内;下车时则采用"正出式",即转身正面朝向车门,双腿先伸出车外踩稳之后,弯腰将上身探出车外,再站起,如图6.2所示。

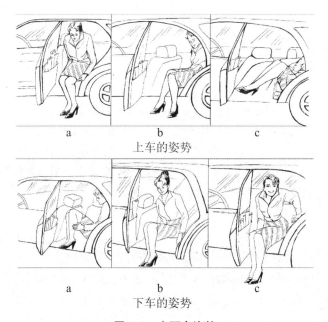

图 6.2　上下车姿势

> **小贴士**
>
> 乘坐吉普车时,不管由谁驾驶,吉普车上座次由主及次依次是:副驾驶座、后排右座、后排左座。

> **礼仪·练习**
>
> 模仿一下你平时见过的上车或下车的姿势,再按正确的方式演示上车、下车。

### (三) 行进礼仪

**1. 陪同行走**

接待人员在陪同客人行走时,应走在客人的左侧,即始终将客人置于你的右侧,以示尊重。一般情况下,主陪人员要与客人并行,随行人员走在他们的后边。行走时,应与客人热情交谈,一般不宜接听或拨打电话;如有电话,应道歉后暂时离开几米远,简短处理后立即返回,不可让客人久等。

**2. 上下楼梯**

陪同客人上楼,客人应走在前,接待人员走在后;下楼时,则是接待人员走在前,客人走在后。如遇转弯或改变方向时,应在客人左前方几步远的位置,用手示意"这边请"。

**3. 出入电梯**

乘坐电梯时,如有专人服务,则应让客人先进先出;如无专人服务,接待人员则要充当服务人员先进入电梯,按好相应楼层的数字,随后客人再进;到达楼层后,客人先出,主人按住电梯的按钮,防止电梯关门夹伤客人,待客人出电梯后再出。

**4. 进出房间**

如果房间的门是朝外开的,把门拉开后按住,再请客人进入;如果门是朝里开的,接待人员应把门推开,再请客人进入房间。

### (四) 陪客礼仪

接待人员将客人送达住处后,不要立即离去,应简单向客人介绍所住宾馆的基本情况、服务项目与服务设施,餐厅的位置及周边的休闲、娱乐场所等,帮助客人熟悉环境。另外,向客人介绍一下相关的行程,约定好下次见面的时间、地点和方式。这个时间应控制在半个小时左右,不宜过长,以免影响客人的休息。

> **礼仪·学堂**
>
> **商务招待成功秘诀**
>
> 商务招待是经常发生的活动,从办公室的一杯茶到招待客人吃工作餐,再到高级别的正式宴会。成功的商务招待应注意以下8个方面:
>
> 1. 在一对一的基础上了解客人。

> 2. 对新老朋友都热情相待。
> 3. 得到帮助，真诚表达你的谢意。
> 4. 商业场合不要羞于推销你自己。
> 5. 受到热情招待，要考虑在适当时机回报。
> 6. 强化与老客户的关系。
> 7. 在商务招待中提高公司形象。
> 8. 注意在招待过程中强调本次商务活动中公司的任务，但要做得得体。

# 第二节 拜访礼仪

拜访是商务活动中一种常见且重要的形式，是亲自或派人到有商务往来的客户单位或约定的某地拜见、访问的活动。通过拜访，人们可以彼此了解、交流信息、沟通情感，为企业或个人发展创造一个良好的环境。拜访分为事务性拜访、礼节性拜访和私人拜访三种。但无论哪种拜访，都应遵循拜访的礼仪规范。

## 一、拜访的准备

拜访前准备得如何，对于拜访的效果有着极大的影响。同时，准备充分的拜访也是对拜访对象的尊重与重视。因此，在拜访对方前，要从多方面着手，做好准备工作。

### （一）准备资料

拜访前，要了解与掌握拜访对象的一些基本情况，如企业的发展情况、经营状况及企业特色等；拜访企业领导，要清楚了解对方的性别、年龄、兴趣、爱好等，必要时可向其秘书请教相关信息。另外，平时要注意搜集与整理多种信息，需要时可以随时加以利用。

商务性的拜访还需要将本单位的相关材料或产品的介绍材料准备齐全。

### （二）提前预约

不做不速之客，拜访前应先打电话或写信与对方约定拜访的时间。一般情况下，拜访时间由对方来选择和确定，到办公室拜访的时间上午一般在9点以后，下午一般在 3 点以后;到客人家中拜访,应避开休息、吃饭的时间段。

一般提前 3 到 5 天预约比较适宜,让对方也让自己有充足的安排和准备的时间。在预约时,应使用请求的语气,如果对方回绝了你的请求,也不能表现出不满,更不能发难。

### (三)整洁仪容

留给人第一印象的好坏,取决于你的外表。因此,拜访时一定要注意自己的仪容仪表。着装应干净整齐,容貌应修饰得当。即便与对方很熟悉,也不能过于随意。

### (四)准备礼物

在拜访时,最好准备一些小礼物。礼物是否昂贵并不重要,关键在于表达对主人的尊敬和拜访者的诚意,如一束鲜花、一袋水果等。礼物的选择要恰当,包装要精美,这样才能赢得对方的好感,获得或加深对方对你的好印象。

## 二、拜访的礼仪

### (一)拜访的基本要求

**1. 准时赴约,不迟到**

与对方约定好的时间要严格遵守,如约履行,不要迟到。准确估算好路途中所要花费的时间,提前出发,避免因其他原因而耽误时间。

一般情况下要比约定的时间提前 5 分钟左右到达见面地点。如果临时有事不能赴约或取消约定,要提前通知对方,不可让对方久等。无故失约是不礼貌的表现,必要的话,可以做备忘录,到时提醒自己赴约;迟到也是一种失礼的行为,无论是主观的或者客观的原因导致,其结果是一样的,因此一定要掌握好时间。

**2. 仪表得体,不随意**

作为拜访者,注重自己的外在形象是展现自身修养的一个重要途径,是对拜访对象的尊重,更是促使拜访取得成效、实现预期目标的重要手段之一。从发型、面容到着装等诸多要素的修饰要适度,不可过分夸张;要适合自己的个性特点,不可一味追求时尚;还要考虑对方的审美取向、审美观,符合对方的审美观点。

我们应注重礼节,潇洒、休闲不等于邋遢、不修边幅,不拘小节也不等于粗俗、无礼。

**3. 注重言谈,不啰嗦**

拜访时,双方都会适当寒暄几句。通常都是由主人主动寒暄,时间大约在 3~

5分钟就可以了,不可过长。作为拜访者,闲谈过多是不礼貌的,相关的谈话内容说清楚就可以了,不要过多重复。

交谈时要注视对方,不可东张西望。同时要多注意对方的动作、表情,判断其心理状态、性格特点,选择对方所喜欢的话题开始交谈,待良好的气氛形成后,再适时转入正题。

#### 4. 客随主便,不僭越

客随主便,是拜访中的基本规则。客人要服从主人的安排,尊重主人的地位,不可喧宾夺主。进门前要先敲门,征得同意后,再进入。进门后,应先向主人问候,再按照主人的要求坐到相应的位置上,切不可随便找个座位就坐下来。

#### 5. 适时告辞,不多留

礼节性的拜访不宜过长,尤其是对于第一次拜访的对象。每次拜访的时间一般安排在半个小时左右为宜,谈完相应的事情,就应该及时告辞。如果双方谈得非常投机,而对方的谈兴也很浓,可以适当地再多谈一会,但不能拖得太久,可留一点未尽事宜,以便下一次再讨论、交谈。

告辞时,客人应先起身,主动向拜访对象道谢、辞别,出门后,请主人留步,再挥手道别。

#### 6. 避免干扰,不接打手机

在拜访的时候,应尽量不要接听或拨打电话,最好是将手机设置成振动或关闭状态,以免影响交谈的效果。如果确有要事需要使用通信工具,应先征求主人的同意后再接听;如果主人接听电话,应请示主人自己是否需要回避。

### (二)不同场合的拜访

#### 1. 办公室拜访

(1) 时间适当。办公室拜访一般应安排在工作时间,但要避开刚上班后的半小时、午餐、下班前的半小时等几个时间点。如果对方很忙,不能及时予以接待,要在秘书安排的地方耐心等待,不可随意走动,探头张望,更不可以丧失耐心,不辞而别或大动肝火,这将有损自己的形象。

敲门

(2) 进门有礼。无论办公室的门是否关闭都应先敲门,获得同意后方可进入。进入后,应向里面的人问好,如有其他人在场,也一并问好。如拜访的时间较短可以不入座,事情说完就可以走了;如果时间较长,则在主人邀请后才能入座。

(3) 礼貌告别。办公室拜访时间的长短要合理控制,不可占用对方过多的时间。告辞时,也要向其他在场的人同时告别。出门后,应随手关门。

### 2. 家庭拜访

家庭拜访,一定要约好时间,好让主人做好相应的准备。拜访的时间一般安排在周末的下午或晚上,要避开休息和吃饭的时间。

敲门或按门铃后,应站在猫眼的视线范围内,好让主人看清楚来客是谁;进门后要主动换上主人准备的拖鞋,再进入室内;如遇下雨天,雨具要放在门外或交给主人放置,不可随意乱放;进入室内后,要向室内的人包括主人的家人和其他陌生人一一致意问候,但不要擅自向主人打听其他人的情况;没有主人的邀请,不能在室内随意走动、参观,尤其是主人相对比较私密的空间。

家庭拜访时,如果主人没有抽烟的习惯,尽量不要抽烟,如果实在控制不住,要经主人同意后才可以抽烟,但最好是到阳台上。如果主人招待茶水、点心时,应双手接过并欠身表示谢意,茶水可以喝完,点心稍稍品尝即可。

**小贴士**

不到万不得已,不要使用主人家的卫生间。

结束拜访要由客人提出,走时客人要向主人及其家人一一告别,感谢接待,并邀请他们到自己家中做客。此时客人走在前,主人在后,快到门口时,主人应为客人开门,送客人出门,目送其离开,然后再轻轻关门,关门的声音不可过重,否则会让客人感觉自己不受欢迎。如果对方是第一次来,还应送到车站。

### 3. 宾馆拜访

住在宾馆里的一般都是外地来的客人,因此要首先搞清楚其所住宾馆的名称、具体的位置、楼层、房间号,约定好拜访的时间。

到达宾馆后,要先通过宾馆大堂的服务台向客人房间打个电话,告知客人自己的到来,以便客人做好准备。不能直接前往房间,以免引起不必要的尴尬。进门前要先敲门,证实双方的身份后再进入房间。

**礼仪·练习**

现在很多家庭喜欢用一次性纸杯招待客人,以示干净。您认为用一次性纸杯招待客人是否符合礼仪规范?

## 第三节 馈赠礼仪

自有人类交往以来,任何国家和民族都有通过送礼来表达友好、尊重、祝贺等心意的风俗。尤其是在我国,送礼一直极受重视。在商务交往中,互相馈赠礼品也是一种常见的行为。虽然不能排除因为有求于对方或对对方的帮忙表示感谢的因素,但更重要的是,商务交往时送礼更多的是为了与对方建立和保持长久、友好的联系,或向对方表示祝贺和尊敬。

### 一、馈赠的原则

商务送礼是一门艺术,也是一种技巧,讲究"5W1H"原则,即为什么送(Why)、送给谁(Who)、送什么(What)、何时送(When)、在哪里送(Where)、如何送(How),都是要深思熟虑的问题,稍有不慎,就会适得其反,弄巧成拙。因此,馈赠礼物应遵循一定的原则,才不至于出错。

#### (一)选择礼品,轻重得当

礼物的轻重,取决于双方的关系、身份和送礼的目的。虽说"礼轻情意重",但礼物过轻,很容易让对方觉得你看轻他,尤其是关系不够亲密的人,更可能产生这样的误解。礼物过重,特别是送给上司、领导的礼物更应该注意,稍有不慎则会有行贿、受贿之嫌;如果对方拒收,那你所做的一切就毫无意义。

> **小贴士**
>
> **商务礼品的分类**
> 1. 办公文具类:商务办公名笔、保温水杯、办公摆件、奖杯奖牌、皮具等。
> 2. 箱包类:手提包、电脑包、公文包、真皮钱包等。
> 3. 健康休闲类:运动水壶、健身套装、野餐套装、户外休闲用品等。
> 4. 数码电子类:计时器笔筒、加温器、U盘套装等。
> 5. 本册布艺类:笔记本、记事本、文件夹、领带、商务丝巾等。
> 6. 餐具家纺类:茶具、家居饰品、厨具家电、床上用品等。
> 7. 工艺特色类:陶瓷、丝绸、紫砂、水晶饰件、刺绣等。
> 8. 收藏纪念类:纪念邮票、重大活动纪念品、个性邮票、纪念币册等。

## (二) 了解兴趣,投其所好

在现实的交往过程中,不同的交往对象因为自身的各种原因,都有各自不同的兴趣爱好。无论是以组织还是以个人的名义送礼,都应对送礼对象的年龄、身份、性别、性格、兴趣、爱好、习惯等方面的情况有比较详细、准确的了解,再进行相应的分析,选择其喜欢的礼品,从而达到送礼的目的。

**小贴士** 了解对方相关情况的途径有很多,可以通过他的同事、朋友、亲人等进行侧面了解,或者平时注意观察他的办公室或家中所摆放的物品,由此分析与判断对方的嗜好。

## (三) 知晓风俗,避开禁忌

送礼前,要充分考虑对方的民族、宗教信仰,当地的风俗习惯和送礼禁忌,不能想送什么就送什么。比如在中国,送礼不能送钟,因"钟"与"终"同音,不吉利;不能送梨,因为"梨"与"离"同音,寓意"分离",不吉祥;中国人喜欢双数,忌单数,所以礼物的数量一般是双数,但在广东,"4"即"死"的谐音,要回避。在国外,美国人送礼喜欢单数;法国人不喜欢黄色的花,忌送康乃馨;在阿拉伯地区,送酒是忌讳的;在拉丁美洲,忌送手绢,他们认为手绢是用来擦眼泪的。

总之,在选择礼品时,一方面要考虑对方所在国家、所属民族、所信仰的宗教、风俗、习惯、禁忌等;另一方面,对于礼物的包装、颜色、图形、装饰、数目等要素也要多注意,避免触犯禁忌,使得双方都不愉快。

**小贴士** 礼品的"六忌"包含礼品的品种、色彩、图案、形状、数目和包装方面的禁忌。

## (四) 寓有意义,兼顾实用

礼物是表达送礼者对受礼者情意的一个重要载体,任何礼物都表达了送礼者特有的心意。因此,所选择的礼品要与自己的心意相符,与送礼的缘由、目的、事件、人物密切相连在一起,突出纪念意义,同时要具有一定的实用性,能够满足受礼者的需求,迎合他的喜好。礼物的种类应该是可以长期保存的那种,可以不断地、经常性地唤起受礼者的记忆,食品、饮料不是礼物的最佳选择。

## (五) 量力而行,忌讳奢侈

购买礼品时,要考虑企业或个人的经济能力情况,量力而行。不可"打肿脸充胖子",超越自身的经济实力,那样会给自己或企业造成不必要的经济负担。总之,除非是有特殊目的的馈赠,其他所馈赠礼物的贵贱都应以对方能愉快接受为尺度。

**礼仪·学堂**

**"千里送鹅毛,礼轻情意重"的由来**

唐朝时,云南土官缅氏为表示对唐王朝的拥戴,派特使缅伯高向唐太宗进献天鹅。路过沔阳湖时,好心的缅伯高把天鹅从笼子里放出来,想给它洗个澡。不料,天鹅展翅飞向高空。缅伯高急忙伸手去捉,但还是让天鹅飞走了,他只扯得几根鹅毛。缅伯高急得顿足捶胸,号啕大哭。随从们劝他说天鹅已经飞走了,哭也没有用,还是想想补救的办法吧。缅伯高一想,也只能如此了。

到了长安,缅伯高拜见唐太宗,并献上礼物。唐太宗见是一个精致的绸缎小包,便令人打开,一看是几根鹅毛和一首小诗。诗曰:"将鹅贡唐朝,山高路遥遥。沔阳湖失去,倒地哭号号。上复唐天子,可饶缅伯高。礼轻情意重,千里送鹅毛。"唐太宗莫名其妙,缅伯高随即讲出事情原委。听他讲完后,唐太宗不但没有怪罪他,反而认为他忠诚老实。

**礼仪·练习**

你认为送礼还要注意哪些问题。

## 二、馈赠的艺术

### (一) 时机适当

**1. 赠送的时机**

赠送礼物不是想什么时候想送就什么时候送,要选择合适的时机,才能让送礼的行为起到预期的作用。

(1) 道喜、祝贺的时机。对方家里有喜庆的事情,如结婚、生子、生日、乔迁新居,或者因工作出色获得晋升、事业取得骄人成绩、获得荣誉表彰等;企业开业、剪彩、庆典等隆重的活动时,都应赠送礼物以示祝贺。

(2) 道谢、慰问的时机。在受到他人关心或帮助后,以赠送礼品的方式向对方表示感谢;当对方遇到困难时,也可用礼物向对方表示慰问、鼓励。

(3) 传统节日或纪念日。在中国的传统节日如春节,人们就用拜年时赠送礼品的方式表达对朋友、亲人的关心之情;在对双方有特殊意义的日子互赠礼物,则具有较强的纪念意义。

### 2. 赠送的场合

送礼的场合一般包括公司场合、私人场合、家庭场合。不同的场合对送礼的要求都不尽相同。

（1）公司场合。在对方获得晋升职务、退休或重大的纪念日时，与其他人一起送一份礼物或每人赠送一份礼物，表示祝贺。此时要注意自己的礼物要与其他人的对等，不可低于别人，不能高于别人，也不能与别人送的一样。最好是先商量好送礼的标准和各自送的礼物。通常情况下，当众只给一群人中的某一个人赠礼是不合适的。给关系密切的人送礼也不宜在公开场合进行，只有礼轻情重的特殊礼物才适宜在大庭广众赠送。

（2）私人场合。在对方发生了重大事件时，如住院、生日等，以私人的身份赠送礼物，表示慰问或祝贺。

（3）家庭场合。包括对方及其家人的重要事件，如婚礼、葬礼等。看起来这与彼此之间的工作没有关联，但这为今后双方的良好合作、友好沟通奠定了基础。因此，在同事、朋友家中发生这些情况时，都应以礼相送，表达心意。

在商务活动中，一般不要一见面就送礼物，可以在业务洽谈结束后再赠送。

### 3. 赠送的方式

（1）当面馈赠。在商务送礼中，最常见的方式是当面送礼。这样的方式一方面可以直接向受礼者说明送礼的理由，对礼物的寓意进行解释；另一方面，也可以与受礼者进行友好的交谈，将送礼所取得的效果进一步巩固。

（2）邮递送达。如果对方不在本地，可以采用邮递送达的方式。要清楚掌握对方详细的联系地址和联系电话，在邮寄之后，要打电话告知对方，提醒查收。但贵重的物品慎用这种方式。

（3）托人赠送。为了避免送礼时的尴尬，也可以托人赠送。这种情况下，选择一个可以信任的中间人就显得极其重要。中间人应该对双方都很了解与熟悉，而且关系都比较亲密，这样才能起到穿针引线的作用。

### （二）包装精美

把礼品细心、精致地包装起来。这样做首先传达出送礼人对礼物及送礼行为的重视和对受礼者的尊敬，其次，包装好的礼品受礼者不能直接看到，增加了一些悬念。当受礼者打开包装时，看到喜欢的礼物，又多收获了一份惊喜之情。

礼品的包装所选用的包装材料要美观、大方、耐用、耐磨，包装不能有破损，最好符合环保的要求,可以继续回收利用。所选的颜色、图案、文字要慎重,注意风俗习惯、禁忌和受礼者的文化背景。

如果是送给信奉基督教的对象,包装外的丝带、缎带的结法不能结成十字交叉的形状;送给日本人的礼物不要选择绿色的包装纸,不要打蝴蝶结;送给阿拉伯人的礼物包装应该用绿色,他们很喜欢绿色,而不喜欢红色。

### (三)品质要好

赠送给他人的礼物无论是外观还是内在都需要精心挑选,因此礼物的选择代表了送礼者的审美观、价值取向、自身修养等多方面的素养。可以说,礼物品质的好坏反映了送礼者的个人品质、内涵。

礼物的质量也是要重视的一个方面。礼物的工艺水平如何、制作是否精美等因素决定了礼物本身质量的优劣。如果送给对方的是粗制滥造的礼物,会引发对方的不满,会觉得你在侮辱他,将适得其反。所以一般要在信誉好、服务好、产品质量好的礼物商店购买,买好礼物之后,要把上面贴的价格标签撕掉,以免让人误会。

### (四)语言得体

礼物要当面送给受礼者,双手递上,并附上自谦的语句,如"小小意思,不成敬意""略备薄礼,敬请笑纳""一点小礼物,略表心意,请笑纳"等。给外国人送礼,则不必婉转和自谦,可说:"这是我们特意为你挑选的礼物,希望你能喜欢""这是我们的心意,请您收下""这是我国的特色产品,是特别为您准备的",等等。

### (五)礼貌接受

收到对方的礼物后,无论是否喜欢,都应向送礼者道谢。

中国的传统礼节是双手接过对方的礼物,不当面打开礼品的包装,以免有重礼轻情的嫌疑。而在西方国家,接受礼物时应当场打开包装,并说:"太漂亮了!我很喜欢。""正是我想要的,谢谢!"等表示喜欢、致谢的话语。如果是一些能够马上用到或佩戴的礼物,应立即使用,这样的话送礼者会感到非常高兴。

本 章 小 结

1. 接待工作比较繁琐,需要进行周到、细心的准备,确保无失误;接待工作要从诸多方面进行考虑,力求让客人满意。

2. 做一个受欢迎的客人需要多种因素的配合,不同场合的拜访要遵守相应的礼仪规范。

3. 赠送礼物是向他人表示友好之意,因此礼物的选择要遵循相应的原则;选择什么样的送礼方式也有一定的讲究;更要注意受礼对象的民族、宗教、爱好、禁忌等多种因素。

## 练一练

**一、选择题**

1. 朋友打电话说周末要来拜访,但是你周末要去公园玩,你会(　　)。
   A. 一口回绝,谁让他没有提前打电话预约
   B. 改变原来的日程,迎接你的朋友
   C. 表示欢迎,但向他解释自己的安排,重新约定时间
   D. 邀请他和自己一起去公园

2. 同事过生日,大家商量给他送一份礼物,你认为比较合适的做法是(　　)。
   A. 我是刚来的新人,与我无关
   B. 买比别人贵的礼物,赢得对方的好感
   C. 向他人打听同事的爱好,做到心中有数
   D. 跟其他人买一样的礼物

3. 你去客户的公司拜访,在路上遇到堵车,这时你应该(　　)。
   A. 耐心等待,堵车是常有的现象
   B. 打电话给客户的秘书,告知可能会迟到
   C. 下车查看什么时候能够通车
   D. 焦急地催促司机改走其他路线

4. 你正在朋友家里做客,这时又来了几个你不认识的客人,你会(　　)。
   A. 坐在沙发上不说话,反正我也不认识
   B. 直接询问他们是谁
   C. 笑脸相迎,点头示意,等待主人介绍
   D. 起身向主人告辞离开

**二、填空题**

1. 接待的基本程序是＿＿＿＿、＿＿＿＿、＿＿＿＿、＿＿＿＿。
2. 赠送礼品的场合分别是＿＿＿＿、＿＿＿＿、＿＿＿＿;主要的送礼方式有＿＿＿＿、＿＿＿＿、＿＿＿＿。

## 三、简答题

1. 接待的基本原则有哪些？你认为还有哪些是要遵守的规范？
2. 拜访的基本礼仪是什么？
3. 送礼应该遵循的基本原则有哪些？你可以再添加一些要求吗？
4. 商务礼品大致可分为哪些类型？你认为还有哪些物品可以作为礼品赠送？

## 四、案例分析题

### 及时更换的礼物

云南省一家外贸公司与印度某商贸公司新近做成一笔生意。为表示合作愉快，加强两公司联系，努力成为密切的商业伙伴，中方决定向印方赠送一批有地方特色的工艺品——皮质的相框。中方向当地的一家工艺品厂订制了这批货，这家工艺品厂也如期保质保量完成了。

当赠送的日子快要临近时，这家外贸公司一位曾经去过印度的职员突然发现这批皮质相框是用牛皮做的，这在奉牛为神明的印度是绝对不允许的，很难想象如果将这批礼品赠送给印方会产生什么样的后果。幸好及时发现，才使这家外贸公司没有犯下错误，避免产生不愉快。他们又让工艺品厂赶制了一批新的相框，这回在原材料的选择上特地做了一番考察。最后，将礼品赠送给对方时，对方非常满意。

【问题】

1. 案例中云南省的这家外贸公司出现了哪些错误？
2. 如果你是这家外贸公司的负责人，你认为选什么礼品更加合适？

## 五、实训题

1. 假设你是一家外贸公司的秘书，有一位英国的商务代表下个星期要来访问，请拟订一份接待的方案。
2. 你所在公司的友好单位要组织五周年庆典，经理要你选择合适的礼品作为贺礼，你将如何完成这次任务？

# 第七章 宴请礼仪

**学习目标**

**知识目标**：了解宴请的形式；掌握宴请的准备、接待程序及宴会的座位安排；掌握赴宴者的基本礼仪。

**能力目标**：熟悉并运用中餐、西餐礼仪和自助餐的礼仪。

夫礼之初，始诸饮食

——《礼记》

**说事·明"礼"**

小张是某著名公司总经理的秘书。公司计划在某天晚上宴请国内最大客户李总裁等一行人，以答谢他们一年来给予的支持。小张为此安排好了酒店，并与对方公关部经理沟通，认真询问他们老总的饮食习惯，确定了菜单。随即，小张提前一周送出了请柬。

宴请当天，小张又致电对方，详细说明了晚宴的时间和地点，并提前半小时到酒店，看看晚宴准备的情况。宴会厅分内外两间，外边是会客室，已经准备好了鲜花和茶点。里边是宴会的房间，中式宴会的圆桌上已经摆好各种餐具。随后，小张又在正对门的桌子上方放上自己老板的席卡，将对方老总的席卡放在主人位置的右边，并安排好其他人员的位置。完成这些准备工作后，小张提前15分钟来到酒店大堂内等候客人的到来。

【点评】礼仪体现在宴请的各个环节。

商务宴请一般是指企业为了扩大自身的影响、宣传或庆典等商业性目的而举办的宴会活动。它是人们联络感情、促进交际、维持关系的重要手段。在商务活动中，出于各种各样交往的需要，商务人员势必会组织或参加一些比较隆重的商务宴请。因此，掌握宴请的组织程序是商务人员的一项基本技能，而知晓出席宴会应遵循的礼仪要求，也是体现自身修养的一个重要方面。

# 第一节　宴请者礼仪

宴请者是宴请的组织者，是东道主，如何让客人享受宴请是宴请者首先要考虑的问题。在组织、开展宴请活动时，处处细心周到，时时礼节到位，是成功的要诀。

## 一、宴请的形式

在商务宴请中，根据宴请的目的、所宴请人员的身份、宴请人数的多少等标准，可以分为不同的宴请形式。每一种宴请形式都有与其他宴请形式不同的组织程序和礼仪要求。常见的宴请形式主要有以下几种：

### （一）宴会

宴会指正式、隆重的宴请，是举办者为了表达谢意、扩大影响而专门举行的招待活动。它是正餐。宾客按事先安排好的席位入座进餐，服务员按照已经定好的顺序上菜。按照宴请规格由高到低的顺序，可分为国宴、正式宴会、便宴、家宴。

**1. 国宴**

国宴是指国家元首或政府首脑为国宾、其他贵宾或在重要节日为招待各界人士而举行的正式宴请。其特点为规格高、礼仪要求高。

在举行国宴的宴会厅，要悬挂国家的国旗，乐队要奏国歌，席间主宾双方都有致辞，并有音乐伴随。

---

**礼仪·学堂**

中国的国宴一般在人民大会堂或钓鱼台国宾馆举行。国宴菜通常以"淮扬菜"为主，汇集全国各地菜系，以清淡为主，讲求荤素搭配，注重菜品"色、香、味"的组配。其中，狮子头、佛跳墙及三宝鸭等为国宴的代表菜。

## 2. 正式宴会

正式宴会与国宴最大的区别是不挂国旗,不奏国歌,其余的安排与国宴基本相同,席间可以奏音乐,宾主按既定的次序入座,许多国家对餐具、酒水、菜品及上菜的顺序均有严格的要求。

**"西湖盛宴"**

2017年9月,二十国集团(G20)峰会在中国浙江杭州召开。中方为欢迎二十国集团领导人精心准备的晚宴也引起人们的关注。欢迎晚宴以"西湖盛宴"为主题,围绕"中国青山美丽,世界绿色未来"的设计理念,以"西湖元素""杭州特色"为载体,通过西湖梦的主题场景布置、西湖韵的餐具器皿展现、西湖情的礼宾用品展示、西湖味的杭州菜肴烹饪、西湖秀的服务展示,向世界来宾呈现一场历史与现实交汇的"西湖盛宴"。

## 3. 便宴

便宴是一种非正式的宴会,可采用自助的形式。便宴最大的特点在于简便、灵活、随意,期间不作正式讲话,也没有音乐伴奏,菜可多可少,气氛轻松、随和。

## 4. 家宴

家宴是指在自己家中招待客人的宴请形式。把客人请到家中来与自己的家人一起进餐,将客人视为自己的家人,是对客人极大的尊重。在西方,人们喜欢采用自助的形式,客人比较自由,气氛亲切、友好。

### (二)招待会

招待会是指不准备正餐,而只准备酒水、食品的宴请形式,这种形式的宴请不排定宾客的席位,活动形式多样,宾主活动自由。

## 1. 冷餐会

冷餐会,又称冷食自助餐,是目前国际上通行的非正式西式宴请。冷餐会主要以冷菜、饮料、低度酒为主,讲究品味和格调,所有的菜肴都陈列在餐厅的长条桌上,由客人随意取食,自我服务。它通常适用于招待会或新闻发布会。

冷餐会多在大型商务活动之后举行,一般不安排在晚上,而且每次用餐的时间以一小时左右为宜。冷餐会开始的时间没有限定。客人可以随到随用,也不必等到主人宣布结束才结束,在和主人打招呼以后,客人随时可以离开。

## 2. 酒会

酒会起源于欧洲,是一种经济简便、轻松活泼的宴请形式。常因社会团体或个人重大纪念活动而举行,以联络和增进感情。

酒会不备正餐,只是略备酒水、点心、菜肴等,多以冷味为主。

酒会中最常见的是鸡尾酒会。一般安排在餐前,通常是下午六点或六点半开始,持续两小时左右。酒品有两大类,即含酒精的饮料,如香槟酒、红或白葡萄酒、各种烈性酒和开胃酒,以及不含酒精的饮料,如果汁、可乐、矿泉水、牛奶等。

另一种是餐后酒会,一般安排在晚上九点左右举行,时间的长短没有严格限定,客人可以自己视情况确定到来和离开的时间。

酒会的特点:不必准时、不限衣着、自选菜肴、不排席次、自由交际。

### 3. 茶会

顾名思义,茶会就是请客人品茶,因此,对于茶叶、茶具、倒茶、递茶均有比较高的要求。茶叶可以根据客人的口味进行挑选,但一定是高品质的好茶;茶具要选择陶瓷制品,不用玻璃杯。

茶会的时间一般安排在上午十点左右或下午四点左右在客厅举行,设茶几、座椅,不安排席位。

礼仪·学堂

**中国十大名茶**

1959年全国"十大名茶"评比会评选出中国十大名茶:

西湖龙井。产于杭州西湖的狮峰、龙井、五云山、虎跑一带,以"色翠、香郁、味甘、形美"四绝著称于世,素有"国茶"之称。

洞庭碧螺春。产于江苏吴县太湖之滨的洞庭山。碧螺春条索紧结,蜷曲似螺,边沿上有一层均匀的细白绒毛。

黄山毛峰。产于安徽黄山。茶的外形细扁微曲,状如雀舌,香如白兰。

庐山云雾。产于江西庐山。香浓味甘,汤色清澈,是绿茶中的精品。

六安瓜片。产于皖西大别山区,其中以六安、金寨、霍山三县为最佳。每年春季采摘,成茶呈瓜子形状,因此得名。

君山银针。产于岳阳洞庭湖的青螺岛。其冲泡时,三起三落,"雀舌含珠""刀从林立",有很高的欣赏价值。

信阳毛尖。产于河南信阳车云山、集云山、天云山、云雾山等山顶。其有"细、圆、光、直、多白毫、香高、味浓、汤色绿"的独特风格。

武夷岩茶。产于福建武夷山,属于半发酵茶,为乌龙茶类。既具有绿茶之清香,又有红茶之甘醇。

> 安溪铁观音。产于福建安溪。其叶体沉重如铁,多呈螺旋形,是乌龙茶的极品。
>
> 祁门红茶。产于安徽祁门、东至、贵池、石台、黟县以及江西的浮梁一带。其茶颜色为红棕色,为红茶中的极品。

#### 4. 工作餐

按就餐时间可分为工作早餐、工作午餐、工作晚餐。主客双方可以利用就餐的时间,一边吃一边谈问题。多使用快餐分食的形式,简便、快捷、卫生。

## 三、宴请者礼仪

宴请的组织者和东道主,要准备丰盛而完美的宴会,能够让客人享受其中。宴会组织者在进行多方面准备工作的同时,还要注重主人的礼仪。

### (一) 宴请的准备

#### 1. 对象与规格的确定

要根据不同的宴请目的以及主宾的身份、国籍、习俗等,确定宴请的对象、人数、主陪人和餐式。确定对象时,要考虑被邀请人之间的关系是否和谐,防止有敌意的两方同时出现,避免不愉快的情况发生。

#### 2. 时间与地点的确定

宴请要选择对宾主都适合的时间,一般不要安排在对方重大的纪念日、有重要活动的日子或对方禁忌的日子。除此以外,宴请开始、持续、结束的时间都要事先确定好,在准备时就要充分考虑。

宴请的地点可根据宴请的人数和规格确定。如果是正式宴请,一般安排在宾馆、酒店。非正式的宴请地点的选择则相对比较灵活。要注意宴请地点的交通是否便利、周围环境是否安静、客人是否熟悉等。如果是外地来的客人,要安排专人、专车负责接送。

#### 3. 邀请的发出

正式宴请一般要求提前一至两周向受邀请方发出请柬,可以通过邮局寄发,重要的客人要派专人送达。

请柬的内容包括被邀请人的姓名,宴请的主题、时间、地点,主人姓名。请柬要求外观精美,书写工整、规范、准确,每一部分的内容都不可以写错。在西方国家,请柬上还会注明对客人的着装要求,客人一定要遵守。

每发出一份请柬,都要有详细的记录,包括发柬时间、发柬对象等情况。宴请前要电话确认对方是否来参加。

> 自古以来,古人请客必用束札。俗话说:"三日为请,两天为叫,一天为提。"邀请的日子越早,说明主人宴请的诚意越大。曾经在内蒙古额济纳旗的黑城遗址出土过一份古代请柬。这份请柬纸面长25.4厘米、宽9.8厘米,书41字,文字有韵。柬文如下:
> 谨请贤良
> 制造诸般品味　薄海馒头锦妆
> 请君来日试尝　伏望仁兄早降
> 今月初六至初八日　小可人马二
> 主人马二,是一个食店老板。他邀请社会贤达光顾店中,品尝美味佳肴,时间是初六至初八三天。在这张请柬中,邀请者、邀请的对象、邀请的内容与时间都表述得相当清楚。

**4. 菜单的拟订**

宴请的菜谱要提前准备,应根据宴请的规格来确定菜肴标准。确定菜单时,要以主宾的口味喜好及饮食习惯、禁忌为主要的选择依据。菜肴的荤素、营养、招牌菜与时令菜的搭配及菜与酒的搭配要适当、合理。常见的菜肴有三类:

(1) 中餐特色菜肴。宴请外宾时更要注重中餐特色菜肴,如炸春卷、蒸饺子、狮子头等,虽不是名贵菜肴,却最具中国特色。

(2) 本地特色菜肴。在宴请外地客人时,选用本地特色菜肴远比生猛海鲜来得隆重,如陕西的羊肉泡馍、湖南的毛氏红烧肉、北京的涮羊肉等。

(3) 酒店招牌菜。每一个酒店都有独具特色的招牌菜,对这一类菜肴,也要精心挑选。

常见的饮食禁忌有:地方禁忌、宗教禁忌、职业禁忌、个人禁忌。

**5. 现场的布置**

官方正式宴请场合应该庄重大方,可用少量的鲜花或绿色植物进行装饰。席间伴奏的乐队最好演奏主宾家乡的乐曲或他特别喜欢的曲子,以营造良好的进餐气氛。

## (二)宴请的接待礼仪

### 1. 宴请桌次的安排

宴请桌次视人数的多少可以安排一桌或多桌。

中餐喜欢用圆桌,无论有多少桌,其排列原则大体相同。首先要确定主桌位,一般以正对门的、离门最远的桌为主桌,其余桌次的高低以距离主桌的远近来确定,离得越近桌次越高,离得越远桌次越低。平行桌遵循右高左低的原则。正式的商务宴请还应在餐桌上摆放客人的名签,方便客人寻找座位,对号入座,如图7.1所示。

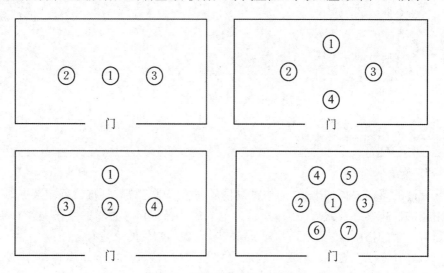

图 7.1 几种常见的桌次摆放

西餐宴会一般采用长条桌,餐桌的大小、台型应根据参加人数的多少和餐厅的形状来确定,常见的有一字长条桌、T形桌、U形桌、M形桌等。总体要求是左右对称、出入方便,如图7.2所示。

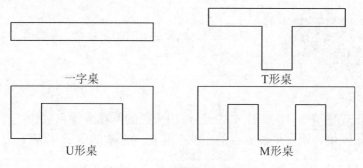

图 7.2 西餐宴会用桌

## 2. 宴席座次的安排

具体到每一个餐桌的座次,要按照宾客的次序来进行,同时要结合灵活性的原则,座次的安排要有利于宾主之间、宾客之间的交谈。

(1) 中餐的座次。遵循"面门为主,主宾居右,右高左低,穿插安排,好事成双"的原则。我国习惯于按照职务高低来安排席位,便于交谈。主人坐在正对门的位置,主宾在主人的右手边,如果只有一位主人的话,背对门的位置是最低的位置;如果有两位主人的话(即男主人与女主人),第二主位或副主位是女主人的位置,一般坐于主人对面、背对门的位置,其他的位置遵循"右高左低,先右后左"的原则进行安排。在安排席位时还要考虑客人之间是否相识,有无共同语言。最好是在宴会开始之前,主人将所有客人一一介绍,以便相互了解、认识,促进交流,融洽宴会氛围,如图 7.3 所示。

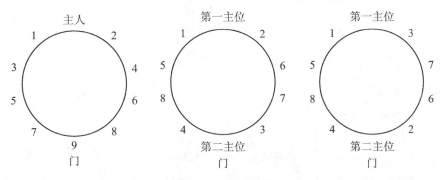

图 7.3 中餐的座次

### 礼仪·学堂

**食礼**

食礼可谓中国最早及最普遍的礼。中国宴会繁缛食礼的关键在于宴席的座次之礼——"安席"。史载,汉高祖刘邦的发迹就缘于他于沛县令的"重客",群豪宴会上旁若无人"坐上座"。当时还是"席地而坐","上座"乃宴席的"尊位所在",亦即"席端"。这种宴席上的"上座",因饮食基础器具、几案、餐桌椅形制的历史演变而有所不同。两汉以前,"席南向北向,以西方为上",即以面朝东坐为上。隋唐以后,开始了由坐床向垂足高坐起居方式的转变,方型、矩型诸种形制餐桌均已齐备,座次也因之有新的改变。方桌以边长 92.5 厘米、高 87.5 厘米的"八仙桌"为代表,为贵客专桌,等而下之可 2 人、3 人、4 人、6 人或 8 人一桌。圆桌成清中叶后饭店酒楼流行的餐台式样,今日家庭中亦普遍使用。其座次一般依餐厅或室的方位与装饰设计风格而定,或取向门、朝阳,或依厅室设计装饰风格所体现出的重心与突出位置设首位。

(2)西餐的座次。西餐的座次一般讲求男女穿插坐,席位安排以男女主人为中心,宾客离男女主人越近,就越受到尊敬。

一种坐法是男、女主人面对面坐在餐台的正中间,以女主人为准,男主宾在女主人的右方,女主宾在男主人的右方。

另一种坐法是,男女主人分坐在长条桌纵向的两端,然后再依次安排宾客的座次。

两种情况如图7.4所示。

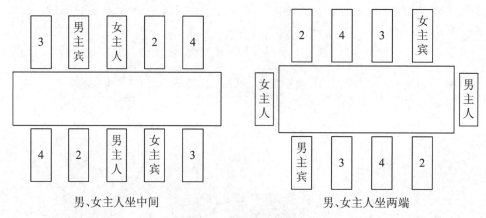

图7.4 常见的西餐座次

### 3. 宴请的程序及礼仪

(1)迎接宾客。举行宴会时,主人应该站在门口迎接客人。官方的正式活动,可以安排主要官员和主人排列在一起迎宾,还可以安排专人唱名。如果客人提前到达,可以先安排到休息厅就座。当主宾到达后,主人陪同主宾进入宴会厅,全体客人入席,宴会开始。

(2)准时开席。客人入座后,主人要按时开席,不能因为个别客人的迟到而影响整个宴会的进程。如果是主宾未到,可以稍后开始,但要尽快联系问清原因,要向其他客人道歉并说明情况。

一般情况下,宴会延迟10~15分钟是可以接受的,不可过长,否则会影响客人的情绪。

(3)席前致辞。在正式宴会上,开席前,一般都由主人或主办方的代表致辞,对来宾的到来表示欢迎;再由主宾或代表致答谢辞,对主人的热情招待表示感谢。祝酒辞可以事先写好,也可即席讲话。致辞的目的要明确、内容要简短,时间不可太长,控制在10分钟以内为好。

(4)顺序上菜。中餐一般从餐桌的下首上菜,然后将菜转至主宾面前,请主宾先用。上菜的顺序是先上冷菜、饮料和酒,后上热菜,然后是主食,最后是点心和水果。

对于那些需要进行分食的菜肴,要先征求客人是否需要进行分食,如果客人同意分食,要先将菜肴转一圈向各位客人展示后,从餐桌撤下,由服务人员分别为每一位客人分盛于碗内,按顺序放置于客人面前。当桌数较多时,每一桌的菜应该同时上。

西餐的上菜顺序一般是开胃菜、汤、副菜、主菜、配菜、甜品、咖啡或茶。

> **小贴士**
>
> **西餐菜品类型**
>
> 开胃菜:有冷热之分,常见的有鹅肝酱、鱼子酱等,口味以咸、酸为主,用于开胃。
>
> 汤:西餐中的汤可分为清汤、奶油汤、冷汤和蔬菜汤四类。
>
> 副菜:指各种水产类、蛋类、面包类等菜肴。
>
> 主菜:指各种肉类、禽类菜肴。
>
> 配菜:即蔬菜类菜肴,又称沙拉,一般用生菜、黄瓜、番茄等制成。
>
> 甜品:如布丁、乳酪、冰淇淋等。
>
> 咖啡或茶:常见的茶为红茶。上咖啡前,要提前加入糖和淡奶油,放入的量要征求客人的意见。

(5)文明敬酒。敬酒时,要致以简短的祝酒辞,但不要硬性地灌或用言语刺激对方多喝酒。别人敬酒时,如果自己实在不能喝酒,应向对方解释。

作为副手,一般待主人敬完酒后,自己才可以敬酒,也可以代表在场或不在场的领导敬酒。

> **礼仪·学堂**
>
> **中国古代的饮酒礼仪**
>
> 西周时,我国已建立了一套比较完整的饮酒礼仪,并成为那个礼制社会的重要礼法之一。西周饮酒礼仪可以概括为四个字:时、序、效、令。时,指严格掌握饮酒的时间,只能在冠礼、婚礼、丧礼、祭礼或喜庆典礼的场合进饮,违时视为违礼;序,指在饮酒时遵循先天、地、鬼、神,后长、幼、尊、卑的顺序,违序也视为违礼;效,指在饮时不可发狂,适量而止,三爵即止,过量亦视为违礼;令,指在酒筵上要服从酒官的意志,不能随心所欲,不服酒令也视为违礼。

**礼仪·案例**

小李是某公司职员,刚入职半年。元旦期间,公司组织聚会餐。小李喝不醉的酒量让老板很是喜欢。这天,老板对小李说,要带他去见一个客户。小李看到老板这样器重自己,很高兴,心里想一定不能辜负老板的期望,要好好喝。果然,小李喝得对方心服口服。酒过半巡,客户已微有醉意。可是,小李依然不依不饶,非要和对方多干几杯。客户不好推辞,只得全部喝完。就这样,一杯又一杯,客户已酩酊大醉,小李却毫无醉意。小李看到老板满意的样子,心里一阵窃喜。可是就在他们离开餐厅的时候,客户猛地摔倒在地,他们急忙将其送到医院。

诊断结果表明,客户有心脏病,不能过多饮酒。小李心有余悸,逞强差点出了事。

(6) 适时结束。一般宴会持续的时间在一个半小时左右,最长不要超过两个小时。因此,当宴请的程序基本完成,服务人员端上果盘时,就意味着宴会接近尾声。吃完果盘后,宴会就可以结束了。主人向主宾示意,请其做好离席的准备,如安排有其他余兴节目,可挽留有兴趣的宾客参加。

客人离开时,主人要送至门口,握手告别。对于乘车离开的客人,要送其上车,等车开动后,再向客人挥手告别。

# 第二节  赴宴者礼仪

## 一、中餐礼仪

中国的饮食文化源远流长,饮食礼仪自然成为这种文化的一个重要组成部分。中国的饮宴礼仪始于周公时代,经过千百年的演变,形成了一套为广大人民接受的进餐礼仪。作为商务人员,了解中餐礼仪,不但有助于开展国内的商务活动,更有利于对外的商务交往。

### (一) 餐具礼仪

常见的中餐餐具有筷、匙、碗、盘等,这是进餐时必不可少的餐具。此外,还有一些不是必需的餐具,如湿巾、牙签、水杯、水盂等。

#### 1. 筷子

中餐中最主要、最有特色的餐具就是筷子。筷子应放置在筷架上,不能放在杯子或盘子上;使用完毕后,只能将筷子放于筷架上,不能将其插于碗中;如果不小心将筷子掉在地上,应请服务人员重新更换。

在用餐过程中,筷子的使用要注意避免几点忌讳:

一忌谜筷。在不知道吃哪道菜时,不能把筷子在空中来回移动或停留在半空。

二忌含筷。不要将筷子含在嘴里或用牙去咬,也不能去舔筷子上的菜汁。

三忌探筷。不能用筷子在餐盘中来回翻找、搅拌。

四忌敲筷。在等待进餐时,不能用筷子互相敲击,或敲击盘子、茶杯。

五忌掷筷。在餐前发放筷子时,尤其是对方距离较远时,不能将筷子一下子扔过去。

六忌交叉筷。筷子不能一横一竖交叉摆放,摆成"十字架"。

七忌插筷。用餐途中因故离开时,应将筷子妥善放置,不可插于碗中。

八忌舞筷。不能用筷子指点别人或当作工具,在餐桌上胡乱舞动。

九忌颠倒筷。即一根是大头、另一根是小头地使用。

礼仪·学堂

### 筷子的故事

筷子,被称为中国的国粹,其作为当今世界上一种独特的餐具,相比于现在欧洲和北美使用的刀、叉、匙,虽然看起来只是简单的两根细棒,但具有挑、夹、拨、拌、扒等功能,使用方便,物美价廉。我国使用筷子的历史可追溯到商代。《史记·微子世家》中有"纣始有象箸"的记载,纣为商代末期君主,以此推算,我国至少有三千多年的用筷历史。先秦时期称筷子为"挟",秦汉时期叫"箸"。古人讲究忌讳,因"箸"与"住"字谐音,"住"有停止之意,是不吉利之语,所以就反其意称之为"筷"。

#### 2. 汤匙

汤匙的主要作用是舀取食物。可辅之以筷子取食,尽量避免单用勺子取菜。用勺子取菜、汤时不可过满,以免溢出。

舀取食物吃完后,不能把勺子送嘴里吮、舔;用完后,应放在自己的餐碟里,不能放在餐桌上;对于取回来的温度较高的食物,也不能用勺子将其翻来翻去,应等其自然冷却后再食用。

#### 3. 盘子

盘子主要作用与碗相同,是用来盛放食物的。一次不要取放过多的菜肴,一方面有失礼仪,另一方面也容易造成食物串味,不好吃;食物残渣不要吐在地上,而要放在专门用来盛放残渣的盘子里,等放满后,可要求服务员及时更换。

#### 4. 水杯

主要用来盛放果汁、饮料、茶或白开水,一般不用它来盛酒。水杯不能倒扣于桌子上。

#### 5. 餐巾

中餐中的餐巾一般是湿巾。餐前上的湿巾一般只能用来擦手。用完后,服务员会收走;餐后会再上一块湿巾,这时的湿巾只能用来擦嘴。

#### 6. 牙签

餐桌上尽量避免当众剔牙。确实需要的话,要用手遮挡住嘴部,不可张大嘴巴。剔出来的东西,不可放在显眼的地方或放在手里观看,更不能随意乱扔,最好是用纸包好后再丢弃。剔完牙后,不要将牙签叼在嘴里,也不能用牙签去插取食物。

### (二) 进餐礼仪

#### 1. 按时赴约

受到邀请参加宴请,一定要按照请柬上的时间准时到达,不能迟到。如果临时有事或可能会迟到,要提前打电话告知主人。

#### 2. 仪容得体

如果请柬上注明着装要求,要按照主人的要求着装。如果没有具体要求,可以根据宴会的不用类型,选择不同的衣服。女士的妆容要浓淡适中,男士应保持整洁。

#### 3. 进餐文雅

从进餐的礼仪可以看出一个人的礼仪修养,因此,进餐时的行为举止是每个人都必须注意的。

(1) 取菜。取菜时,不要左顾右盼,乱翻乱拣,不要在公用的菜盘里挑来挑去,把菜夹起来又放回去。与他人一桌共餐时,取菜要有先后的次序,要注意礼让,不要与他人争抢。取菜的量要适中,不要一次取太多。取不到的菜,可以将其转到自己跟前再取,不要起身离座。

(2) 吃相。进餐时,举止要文雅,一次放入口中的食物不能过多、过大,给人以狼吞虎咽之感,应小口、小块地吃。咀嚼食物时,嘴巴要闭上,不可发出声音。

放入口中的食物,除了鱼刺、骨头外,一般不能再吐出来。鱼刺或骨头不能直接吐在地上,也不能随意放在桌面上,要用餐巾接住或用筷子夹着放在专用的碟子里。

口中有食物时,不要张口与他人交谈,如果有人和你说话,也要把嘴里的食物快速吃完后,再与对方说话,不要一边咀嚼,一边和人说话。

喝汤时,不要"吸"或"喝",应用勺子把汤送入口中。如果汤比较烫,也不能用嘴去吹凉,更不能入口之后发现烫再把汤吐回去,可以喝入凉开水中和之后再咽下去。

(3) 饮酒。宴会上饮酒要适度,不可过量。一般只喝自己酒量的三分之一。不能喝酒的人,在主人敬酒时,可向主人解释,用饮料代替。不能粗鲁地劝酒,更不能逼酒、灌酒,一般不要猜拳行令。当主人前来敬酒、主宾发言、服务员介绍菜肴时,都要停止进餐,保持安静。

1. 用餐期间,为他人健康着想,不要吸烟。
2. 如果需要擤鼻涕、吐痰等,应到洗手间解决。
3. 忌当众修饰,如补妆、脱下外衣等。
4. 用餐结束后,要将碗筷摆放整齐,不要随意打饱嗝。
5. 进餐中,可劝旁边的人多吃一些,但不要擅自做主为对方夹菜、添菜。

### 4. 热情交谈

在主宾双方致辞、敬酒完毕后,大家可以自由地互相交谈。这时要参与到某些话题中,不要一味地只顾吃东西。

宴会上的话题应轻松有趣,以唤起客人高兴的情绪,调节宴会的气氛。

交谈时要避免大声说话,不可喧哗。要与桌上的宾客轮流交谈。如果确实是性格内向,不善言辞,可以事先准备好一些话题,见机行事,便于在进餐时与他人交流。

### 5. 礼貌告别

宴会结束时,主宾首先起身向主人告辞,然后其他来宾向主人告辞,并对其热情的招待表示感谢,以示自己很享受这次宴会。如果有事离开,要事先告知主人,不能"不辞而别"。

## 二、西餐礼仪

### (一) 餐具礼仪

西餐中的餐具有很多,常见的有刀、叉、匙,具体的摆放方法是按照上菜的顺序由外到内摆放,如图 7.5 所示。西餐的餐具使用有既定的规则,不可以乱用。在实际用餐过程中,有时吃完一个菜,餐具就会随之被撤下。西餐讲究雅致的就餐氛围,进餐时尤其注重礼仪举止。

### 1. 餐巾

西餐中用的餐巾一般是布料的,质地偏硬,方正平整,色彩素雅。

餐巾打开后,按对角线叠成三角形或平行叠成长方形,铺在腿上,盖住膝盖以上的双腿部分,不能把餐巾塞在领口里。

图 7.5 西餐餐具

餐巾布用来擦嘴、擦手,不能用于擦汗、擦餐具等。

如果中途暂时离开,餐巾应稍微折一下放在座位上,表示还要继续进餐;如果餐巾放在桌子上,表示结束进餐。

> **小贴士　餐巾的不当使用**
> 1. 离席时餐巾掉落在地上。
> 2. 将餐巾用得皱巴巴的或脏兮兮的。
> 3. 将吃剩的食物放在餐巾上。
> 4. 用餐巾擦桌子或餐具。

**2. 刀叉**

进餐时,餐盘在中间,刀在餐盘的右边,叉在左边。通常的使用规则是:用刀叉进餐时,刀刃不可向外。右手拿刀、左手拿叉,左右手互相配合,一刀一叉地使用。桌子上摆放的刀叉一般不超过三副,如果是三道以上的套餐,应该随着新上的菜再重新配放新的刀叉。刀叉是按照从外侧到里侧的顺序使用的。

刀是用来切割食物的,不能用刀挑起食物送入口中。刀有不同的大小和规格。吃肉时,要用大号的刀,这样的刀带有小锯齿;吃沙拉或一些开胃小菜时,用中号的刀;切面包时,要用刀尖是圆的、顶部有些上翘的小刀,再用刀挑些果酱、奶油涂在面包上。

左手拿叉,不能用叉子叉起食物入口,而是铲起食物。如果一道菜不需要用刀,也可右手拿叉,如意大利人吃面条时,只需要一把叉,不需要用其他餐具。

刀叉并用时,用叉固定住所要切的食物,然后用刀切。切的时候,要避免刀与餐盘接触发出难听的声音。谈话时无需放下刀叉,做手势时要放下刀叉。不能一手拿刀或叉,一手拿餐巾擦嘴;一手拿酒杯,一手拿叉去取食物也是不合适的。任何时候,都不能将刀叉的一端放在盘上,另一端放在桌上。

> **小贴士　刀叉摆放的含义**
> 1. 我尚未用完餐。盘子没空,如果你还想继续用餐,把刀、叉分开放,大致呈三角形,那么服务员就不会把餐盘收走。
> 2. 我已经用完餐。将刀、叉平行放在餐盘的同一侧,这时即便你的盘子里有食物,服务员看到这样的刀叉摆放方式,就会明白你已经用完餐了,会适时把盘子收走。

**3. 汤匙**

在正式的西餐场合中,汤匙的种类有很多,作用各不相同。小的用于喝咖啡或吃甜点;扁平的用于涂黄油和分食蛋糕;稍微大一点的用来喝汤或盛放碎小的食物;最大的匙是公用的,主要用来分食汤,常见于自助餐。

> **礼仪·学堂**
>
> **西方饮食习惯**
> 1. 不吃动物内脏。主要是指中式菜肴中的动物内脏。
> 2. 不吃动物的头和脚。相反,我国菜肴中的鱼和鸡都是全的。
> 3. 不吃淡水鱼。西方人比较喜欢吃海鱼,而且是煎炸的。
> 4. 不吃无鳞无鳍的鱼。如蛇、黄鳝、泥鳅等。
> 5. 不吃宠物。绝对不吃狗,因为他们认为狗是人类的朋友。

## (二) 进餐礼仪

常见的西餐类型有法式、英式、美式和俄式西餐。法式西餐为西菜之首。它的特点是精致,其菜肴选料广泛、烹饪考究。英式西餐的特点是简洁、清淡,其烹调方法多为蒸、煮、烧、炸,菜肴的特点是鲜嫩、少油、清淡、菜量少而精。美式西餐的特点是营养、快捷。美国菜继承了英式菜的特点,口味咸中带甜。但美国人不喜欢辣味,常用水果作为配料与菜肴一起烹制。美国人对饮食的要求是营养、快捷。俄式西餐的制作方式较为简单,口味较重,以酸、辣、甜、咸为主。在西餐的进餐过程中,要注意以下几点:

### 1. 讲究进餐举止

就座时,身体要端正,不要把手肘放在桌面上。双脚触地,身体与桌面的距离以便于使用餐具为准,将餐巾对折放在膝上。在等待上菜时,不要随意摆弄餐具。

进餐时,身体要坐正,不可过于向前倾斜,不要将双臂横放在桌上,以免碰到旁边的客人。对于自己够不到的调味品,不要站起身去取,应请附近的客人帮忙传递。传递食物时,不能在他人面前进行,要在别人的背后进行传递。

西餐进食过程中,会有洗指碗端上来。里面所盛之水供洗手之用。洗手时,仅需清洗手指,切勿将整只手放入其中。

> **礼仪·学堂**
>
> **小费到底给不给?**
> 在国外服务业中,给服务人员小费非常普遍。在某些场合,小费甚至是人们开销的一部分,被计入每日账单中。小费一方面可以向服务人员表达感谢,另一方面也鼓励他们提供更优质的服务。在餐厅就餐时,顾客需要付给服务人员的小费通常为消费总额的10%左右。

## 2. 注意进餐方式

喝汤时,不要啜,吃东西时要闭嘴咀嚼;不要舔嘴唇或咂嘴发出声音;如果汤、菜过热,不要用嘴吹,待自然冷却后再吃;喝汤时,用汤勺从里向外舀;吃完汤菜后,将汤匙留在汤碗(盘)中,匙把朝向自己。

吃鱼、肉等带有刺、骨的菜肴时,可用餐巾捂嘴将刺或骨轻轻吐在叉子上再放入盘内;盘内剩有少量菜肴时,不要用叉子刮底,应该用小块面包将其抹干净;吃鸡腿时应先用力将骨去掉,不要用手拿着吃;吃鱼时,要吃完上层后用刀叉将鱼骨剔掉后再吃下层;吃肉时,要吃一块切一块,不能一次性地将肉都切成块;注意切块的大小要适中,以一次能放入口中为宜。

取面包要用手拿,不要用叉子去叉面包;取黄油时要用黄油刀,不能用个人的刀;黄油取出后放在小碟里,不要直接抹在面包上;应撕一块面包涂一块;面包一般要先掰成小块送入口中,抹黄油和果酱时也要将面包掰成小块再抹;吃面包蘸调味汁时不要剩下调味汁,这是表示对厨师的礼貌。

吃水果时,不可将水果拿在手里整个地去咬,应先用水果刀将其切成四块,去皮,去核,用叉子叉着吃。

吃色拉时,只能用叉子叉。如果上色拉的同时,也上了面包、饼干,可以用左手拿一块面包或饼干帮着把色拉推上叉子。餐桌上,一般的食物都应用刀叉去取,只有小萝卜、水果、炸土豆片、玉米等可以用手拿着吃。

喝咖啡时,如果添加了牛奶或糖,要用小勺搅拌均匀,用完将小勺放在咖啡的垫碟上。喝的时候,右手拿杯把,左手端垫碟,直接用嘴喝,不能用勺子舀着喝。

**小贴士**

在美式西餐中,女主人示意并拿起她的勺子或叉子后,客人才能开始用餐。英式西餐中一般是男主人示意后,客人才开始用餐。不要在餐桌前擤鼻涕或打嗝。如果打喷嚏或咳嗽,应向周围的人道歉。

当侍者依次为客人上菜时,待其走到你的左边,你才可取菜。取菜时,最好每样都要取一点,这样女主人会很高兴。如果实在不喜欢某种食物,可以说:"谢谢你,不用了。"

当女主人要为你添菜时,可以将盘子连同上面的刀叉一起递给她或交给侍者。不能主动要求添菜。

餐桌上的果酱、泡菜、糖果等食物,要等女主人提议后才能取食。大家轮流取食时,男士要请他身边的女士先取,或者问她是否愿意让男士代她取食。

用餐完毕后,应等女主人从座位上站起后,才可以随之离席。进餐过程不加任何解释离开是不礼貌的行为。

### (三) 饮酒礼仪

**1. 酒的种类**

在正式的西餐宴会上,酒是主角。西餐对于酒与菜的搭配要求非常严格,每一道菜搭配一种酒。西餐中所用的酒主要有三种,即餐前酒、佐餐酒、餐后酒。

餐前酒。也称开胃酒,常见的餐前酒有雪莉酒、意大利苏打红酒、苦艾酒等。男士的餐前酒一般是马丁尼,女士则常喝雪莉酒。

佐餐酒。西餐中主要是葡萄酒。遵循"白肉配白酒,红肉配红酒"的酒菜搭配原则。白肉主要指鸡肉、鱼肉、海鲜等,红肉指的是牛肉、猪肉、羊肉等。

餐后酒。多选用香味浓郁的白兰地、鸡尾酒等,主要用途是香口,也帮助消化,调节餐后气氛。

**2. 酒具的使用**

(1) 葡萄酒杯。为了避免手部的温度改变杯中葡萄酒的口感,正确的握杯姿势是用大拇指、食指、中指握住杯脚,小指放在杯子的底台进行固定。

(2) 白兰地酒杯(气球形)。白兰地酒杯需要用手掌自下而上地包住酒杯,以手的温度引发白兰地酒的醇香。

(3) 香槟酒杯(笛杯、广口高脚杯)。细细长长的、像长笛形状的笛杯,是展示香槟气泡的最佳选择,而广口高脚杯则适用于干杯的时候。两种杯子的握法与葡萄酒杯相同。

**3. 喝酒的礼仪**

(1) 斟酒。中国有句话叫"酒满情深",习惯于将对方的杯子倒得满满的。而在西餐中,葡萄酒、香槟酒等不宜斟满,通常只斟到酒杯容量的三分之二处,目的是为了能够让酒在杯中旋转起来,使酒香充分发散出来。

第一次上酒时,主人可以为客人斟酒。但要按照逆时针的方向进行,从主人右侧的客人开始,最后才轮到主人自己。斟酒时,酒瓶不要碰到杯口。当不需要斟酒时,用手遮盖住酒杯口就可以了。除主人和侍者外,客人不能自行为他人斟酒。

(2) 敬酒。吃中餐时,主宾之间频频举杯是很正常的现象,甚至离开自己的座位到对方身边也不足为奇。而在西式宴请中,喝与不喝、喝多喝少全由自己决定,他们一般不劝酒。除了刚开始时主人为了表示对客人的欢迎可以举杯外,其余的时间则不宜再敬酒,或劝他人喝酒。与中餐不同的是,西式宴会中,是不允许随便走下自己的座位,越过他人,与距离较远的人干杯的。

(3) 干杯。干杯应由男主人提议,请客人们共同举杯,并为在座的所有人说一些祝福的话。客人不要提议为主人干杯,以免喧宾夺主;女士也不要主动提议为男士干杯。干杯时,如果客人较多,不必一一碰杯,用眼神示意即可。

（4）喝酒。喝酒时不能吸着喝，应将杯子倾斜，就像把酒倒在舌头上似的进行品尝。每次入口的酒不宜过多，要小口喝。可以轻轻摇晃杯子，让酒散发醇香，但不能猛烈地晃动杯子，将杯中的酒泼洒出来。

> **小贴士**
>
> **西餐喝酒的七个注意事项**
> 1. 饮酒时要注意酒忌，不要故意把人灌醉，或在他人的饮料里倒入烈性酒。
> 2. 不能通宵达旦、无节制地酗酒、狂欢。
> 3. 不能在酒席上出现划拳行令、大声呼喊、争执、装醉等失礼行为。
> 4. 女性在饮酒时更要注意举止的优雅，不能因为自己的酒量大，就不顾形象，失去风度。
> 5. 喝酒时不能发出声音。
> 6. 非敬酒时将酒水一饮而尽，或者透过酒杯看人、拿着酒杯边喝酒边与人说话、将口红印在杯沿上等都是不好的行为。
> 7. 如果不小心弄倒了杯子，酒泼得到处都是，也不要大喊大叫，应打手势叫侍者过来处理。

## 三、自助餐礼仪

自助餐又称冷餐会，是目前国际上通行的一种非正式西式宴会，常见于大型商务活动中。自助餐上，一般不预备正餐，由用餐者随意自行选择食物或饮料，或站立或坐下，自由选择与他人一起或独自用餐。

自助餐的特点体现在不排座位，可随意就坐；各取所需，自由选择自己喜爱的菜肴；节省费用，避免浪费；可招待数量超过百人的宾客。自助餐的时间一般在两个小时左右。

### （一）安排礼仪

**1. 场地安排**

自助餐的场地通常安排在公司所属的礼堂、露天的花园、庭院、星级酒店或者专门的自助餐饭店。在选择场地时，要考虑到场地，能否容纳宴请的宾客；要考虑到就餐人数的弹性，保证单人用餐区域的宽敞；要考虑到就餐的整体环境、安全及卫生等方面。

**2. 食物准备**

自助餐的菜品种类繁多，大多是西餐中的焖、烩、煮类菜肴，包括冷菜、汤、热菜，再配上沙拉、面包、甜点、饮料及酒水等。自助餐的菜品选择要满足不同就餐群体的消费层次及需求，把握好消费者的主体结构；确定菜单时，要保证数量适当且充足，结构均衡；要提前考虑好不同菜品的服务方式。

常见的自助餐菜品有沙拉、香肠、牛肉、炸鸡、烤鱼、面包、炒饭、炒面、蛋糕、曲奇饼、三明治、布丁、冰激凌、各种水果、饮料、咖啡等。在中国，很多自助餐的菜品也包括中式菜肴。有些餐厅还会安排具有地域或民族特色的品种。

礼仪·学堂

**古代中国的自助餐**

自助餐源于西方，但是在中国古代，也有过自助餐的形式。明朝李乐的《见闻杂记》中有过这样的记载：余尝从诸寅丈赴宴陈皇亲宅。未入席，主宾先行酬酢礼。礼毕，置大桌于中堂者数四，陈肴四五大盘，主宾大餐，立饮酒数行。既毕，主不送客座，主宾各自持杯箸入席。

此段描述的场景为：入席前，宾主先互相问候客套一番，然后到一个放着四张大桌子的厅堂，桌上放着四五大盘的菜肴。大家立着饮酒，然后各自拿着杯筷入席，自助自食，各取所需。

《红楼梦》第四十回中，众人正商议给史湘云还席，宝玉提议："既没有外客，吃的东西也别定了样数，谁素日爱吃的拣样儿做几样。也不要按桌席，每人跟前摆一张高几，各人爱吃的东西一两样，再一个什锦攒心盒子，自斟壶，岂不别致。"这也是自助餐的雏形了。

### （二）进餐礼仪

在享用自助餐的过程中，我们应该遵守以下礼仪规范。

**1. 通观全场，了解菜品**

在取餐之前，可以先绕全场一周，了解菜品种类以及菜品的陈列位置。自助餐的菜品陈列通常呈螺旋式。取菜的顺序应该为：冷菜、汤、热菜、点心、水果和饮料酒类等。

**2. 文明有序，排队取菜**

取菜不能乱插队，不能乱挤、乱抢。如果人多，要顺着取菜队伍的方向顺行或逆行。取菜过程中，不要左瞻右顾，不要在菜中来回翻捡，不要夹起菜再放下，不要用个人私筷夹菜。

**3. 多次少取，量力而行**

自助餐的优势在于自由取菜，各取所需。宾客遇到自己爱吃的菜，可以多次去取，直至尽兴。但是每次取餐时，要量力而行，各项菜品一次取用的数量不要太多，避免浪费。另外,自助餐的菜品不能外带。

**4. 吃饭之余,重视交际**

在很多商务场合,自助餐不仅仅是吃饭,更多的是为大家提供开展社交的机会。在吃自助餐之余,宾客不能只是"埋头苦吃",也要适当放下餐具借机积极地与他人沟通。此外,除了自己吃饭之外,还要照顾同来的同伴或者其他宾客。

1. 常见宴请的形式有国宴、正式宴会、便宴、家宴、冷餐会、酒会、茶会、工作餐等。宴请的组织者要做好周到、充分的准备工作;要根据实际需要确定宴请的形式、规格等内容;要重视座次、桌次的安排。

2. 赴宴者在中餐中要正确使用筷子、汤匙、盘子等餐具;要按时赴约、仪容得体、进餐文雅、热情交谈、礼貌告别。

3. 赴宴者在西餐中要学会使用餐巾、刀叉及汤匙;要讲究进餐举止、注意进餐方式。西餐宴会上有不同的酒具,对应着饮用不同的酒。

4. 安排自助餐时要选择好场地,并做好食物的准备。在进食自助餐中,要了解菜品、排队取菜、多次少取、重视交际。

## 一、选择题

1. 公司安排你组织一次商务宴请,邀请客户来参加,你首先要做的工作是( )。

　　A. 确定邀请的客户名单　　B. 预订适合的酒店
　　C. 确定菜单　　D. 寄发请柬

2. 你在请柬上看到要穿西装去参加晚宴的要求,而你没有符合要求的服装,你会( )。

　　A. 不必理会,想穿什么就穿什么
　　B. 向别人借一套符合要求的服装
　　C. 去正规商场购买一套,现在可用,以后也可用
　　D. 不去参加宴会

3. 在吃西餐时,你想要拿胡椒粉,但你又够不到,这时你会( )。

　　A. 站起来伸手去拿　　B. 请在调料附近的客人帮忙
　　C. 离开座位去拿　　D. 请主人帮忙

4. 下列说法正确的是（　　）。

A. 吃饭时，要保持安静，因此，不要参与别人的谈话

B. 小王非常喜欢喝葡萄酒，所以将杯子倒得满满的

C. 小宋虽然不能喝酒，但主人敬酒时，还是象征性地喝了一点

D. 由于路上堵车，小张参加宴会迟到了，害得其他人等了半天，自己却无所谓

5. 参加同事的婚礼，按名签找座位时发现同桌的人一个也不认识，你会（　　）。

A. 看看别的桌子上有无认识的人，好换过去

B. 把好朋友的名签拿过来，与自己坐一起

C. 对号入座，和其他人微笑示意，做一下自我介绍

D. 反正不认识，只顾吃饭就行了

6. 西餐中，餐巾的用法哪一条是错误的（　　）

A. 餐巾叠成三角形或长方形铺在腿上

B. 餐巾可以用来擦嘴

C. 餐巾可以用来擦手

D. 餐巾可以用来擦汗

7. 享用自助餐时，哪种做法是错的（　　）

A. 按顺序排队取餐

B. 既然是自助餐，想吃多少取多少，每次取满一餐盘

C. 不能光顾着吃饭，也要适当交际

D. 掌握正确的取菜顺序

## 二、简答题

1. 宴请的准备工作包括哪些内容？
2. 西餐礼仪的基本要求有哪些？
3. 简要概述中、西餐在菜肴上的区别。
4. 自助餐的进餐礼仪有哪些？

## 三、案例分析题

### 令人"难忘"的自助餐

周小姐有一次代表公司出席一家外国商社的周年庆典活动，正式的庆典活动结束后，外国商社为全体来宾安排了丰盛的自助餐，尽管在此之前周小姐并未用过正式的自助餐，但在用餐开始之后发现其他用餐者表现得非常随意，便也"照葫芦画瓢"，像别人一样放松。

让周小姐开心的是,她在餐台排队取菜时,竟然看到自己平时最爱吃的北极甜虾,于是,她毫不客气地替自己盛了一大盘。当时她的主要想法是:这东西虽然好吃,可也不便再三地来取,否则旁人就会嘲笑自己没见过什么世面了。再说,它这么好吃,这会不多盛一些,保不准一会儿就没有了。

然而令周小姐脸红的是,她端着盛满北极甜虾的盘子从餐台离去时,周围的人居然个个用异样的眼神盯着她,有一位同伴还用鄙夷的语气小声地说:"真给中国人丢脸呀!"事后一打听,周小姐才知道,自己当时的行为是有违自助餐礼仪的。

【问题】
请分析案例中的周小姐错在什么地方?应该如何做?

## 四、实训题

1. 宴请的客人来自四川、云南、吉林三个不同的地方,请拟订一份菜单。
2. 认识西餐的餐具,并能知其作用。

# 第八章 通信礼仪

**学习目标**

知识目标：了解电话礼仪、手机礼仪、微信礼仪、书信礼仪，认识通信礼仪在商务活动中的作用。

能力目标：在商务活动中，能恰当运用电话、手机、短信、微信礼仪，能正确使用书信及电子邮件。

善气迎人，亲如弟兄；恶气迎人，害于戈兵。

——管仲

**说事·明"礼"**

在某公司的办公室里，接听电话有明确的规范要求。来电必须在第二声铃响后立即接听；在礼貌称呼之后，接电话者要先主动报出公司或者部门的名称。如"您好，××公司，请问有什么可以帮您？"如果一时没空接电话，让电话响了四次以上，拿起电话要先向对方道歉："对不起，让您久等了。"

【点评】电话礼仪应是商务人员必须遵循的礼仪规范之一。

现代社会是一个信息社会。对于商务人员来说，信息就是财富。目前，多种多样的现代化通信工具层出不穷，而应用最多、最广的是电话、手机、短信、微信等。要充分发挥这些通信工具的效用，就需要掌握其使用礼仪。

# 第一节 电话礼仪

## 一、固定电话

电话在现代商务活动中应用范围十分广泛。在商务往来中,接打电话包含着丰富的礼仪技巧,从通话中能够体现出商务人员的素质和综合水平。可以说,电话是商务人员的第一张"名片"。电话形象是个人形象的重要组成部分。

### (一)接听电话的礼仪

**1. 及时接听**

当听到电话铃声响起时,应迅速起身去接,在三声之内接听,最好第二声接起。电话铃声响一声大约3秒钟,若长时间无人接电话,或让对方久等是很不礼貌的,会给人留下不好的印象。即便电话离自己很远,听到电话铃声后,也应该以最快的速度拿起听筒,如果电话铃响了四声以上才拿起话筒,应该先向对方道歉。

**2. 礼貌应答**

左手拿起听筒,距离嘴巴3厘米左右。先用礼貌用语自报一下家门:"您好!这里是××公司。"这一方面表达对对方的尊重,另一方面让对方明白是否拨对了电话。作为对方要求通话的人,在通话过程中要仔细聆听对方的讲话,并及时作答,给对方积极的反馈。

如果对方电话是找其他人,应弄明白对方是谁,要找什么人,以便与对方要找的人联系。转接电话时,应告知对方"稍等片刻",并迅速找人。如果不放下听筒呼喊距离较远的人,可用手轻捂话筒,然后再喊接电话的人。

接听电话

如果要接电话的人不在,应向对方解释:"对不起,他现在不在办公室,你等一会儿再打来,好吗?"

当接到一个拨错的电话时,应礼貌温和地告诉对方:"您打错了。"

> **小贴士**
>
> 打电话应保持左手持听筒,右手拨电话的姿势。通话时不要把话筒夹在脖子下,或抱着话筒走动。拨号时不能以笔代手。也不可以边打电话边吃东西、喝茶、抽烟等,这些失礼的举动对方是能听出来的。

## 第八章 通信礼仪

**礼仪·案例**　　**电话"礼"的效应**

广告公司的业务员小李在处理公事时听见电话铃响了,响铃不过三声,她便接了起来。她拿起话筒,怀着愉快的心情很自然地问候了一声:"您好!×××广告公司。请问您是哪位?"对方好像很吃惊地说:"不是房产中心吗?怎么会是广告公司呢?"

原来是打错了,小李还以为是公司来业务了。但是她仍然很客气地说:"我们这里确实是×××广告公司,电话号码是×××。你拨的是这个号吗?请再核实一下,看是否打错了。"

对方在那边嘀咕了半天才大叫一声:"哎呀!真的错了,后两位号码拨反了。不好意思啊!"

小李也温和地说:"没关系的。可能是不小心看错了,难免的。"

没想到对方并没有想要挂电话的意思,反而很高兴地和小李聊了起来。对方询问了一番公司的业务后,临挂电话时还特别补充了一句:"小姐,你的语气很有感染力,听起来,你的心情很好,和你通话,我也很高兴。"

大概过了两周后,小李又接到了这个人的电话。在对方自报家门后,小李还关切地询问了上次后来是否打对电话,是否耽误了事情,对方很感动。正在小李纳闷的时候,对方说明了来电意图:原来,这次来电,他是想委托广告公司做项目。小李怎么也没有想到会由一次意外的电话而接到这样一个"大单子"。事后,对方还说要把自己公司以后的广告业务都交给小李的公司。

电话礼仪对于企业来说很重要,对于我们日常生活交际也很重要,它能通过一条电话线,把你的"礼"传递过去,把你的品格传递过去。

**3. 认真记录**

在办公室,商务人员通常每天要接很多个电话,还要处理许多其他的事情,因此要随时准备好专用的电话记录簿,养成记录电话的良好习惯。通常是左手握话筒,右手执笔,一边交谈,一边记录电话内容。对于电话中的重要信息,要学会复述,以免有疏漏。电话记录既要简洁又要完备。

**4. 礼貌挂机**

当电话交谈结束时,可询问对方:"还有什么事吗?""还有什么要求?"这既是尊重对方,也是提醒对方,最后以"再见"之类的礼貌语言结束。

放下话筒的动作也不可草率。如果话音刚落,就"啪"地一声扣上话筒,可能会使之前礼貌的表现前功尽弃。一般是在对方放下话筒后,自己再放下话筒。

电话结束后,应由尊者先挂机,这是一种礼仪。

**接电话的礼貌用语**

1. 您好！这里是×××公司×××部(室)，请问您找谁？
2. 请问您有什么事？（有什么能帮您？）
3. 请您放心,我会尽力办好这件事。
4. 不用谢,这是我们应该做的。
5. ×××不在,我可以替您转告吗？（请您稍后再来电话好吗？）
6. 对不起,这类业务请您向×××部(室)咨询,他们的号码是×××（×××不是这个电话号码,他(她)的电话号码是×××）。
7. 您打错号码了,我是×××公司×××部(室)……没关系。
8. 对不起,这个问题……请留下您的联系电话,我们会尽快给您答复,好吗？
9. 感谢您的来电！再见！

### （二）拨打电话的礼仪

**1. 慎选时间**

通话的最佳时间：一是双方约定的时间；二是别人方便的时间,即别人不忙的时间。打公务电话最好是上班时间,不要在私人时间,特别是节假日、用餐时间或休息时间打工作电话。如果不是特别紧急的事情,打电话时间一般不选择在早上7点以前、就餐时间、晚上10点以后,这几个时间段打电话有可能会打扰对方休息或用餐。如拨打国际电话,要考虑到时差。

电话交谈时间以3分钟为宜,即应遵守通话"三分钟原则"。即便一次沟通没有完全表达出你的意思,最好约定下次打电话的时间或面谈的时间,而避免电话通话时间过长。

**2. 充分准备**

任何人打电话,总是有一定目的的,或表示问候,或洽谈业务,或通知事情,或有求于人。电话作为现代化联络工具,具有方便、快捷的特点。因此,在打电话前要考虑清楚打电话的目的。无论要谈的事情复杂还是简单,都应当在拿起电话前认真思考,充分准备,以便给对方留下良好的印象。

**3. 礼貌受话**

电话交际的双方是不见面的,全凭语调来进行信息交流,所以,语气、语调对于打电话特别重要。善于运用、控制语气和语调是打电话的一项基本功。

打电话时,语调要温和,语气应平和,咬字要清楚,音量应适中,吐字应比平时略慢一点,容易让对方听明白。必要时,可适当升调向对方致意,给对方以亲切感,但不可拿腔拿调、装腔作势。

**4. 注意礼节**

(1) 主动问候。接通电话后,应主动、友好、恭敬地以"您好"为开头问候,然后再言及其他,切忌一上来就向对方喊"喂",或者开口便道自己的事情。

(2) 自报家门。问候完毕后,接下来必须自报家门和证实一下对方的身份。可以先说自己是谁,或者报出自己的单位、部门名称,要温文尔雅。如果你找的人不在,可以请求接电话者帮助转告。诸如"对不起,麻烦您转告……"。如果对方允诺,勿忘向对方道谢,并问清对方的姓名。

(3) 道别话语。终止通话前,准备放下话筒时,应说"再见"或道谢的话语,因为这些一般是通话结束的信号,也是对对方的尊重。要注意声音须给人愉快的感觉。

**5. 认真倾听**

在通话中,应礼貌地呼应对方,适度地使用附和语,不时地"嗯""哦"一两声,或说"是""好"之类的话语,让对方感到你是在认真倾听,不要默不作声,也不要轻易打断对方的谈话。如发觉电话内容不宜为外人所知或有急事需要处理时,可委婉告诉对方:"我身边有客人。"

---

**礼仪·学堂**

**代接电话礼仪**

职场中,难免会出现代接他人电话的情况,作为接听者,应该做到以下几点:

1. 主动帮助

应说明本人的身份,以便对方斟酌是否可请自己代劳或由自己代为转达。然后可诚恳地告知对方:"方便的话,我可以代为转达。"假如对方拒绝,则不必勉强。

2. 不使久候

代接电话时,仅说一句"他(她)不在"会过于生硬。征得对方同意后,代接者可替对方去找人。但是,绝不能让对方等待超过两分钟。

3. 认真记录

代接电话时,接听者要做好笔录。笔录的基本内容按惯例应为"5W1H"(即何人、何事、何因、何时、何地与如何做)。需要自己处理的事情,要马上处理。

> 4. 保守秘密
>
> 自己代接的电话,不论涉及公事还是私事,接听者都不应擅自向其他人透露与此相关的任何信息。

## 二、手机礼仪

### (一) 手机的使用

手机日益成为人们随身携带的使用最为频繁的电子通信工具。随着智能手机的普及,手机的功能愈发多元化,手机礼仪也越来越受到关注。

**礼仪·案例**

某年10月,羽西公司在北京召开新闻发布会,副总裁沈宏女士在发布会开始之前,非常有礼貌地说:"为了能使大家充分地利用时间,并使这个发布会不被打扰,请您将手机调到振动。"话音未落,她先把自己的手机关掉,以身作则。沈宏这一小小举动引起了大家的共识,并称赞这是一个好的主意。后来,整个发布会充满笑声、掌声、喝彩声,就像一个友人的大聚会,虽然是口红发布会,且历时两个多小时,但不论男士还是女士,没有一个提前退场。

**1. 放置到位**

商务礼仪规定,手机的使用者,当将手机放置在适当之处。大凡正式的场合,切不可有意识地将其展示于人。按照惯例,外出之际随身携带手机的最佳位置有二:一是公文包里;二是上衣口袋之内,尤其是上衣内袋之内。尽量避免将手机挂在脖子上。

**2. 遵守公德**

工作中,使用手机的场合多有讲究。一般而言,在办公室工作时,应尽量少使用手机,多用座机;在接待客户、向领导汇报工作时,也不宜使用手机;在开会、上课、谈判、签约以及出席重要的仪式、活动时,应将手机调至振动或静音,必要时可暂时将其关机,或者委托他人代为保管。若急需在公共场所、正式活动中使用,应寻找无人之处,且切勿当众大声通话;如不得不当众使用,应向周围的人致歉;如在公共场合中用手机玩游戏、听音乐、看视频,应戴上耳机,不得影响他人;若正在与别人交谈时要接听电话,必须向交谈者道歉说"对不起"或"请原谅"。这表明了对有关交往对象的尊重和对有关活动的重视。

## 第八章 通信礼仪

**礼仪·案例**　**餐厅里的手机文明**

一项调查表明,三分之一的用餐者希望在餐厅禁止使用手机。90%的人希望改一改人们吃饭时用手机的习惯。只有13%的人同意在餐厅里自由使用手机,这多是年轻女士。

负责此项调查的网页导航公司 London Elite 正在发起一场名为手机礼貌(Mobile Manners)的运动,希望在所有公共场所建立一套使用手机的行为规范。

为推动此项运动,London Elite 公司在餐厅里发放了一些小卡片,上面印着"注意手机礼貌——欢迎大驾光临"。London Elite 公司称,光临餐厅的大多数顾客特别讨厌一起吃饭的人用手机。手机铃声及打电话的人说话声太大都令人厌烦。他们希望,手机用户把手机存在前台、关掉铃声或者只接收文字信息。London Elite 公司也强烈要求人们打电话时说话小声并尽量简短。

### 3. 保证畅通

使用手机的主要目的是为了保证自己与外界的联络畅通,商界人士对于此点不仅必须重视,而且还需为此采取一切行之有效的措施。万一因故暂时不方便使用手机,可在语音信箱上留言,说明具体原因,告之来电者自己的其他联系方式,或者采用呼叫转移的方式与外界保持联系。

### 4. 注意安全

使用手机时,应充分考虑自己与他人的安全问题。按照有关规定,驾驶汽车、乘坐飞机或者置身病房、油库时,禁止使用手机,否则就可能引发重大事故。在军事要地、博物馆内以及新产品发布会、新技术研讨会上,为了安全或保密等方面的原因,手机也通常禁用。此外,在一切以文字或图示禁用手机的地方,均须遵守有关规定。

### 5. 设置铃声

时下,传统的铃声似乎已经无法满足人们的需要了,个性化的铃声正迅速走俏。这些个性化铃声为生活增添了色彩,因此,越来越多的人,特别是年轻人喜欢使用个性化铃声。形形色色的铃声中有怪异的、娱乐的、搞笑的,有文明的、不文明的,对于商务人员来说,如果需要经常联系业务,与客户交往,最好不要用过于怪异的、格调低下的铃声,以免影响个人和公司形象。

**礼仪·案例**　**中国球迷观赛礼仪让人忧**

斯诺克是一项绅士运动,有其严格的观赛礼仪要求:比赛时保持安静,手机静音,不能随意走动,选手超分、破百、获胜时应给予掌声,等等。作为球迷,理应遵守观赛礼仪。然而,在有的比赛中,一些中国球迷不文明的观赛行为遭到了国外选手的投诉。2011年4月2日下午,英国名将墨菲在半决赛中1比6惨败给特鲁姆普。赛后,墨菲对中国球迷不关闭手机、拍照使用闪关灯等行为表达了不满。

斯诺克比赛需要保持安静,这是一名观众应该知道的最起码的规定。可是,比赛刚刚开始半小时,一名观众就由于手机铃声响起被裁判请出了贵宾席。没过多久,另一名观众由于拍照使用闪关灯也被罚下了看台。即便如此,比赛中手机铃声也是此起彼伏,闪光灯更是时隐时现。正当墨菲全神贯注准备击球时,一名观众的手机铃声突然响了起来,墨菲不得已只能重新起身再做准备,这让他有些无可奈何。

**6. 适度拍照**

拍照现已成为手机的常用功能,因其便利而被广泛使用。但是,使用手机时并不能随意拍照。在用手机拍照或者摄影时,应该征得对方的同意,不要在车厢、剧院、餐馆等地用手机对着行人拍照。如果对方允许拍照,也不能未经对方同意便将他人的照片转发,甚至传到网络上广为传播。一些严禁拍照或者严禁使用闪光灯的场合,例如博物馆或某些宗教场所或其他明令禁止的场合,要遵守现场规定。

## (二)短信的发送

**1. 发送的规范**

(1)注意署名。短信署名既是对对方的尊重,也是达到发短信目的的必要手段。如果平时与收信息人较少联系,在发短信时就应首先想到要署名;如果是正事的话,不署名将耽误正事。

**礼仪·案例　无名短信让人尴尬**

元旦那天,赵刚有点苦恼,虽然他收到几十条祝贺短信,但其中有近十条是没有署名的短信。这不,又来一条:"愿我的祝福伴随着新年的雪花一起飘向你……"。恰巧赵刚的手机前段时间出了问题,进行了一次总复位设置,结果他没想到由此丢了很多电话号码。这些无名短信虽然温暖人心,却不知它来自何处,赵刚也不好意思在回复中问对方是哪位,这令他感到尴尬。

(2)有来有往。来而不往非礼也。他人发来短信,应依礼回短信。接到对方短信回复后,一般就不要再发致谢之类的短信,因为对方一看,又得回过来。就祝福短信来说,一来一往足矣,二来二往就多了,三来三往就成了繁文缛节。

(3)善用短信。有时要给身份高或重要的人打电话,知道对方很忙,可以先发短信"有事找您,是否方便给您打电话?"如果对方没有回短信,一定不是很方便,可以在长久的时间以后再拨打电话。

（4）及时删除。一些人经常把手机放在桌上，如果出办公室办事或者去卫生间，也许有好奇之人就会顺手翻看短信。如果上面有一些并不希望别人看到的短信，就可能引起麻烦。如果不幸被对方传播出去，后果就更严重。因此不希望别人看到的短信一定要及时删除。

（5）选择时机。上班时间每个人都在忙着工作，即使不忙，也不能没完没了地发短信。否则就会打扰对方工作，甚至可能让对方违反工作纪律。如果对方正在主持会议或者正在商谈重要事项，闲聊式的短信更会让对方心中不悦。

（6）注意时间。短信虽然更加简便，但如果太晚使用，也一样会影响对方休息。有些人觉得晚上10点以后不方便给对方打电话，便发个短信，其实这也会影响到他人。

（7）礼貌提醒。如果事先已经与对方约好参加某个会议或活动，为了怕对方忘记，最好事先再提醒一下。提醒时适宜用短信而不要直接打电话。打电话似乎有不信任对方之感。短信就显得非正式且亲切得多。短信提醒时语气应当委婉，不可生硬。

> **小贴士**
>
> **短信的分类**
>
> 1. 工作交流的短信：同事间一些简单的工作交流，或感情沟通可用短信进行，但除非是上司主动要求或事先征得其同意，否则，下级不能以短信方式和上级谈工作。
>
> 2. 拜年短信：对长辈不宜采取短信拜年的方式，而应该亲自登门或电话问候。最亲密朋友间用短信拜年应该自己编辑内容，而不要复制他人的祝福短信进行转发。
>
> 3. 提醒短信：对于一些重要事情，用短信方式婉转地提醒对方，比用电话多次确认要礼貌得多。但值得注意的是，在发短信之前，一定要进行电话或当面的邀请或确认。
>
> 4. 转发短信：转发短信要注意礼貌，一定要特别注意短信内容，不要发送有调侃、无聊、有失大雅内容的短信。

**2. 发送的要求**

随着网络通信技术的不断发展，手机短信的使用频率在不断下降，但是短信因为不受网络等限制，依然是重要的即时通信方式。它也成为手机礼仪关注的焦点。

一是在一切需要将手机设定成振动状态或是关机的场合，使用手机接收短信时，也要设定成振动状态，如在开会或与别人洽谈中。

二是不要在别人能注视到你的时候查看短信。一边和别人说话，一边查看手机短信，是对别人的不尊重。

三是在短信的内容选择和编辑上,应该和通话文明一样重视。因为由你发出的短信,代表着你赞同或至少不否认短信的内容,也同时反映了你的品味和水准。所以,不要编辑或转发包含不健康内容的短信,更不应该转发一些带有讽刺伟人、名人甚至革命烈士的短信。

### (三) 微信礼仪

微信是腾讯公司于 2011 年 1 月 21 日推出的一个为智能终端提供即时通信服务的免费应用程序。其支持发送语音短信、视频、图片和文字,大部分智能手机都可使用。目前用户已超十亿人。现如今,微信已成为很多人必备的生活和工作工具。在运用此类社交软件时,我们也应遵守礼仪规范,注重自身素养。

#### 1. 礼貌添加好友

尽管微信被越来越多的人使用,但是微信仍是具有私人属性的联系方式,具有一定的隐私性。在索要对方微信号时,应先征求对方同意,并注意说话方式,避免过于直接。申请加对方好友时,要自报家门,用最简单的方式介绍自己。另外,不要轻易将他人微信号转给第三者。

#### 2. 及时回复

如非重要信息,尽量避免在早上七点之前、晚上十点之后联系对方,因为信息提醒的响声或振动会打扰其休息。收到他人信息,应及时回复。如未能及时回复,应说明原因,表示歉意。

#### 3. 慎用语音

微信支持发送语音信息,但是,一定要谨慎使用此项功能。一方面,对方身处的环境未必方便接听语音信息;另一方面,语音信息不易保存,且不如文字信息来的直接。因此,为了工作方便及沟通效率,大多数情况下不要使用语音。尤其在与上级沟通时,更要慎重。

#### 4. 注意内容

微信用语要遵循礼貌、规范、温和的原则。商务交往中,微信所发内容要与工作有关,简明扼要、突出重点。尽可能一条信息能容纳全部内容,减少来往次数。如果传递的信息有多项,宜分点阐述。不要滥用私人化表情。信息结尾要署名。此外,在发送与他人对话的截屏时,要注意保护他人隐私。

#### 5. 了解群规

微信工作群的功能更多的是工作沟通,而非感情交流,所以,要避免在群内聊与工作无关的内容,不要发垃圾信息、广告、非法或其他私人链接。不要随便拉陌生人进群,以免泄露工作秘密。群内的工作通知,要及时回复。不要用表情包刷屏。不要在群内讨论他人隐私。如与他人意见相左,不要在群内谩骂、吵架。

**6. 把握分寸**

尽管微信便捷、即时,可提高工作效率,但是也有不够严谨、不够正式的特点。对于一些急需处理、亟待回复的问题或者复杂的问题以及须向上级请示、汇报的问题,还应电话沟通或者面谈。只有把握好分寸,微信才能更好地服务于我们的工作与生活。

## 第二节 书信礼仪

### 一、一般书信礼仪

书信,是人们交流感情、传递消息的工具,是最为常见的并广泛应用的书面交流形式。在商务交往中,书信扮演着非常重要的角色。掌握书信的书写和使用规范也是商务人士必备的礼仪知识之一。具体而言,书信分为信封和信文两个部分,又称封文和笺文。

**书信写作的"五C"原则**

礼貌(Courteous):言辞礼貌。

清晰(Clear):表达清晰。

完整(Complete):内容完整。

正确(Corret):格式正确。

简洁(Concise):行文简洁。

**(一)信封礼仪**

信封上的书写内容,直观地反映出写信人的文化修养,也体现出对书信传递者的尊重程度。信封上的内容要保证书信能够准确无误地被投递。因此,信封写作既要认真,也要遵守其基本规范。

**1. 信封种类**

信封分为横式和竖式两种。信封上应依次写上收信人的邮政编码、地址、姓名及寄信人的地址、姓名和邮政编码。

横式信封上的邮编写在信封的左上方。收信人的地址要详细无误,具体到省、市、区、街道、单位名称、门牌号等,同时字迹要工整清晰。收信人的姓名写在中间,字体略大。寄信人地址、姓名写在信封下方靠右的地方。

竖式信封上的邮编写在右上方,右边为收信人的地址。收信人的姓名、称谓写在中间。寄信人的地址、邮编写在左下方。

> **礼仪·学堂**
>
> **传统书信礼仪:"自谦而敬人"**
>
> 中华民族是礼仪之邦,人们相互通信,既讲究修辞、文法,又讲究礼仪。
>
> 书信中以敬称称呼对方表明尊重。可以用古代的称谓,如君、公等,也可在称谓前加敬字。比如对于一些我们非常敬仰的有一定学术地位的长者,一般都称为某公。
>
> 书信中绝对不能出现我、你、他字样,如果非要用就需要用一些词代替。比如"你"可以称为仁兄、砚兄或阁下。在信中称自己应该为在下、小弟。信中的"他"应该用"渠"来代替。
>
> 古人"自谦而敬人"的做人原则在书信中表现为对别人用敬称的同时自己用谦称。比如称自己给别人的东西应该用"菲""芹""寸""薄"。比如薄酒一杯,聊表芹献。请人家吃饭叫作"略具菲酌"。
>
> 信的正文中,在称谓自己的亲属时应使用谦称。过去有"家大舍小令外人"的七字诀,也就是如何称呼别人以及自己。
>
> 书信结尾时,要用"即颂近安""祝你进步"之类祝词对收信人表示祝愿。比如对文人学士,用"道安""撰安""文安"等,取其文以载道、著述日丰之意;对医生可用"诊安""壶安"等;对政界人士可使用"政安""勋安""升安"等,取其功勋卓著、升阶晋爵之意。

**2. 信封文字的书写**

信封文字的书写,应用钢笔、圆珠笔、毛笔等,不可使用铅笔。颜色以深蓝色或黑色为佳,忌用红色、绿色等彩色笔书写。

**3. 信封上的称呼**

信封上的称呼要采用收信人所能接受的称呼,常用"先生""女士""同志"或其他头衔等,其后可加"收、启、鉴"等字。不可使用表示亲友、辈分关系的称呼。如"父亲""舅舅"等。

## (二)信文礼仪

信文是书信的主体,主要由抬头、启词、正文和结尾四部分组成。

**1. 抬头**

抬头包括称谓和提称语。称谓在信文的第一行起首位置单独成行,顶格,后加冒号。在称呼收信者时,一般以姓氏加上称谓词。常见的称谓词有先生、女士,或者对方的职称、学衔、职务等。称谓前可加"尊敬的""敬爱的"之类的敬语。如果不知道对方的姓名或性别,可用敬语加全名代替。

提称语位于称谓之后,用来提高称谓,也是对收信人的尊敬与抬举,多用于书面语言写成的信函中。提称语应与称谓配合使用。对长辈用"尊鉴",对平辈用"惠鉴",对晚辈用"青鉴",等等。

2. 启词

启词应于抬头之下另起一行空两格书写,可独立成段。它是正文之前的开场白,以表客气并做寒暄。在商务信件中,启词要简短明了。常见启词可用"您好"或节日问候语等。

3. 正文

正文是信文的核心部分,可酌情分段,每段句首空两格,转行后顶格书写。正文写作时,要主题分明、逻辑清晰、层次分明、语句通畅、措辞准确、言简意赅。

第一,写作中,为表示亲近、自然,一般用第一人称。如若意在公事公办,则使用第三人称。

第二,重要的内容要放在正文的开端,最好一信一事。信文要用书面语表达,忌用口语。

第三,要保证信件的整洁,内容上避免随意涂抹、填补。要用深蓝色或黑色笔书写。不能用彩色信纸。

4. 结尾

结尾包括祝词、署名、日期和附言。

祝词是写信者向收信人表达的祝愿、慰勉之情。常见祝词一类为应酬语,即在结尾以一两句话结束正文的语句,如"草此""肃此""敬此"等;还有一类为问候及祝福语,即出于礼貌对收信人所作的不可缺少的祝颂或问候。这类祝福语应因人因事而定并多加斟酌。

署名写在祝词后另起一行靠右的位置。在商务信件中,署名应为写信者全名。如果写给亲朋好友,可只写名不写姓。署名后面可酌情加上启禀词。对长辈用"奉""拜上"等,对晚辈用"字""白""谕"等,对同辈用"谨启""上"等。

日期应具体到年月日,可写于署名之后,只空一格,也可另起一行,位于署名的正下方。

附言是对正文的补充。可在日期下方空几行左侧另加"附:""再启:"等提示语,再补上遗漏的内容。

## 二、电子邮件礼仪

电子邮件是一种用电子手段交换信息的通信方式。随着互联网的普及,电子邮件已成为很多人常用的沟通工具。它极大地方便了人们的沟通与交流,促进了社会的发展。我们在使用电子邮件的同时,也要掌握一定的礼仪。

## (一)书写礼仪

### 1. 邮件主题

主题是接收者了解邮件的首个信息,因此不能有空白主题。主题要提纲挈领、简洁明了,要与邮件内容相符。一封邮件为一个主题。回复对方邮件时,可以根据回复内容需要更改标题,避免出现一连串的"RE"。

### 2. 收件人、抄送与密送

收件人(TO)是需要回复或采取行动的人。不能把仅需了解此项邮件事项的人放入"收件人"。

抄送(CC)是需要了解此邮件事项相关的人。通常包含发件人的上级和收件人的上级。

密送(BC)是发件人想把此邮件发送给对方,但是又不想被收件人和抄送的人知道。一般不建议使用。

### 3. 邮件内容

邮件内容包括称呼、正文、附件及签名。

第一,邮件的开头要称呼收件人。一方面为礼貌需要,另一方面也是明确地提醒收件人,此邮件的对象是他,要求给予回应。如果对方有职务,应按职务尊称对方。称呼之后,要有问候语。

第二,邮件的正文应行文流畅,简明扼要。正文中可合理使用列表。遇到复杂内容,可分段阐述。一封邮件要把相关问题全部说清楚,不要给同一收件人同时发送多份邮件。避免错别字,注意格式调整,如字体、字号、颜色、缩进等。

第三,如果需要上传附件,应在正文中有所提示。附件的文件名应能概括文件内容。附件数目一般不超过 4 个,数目较多时可打包压缩成一个文件。如果附件过大,要分为多个文件上传。发送邮件前要打开附件进行检查,确保其是正确的文件和版本。

第四,邮件的结尾应有签名。签名档可包括姓名、公司、职务、电话、地址等信息。不同场合要用不同的签名档。要注意签名档字体与正文的匹配,字号比正文小一号。

## (二)收发礼仪

### 1. 回复及时

收到他人的重要邮件后,应立即回复。对于优先级较低的邮件可集中时间处理,一般不超过 24 小时。如果事情复杂,无法及时确切回复,也要先告诉对方已收到邮件。

### 2. 管理好邮件

尽可能每天阅读新收到的邮件。对于不重要的信件,要及时删除,尽量减少邮箱中信件的数量。将来还要参阅的信件应立即收到自己的收藏夹中。

> **传真使用礼仪**
> 1. 发传真之前,应打电话通知对方。
> 2. 收到传真后,应第一时间告知对方。
> 3. 发送传真时,要保证传真的完整性、清晰度。
> 4. 传真一般不适用于页数多的文件。
> 5. 用完传真机后,不要忘记将原件带走。

## 本 章 小 结

1. 电话礼仪:接听电话应及时接听、礼貌应答、认真记录、礼貌挂机;拨打电话应慎选时间、充分准备、礼貌受话、注意礼节、认真倾听;代接电话应主动帮助、不使久候、认真记录、保守秘密。

2. 手机礼仪:手机的使用应放置恰当、遵守公德、保证畅通、保护隐私、注意安全;短信的使用应注意署名、有来有往、善用短信、及时删除、选择时机、注意时间、礼貌提醒;微信的使用应礼貌添加好友、及时回复、慎用语音、注意内容、了解群规、把握分寸。

3. 书信礼仪:一般书信礼仪分为信封礼仪和信文礼仪;电子邮件的撰写要注意主题及内容,要学会收发邮件。

## 练 一 练

一、选择题

1. 在打电话时,你的表现是(　　)。

A. 响过五六声后再接

B. 在工作时间打私人电话

C. 接起电话时,首先说:您好,我是××

D. 说完电话自己先挂断电话

2. 在正常情况下,每一次打电话的时间应当不超过(　　)。

   A. 1分钟　　　B. 2分钟　　　C. 3分钟　　　D. 5分钟

3. 接到对方打错的电话,应当说(　　)。

   A. 对不起,您打错了

   B. 讨厌,打错了

   C. 真烦人,以后别打了

   D. 什么也不说,直接挂断电话以节约时间

4. 以下哪种使用手机短信的做法是不礼貌的?(　　)

   A. 在与人谈话时不停地查看或编发短信

   B. 在内容后面署名

   C. 尽量使用清楚明白的语言,不随意简化省略

5. 在公共场所携带手机,宜将铃声调至(　　)。

   A. 最大　　　B. 音乐铃声　　　C. 振动

6. 在正式场合中,应将手机放在什么地方?(　　)

   A. 可以挂在脖子上　　　　B. 可以放在裤袋中

   C. 可以放在上衣内袋或公文包中

7. 使用微信时,以下哪种做法是错误的(　　)。

   A. 使用微信添加好友时,应自报家门

   B. 使用微信沟通时,一直使用语音功能

   C. 看到对方的微信信息,应该及时回复

   D. 不在工作群内发私人信息

8. 以下哪种做法是错误的(　　)。

   A. 用红色笔给别人写信

   B. 信文中有称呼语

   C. 发送电子邮件时,如有多个附件,应当打包压缩后发送

## 二、简答题

1. 电话礼仪的基本规范是什么?
2. 简述微信的使用礼仪。
3. 发送电子邮件时应注意的礼仪是什么?

## 三、案例分析题

### 失礼的小刘

小刘的公司应邀参加一个研讨会,本次研讨会邀请了很多商界知名人士以及

新闻界人士参加。老总特别安排小刘和他一道去参加,同时也让小刘见识见识大场面。小刘早上睡过了头,等他赶到,会议已经进行了 20 分钟。他急急忙忙推开了会议室的门,"吱"的一声脆响,他一下子成了会场上的焦点。刚坐下不到 5 分钟,肃静的会场上又响起了摇篮曲,是谁在播放音乐?原来是小刘的手机响了!这下子,小刘可成了全会场的明星……没过多久,小刘就"另谋高就"了。

【问题】
小刘为什么会"另谋高就"?

四、实训题

1. 在课堂上两人一组,模拟接打电话,并对双方的礼仪进行评点。
2. 以班级为单位,举行文明微信操作大赛。

仪式礼仪

行业礼仪

# 活动篇
## HUODONG PIAN

# 第九章 仪式礼仪

**学习目标**

知识目标：了解商务谈判、签字仪式、开业典礼的基本规范，掌握其礼仪要求。

能力目标：在商务活动中，会正确运用商务谈判、签字仪式、开业典礼的礼仪规范。

礼节是所有规范中最微小却最稳定的规范。

——拉罗什福科

**说事·明"礼"**

**签字风波**

经过长期洽谈之后，中国南方某市的一家公司终于同美国的一家跨国公司谈妥了一笔大生意。双方在达成合约之后，决定正式为此举行一次签字仪式。因为当时双方的洽谈在中国举行，故此签字仪式便由中方负责。在仪式正式举行的那一天，让中方出乎意料的是，美方差一点要在正式签字之前"临场变卦"。原来，中方的工作人员在签字桌上摆放中美两国国旗时，误以中国的传统做法"以左为上"代替了目前所通行的国际惯例"以右为尊"，将中方国旗摆到了签字桌的右侧，而将美方国旗摆到了签字桌的左侧。结果让美方人员恼火不已，他们甚至因此而拒绝进入签字厅。

这场风波经过调解虽然平息了，但它给人们留下了教训：在商务交往中，对于签约等各种仪式礼仪不可不知。

礼仪，就是礼节和仪式，可见仪式在礼仪之中的重要地位。在商务活动中，经常会举行各种商务仪式，如商务谈判、签字仪式、开业典礼等。安排好这些仪式活动有助于商务活动的顺利开展,而商务人员在商务仪式上,要懂得这些仪式礼仪规范,才能不失身份。因此,商务仪式礼仪是开展商务活动时必修的课程。

# 第一节 商务谈判

谈判,由谈和判两个字组成,谈是指双方或多方之间的沟通和交流,判就是决定一件事件。商务谈判是指经济交往各方为了寻求和达到自身的经济利益目标,就各种提议和承诺进行洽谈协商的过程。商务专家指出:"礼仪是谈判双方最重要的沟通桥梁。"只有在和谐的气氛中通过谈判各方的相互尊重、相互理解,不断增进沟通和交流,才能使谈判最终取得圆满成功。掌握必要的礼仪规范,既是成功进行商务谈判的前提,也是商务人员具有良好文明修养的重要表现。

## 一、谈判的准备

"凡事预则立,不预则废"。要想使商务谈判获得圆满成功,谈判的各项准备工作必须认真细致。诸如信息的搜集和筛选,谈判人员的准备,谈判限度的设定,谈判策略的制定等。

### (一)收集信息

古语云:"知己知彼,百战不殆。"在谈判准备过程中,谈判者要在对自身情况作全面分析的同时,设法全面了解谈判对手的情况。了解对手的情况,主要包括对手的实力、资信状况,对手所在国(地区)的政策、法规、商务习俗、风土人情以及对方谈判对手的谈判人员状况等。商务谈判的成败,谈判者地位的强弱,往往取决于其中一方对信息资料的掌握程度。掌握的信息资料越多,在谈判中越容易驾驭谈判的进程。

### (二)选择人员

商务谈判,从某种意义上而言是谈判双方人员实力的较量。谈判的成效如何,往往取决于谈判人员的学识、能力和心理素质。一名合格的商务谈判者,除了具备丰富的知识和熟练的技能外,还应具备自信心、果断力,富于冒险精神。商务谈判又常常是一场群体间的交锋,单凭谈判者个人的丰富知识和熟练技能,并不一定能达到圆满的结局。因此,选择合适的人选组成谈判班子十分重要。成员各自的知识结构要具有互补性,从而在解决各种专业问题时能驾轻就熟,并有助于提高谈判效率,在一定程度上减轻主谈人员的压力。

### (三)设定限度

商务谈判中经常遇到的问题是价格问题,这也是谈判中利益冲突的焦点。在谈判前,双方都要确定让步的底线,超越这个限度,谈判将无法进行。让步限度的确定必须有一定的合理性和科学性,要建立在调查研究和实际情况的基础之上,如果把限度确定得过高或过低,都会使谈判出现冲突,最终导致谈判失败。

### (四)制定策略

不同的谈判有各自的特点,因此应制定谈判的策略和战术。在某些情况下,首先让步的谈判者可能被认为处于软弱地位,会使对方施加压力以得到更多的让步;然而,同样的举动可能被看作是一种要求合作的信号。在商务谈判中,采取合作的策略,可以使谈判获得成功,使双方在交易中建立融洽的商业关系,最终各方都能受益。企图建立一个纯粹的没有竞争的合作关系也是不切实际的。当对方寻求最大利益时,会采取某些竞争策略。因此,在谈判中采取合作与竞争相结合的策略会促使谈判成功。这就要求我们在谈判前制定多种策略方案,以便随机应变。

## 二、谈判的技巧

商务谈判实际上是博弈式对话,商务人员要在对话中掌握主动权,获得满意的结果,就必须掌握谈判技巧。

请谈谈你所知道的商务谈判技巧。

### (一)谈判之前

商务谈判之前首先要准确掌握谈判时间、地点和双方参加人员的名单,以便通知有关人员和有关单位做好必要安排。一般来说,双方谈判代表的身份、职务要相当。

作为安排者事先应主动将谈判时间、地点等具体安排通知对方。应布置好谈判会场,谈判用桌一般以长方形或椭圆形为主,门右手座位或对面座位为尊,应让给客方。会谈场所应安排足够的座位。如果双方人数较多,厅室面积又大,宜安装扩音器。

作为谈判代表,要有良好的综合素质,谈判前应整理好自己的仪容仪表,穿着要整洁、正式、庄重。男士应刮净胡须,若穿西服必须打领带;女士穿着不宜太性感,不宜穿细高跟鞋,应化淡妆。

## (二) 谈判之初

谈判之初,双方相互给对方的第一印象十分重要,言谈举止要尽可能创造出友好、轻松的良好谈判氛围。做自我介绍时要自然大方,不可露傲慢之意。被介绍到的人应起立微笑示意,并伴以"幸会""请多关照"等礼貌语。询问对方要客气,如"请教尊姓大名"等。交换名片,要双手接递。介绍完毕,应稍事寒暄,以沟通感情,创造良好气氛。

谈判之初的姿态也对谈判气氛起着重要作用。注视对方时,目光应停留在对方双眼至前额的三角区域,这样能使对方感到被关注。手心向上比向下好,手势应自然,不宜乱打手势,以免造成轻浮之感。切忌双臂交叉,那样显得十分傲慢无礼。

谈判之初的重要任务是摸清对方的底细,因此要认真听对方谈话,细心观察对方举止表情,并适当给予回应,这样既可了解对方意图,又可表现出尊重与礼貌。

## (三) 谈判之中

### 1. 多听少说

要善于聆听对方的谈话,不要打断对方的发言。缺乏经验的谈判者的最大弱点是不能耐心地听对方发言。一个成功的商务谈判人员在谈判时应把50%以上的时间用来听对方说话,边听边想边分析,如果认为对方发言有必要打断,则应说"对不起,我打断一下"之类的话,对于一般性发言中的不同意见,应及时记下来,待对方发言完毕再提出自己的看法,以确保自己完全正确地理解对方,并获得大量宝贵信息,增加谈判的筹码。"谈"是任务,而"听"则是能力,甚至可以说是天分。"会听"是任何一位成功的谈判者都必须具备的条件。

> **礼仪·练习**
>
> 请谈一谈谈判与洽谈的区别。

### 2. 有问有答

提问的目的在于更全面地了解对方,因此应注意掌握提问的方式、把握提问的时机及运用不同的表达方式。言辞不可过激或追问不休,以免引起对方反感甚至恼怒。此外,提问之后,要适当保持一段时间的沉默,切忌在对方不作回答时,又提出下一个问题或说出己方的意见。

有问有答,交谈才能进行。问得不好,不利于谈判;而答得不好,则更会使己方陷于被动。就谈判而言,回答比提问更为重要。谈判中的回答可以看作一种证明、解释、反驳和推销观点的过程。回答问题不仅要采取对方比较容易接受的方式,而且要巧立新意、渲染观点、强化效果。谈判中回答的要诀是:基于谈判效果的需要,准确把握该说什么、不该说什么以及应该怎么说。

### 3. 言谈有礼

在谈判过程中,要注意言谈举止,说话要有逻辑顺序,切忌条理混乱;语气要委婉,吐字要清楚,语速要适中,切忌吐字不清,语速过快。在谈话过程中,不可手势过多、动作幅度过大或动作过于频繁,否则给人以造作之感。谈话过程中,尤其是当双方意见不一致有争议时,切忌伸出一个手指,指向对方面部。因为在这种场合,这种动作不友好、不礼貌,甚至有挑衅的意思。

> **小贴士** 谈判是沟通,但并不一定是口头上的。事实上,眼神、手势、姿势能比言语传达更多的信息。因此,留意并研究对手的身体语言所传达的有用信息,是有价值且有助于谈判成功的。

**礼仪·案例**

**经典故事与商务谈判**

有一位妈妈把一个橙子给了邻居的两个孩子,这两个孩子便讨论如何分这个橙子。两个人吵来吵去,最终达成了一致意见,由一个孩子负责切橙子,而另一个孩子负责选橙子。结果,这两个孩子按照商定的办法各自取得了一半橙子,高高兴兴地拿回家去了。

第一个孩子把半个橙子拿到家,把皮剥掉扔进了垃圾桶,把果肉放到果汁机上榨果汁喝。另一个孩子回到家把果肉挖掉扔进了垃圾桶,把橙子皮留下来磨碎了,混在面粉里烤蛋糕吃。从上面的情形,我们可以看出,虽然两个孩子各自拿到了看似公平的一半,然而,他们各自得到的东西却未物尽其用。这说明,他们在事先并未做好沟通,也就是两个孩子并没有申明各自利益所在。没有事先申明价值导致了双方盲目追求形式上和立场上的公平,结果双方各自的利益并未在谈判中达到最大化。

试想,如果两个孩子充分交流各自所需,或许会有多个方案和情况出现。可能的一种情况,就是遵循上述情形,两个孩子想办法将皮和果肉分开,一个拿果肉去榨汁,另一个拿皮去做烤蛋糕。然而,经过沟通后也可能是另外的情况,恰恰有一个孩子既想要皮做蛋糕,又想喝橙子汁,这时,如何能创造价值就非常重要了。结果,想要整个橙子的孩子提议可以将其他的问题拿出来一块谈。例如,他说:"如果把这个橙子全给我,你上次欠我的棒棒糖就不用还了。"其实,他的牙齿被蛀得一塌糊涂,上星期父母就不让他吃糖了。另一个孩子想了一想,很快就答应了。他刚刚从父母那儿要了五块钱,准备买糖还债。这次他可以用这五块钱去打游戏,才不在乎这酸溜溜的橙子汁呢。

两个孩子的谈判思考过程实际上就是不断沟通、创造价值的过程。双方都在寻求使自己得到最大利益的方案的同时,也满足了对方追求最大利益的需要。

商务谈判的过程实际上也是一样。好的谈判者并不是一味固守立场、寸步不让,而是要与对方充分交流,从双方的最大利益出发,创造各种解决方案,用相对较小的让步来换得最大的利益,而对方也是遵循相同的原则来取得交换条件。在满足双方最大利益的基础上,如果还存在达成协议的障碍,那么就不妨站在对方的立场上替对方着想,扫清达成协议的一切障碍。这样,最终的协议是不难达成的。

### (四) 谈判之后

经过艰苦的谈判,双方终于达成共识,准备成交,心情当然是很放松、很愉快的。不过,在这种时候,切莫因大功告成而忽视礼仪,而应该善始善终,在友好的气氛中完成签约仪式。

**礼仪·练习**

模拟开展一次商务洽谈会。

**礼仪·学堂**

### 商务谈判中的八字箴言

商务谈判案例中的诚信非常重要。中国自古就有"货真价实,童叟无欺"的八字箴言,英文中也有一个八字经典:NO TRICKS。从字面看来,它与中文的意义非常相近。不过"NO TRICKS"并不仅仅代表字面的意思,每一个字母还有更深一层的含义——谈判中的8种能力。

谈判能力在每一种谈判中都起着重要作用,无论是商务谈判、外交谈判,还是劳务谈判。在谈判中,双方谈判能力的强弱差异决定了谈判结果的差别。对于谈判中的每一方来说,谈判能力都来源于8个方面,就是 NO TRICKS 每个字母所代表的八个单词——Need, Options, Time, Relationships, Investment, Credibility, Knowledge, Skills。

1. "N"代表需求(Need)。即对于买卖双方来说,如果买方的需要较多,卖方就拥有相对较强的谈判力;反之,卖方越希望卖出产品,买方就拥有越强的谈判力。

2. "O"代表选择(Options)。如果谈判最后不能达成协议,那么双方会有什么选择?如果你可选择的机会越多,对方认为你的产品或服务是唯一的或者没有太多选择余地,你就拥有较强的谈判资本。

3. "T"代表时间(Time)。主要是指谈判中可能出现的有时间限制的紧急事件,如果买方有时间的压力,自然会增强卖方的谈判力。

4. "R"代表关系(Relationships)。如果与顾客之间建立强有力的关系,在同潜在顾客谈判时就会拥有关系力。但是,也许有的顾客觉得卖方只是为了推销,因而不愿建立深入的关系,这样卖方在谈判过程中将会比较吃力。

5. "I"代表投资(Investment)。即在谈判中投入了多少时间和精力。投入时间和精力越多,对达成协议期望越大且承诺越多的一方而言,往往拥有较少的谈判力。

6. "C"代表可信性(Credibility)。潜在顾客对产品的可信性也是谈判力的一种,如果推销人员知道你曾经使用过某种产品,而他的产品具有价格和质量等方面的优势时,无疑会增强卖方的可信性,但这一点并不能决定最后是否能成交。

7. "K"代表知识(Knowledge)。知识就是力量。如果卖方充分了解顾客的问题和需求,并预测到产品能满足顾客的需求,那么卖方所具有的知识无疑使卖方增强了谈判力。反之,如果顾客对产品拥有更多的知识和经验,顾客就有较强的谈判力。

8. "S"代表技能(Skills)。这可能是增强谈判力最重要的内容了,不过,谈判技巧是综合的学问,需要广博的知识、雄辩的口才、灵敏的思维等。

总之,在商务谈判中,应该善于利用"NO TRICKS"中的每种能力,当然还要做到 NO TRICKS。

# 第二节 签字仪式

签字仪式是指在商务活动中,合作双方或多方经过协商或谈判,彼此就商务活动、商品交易或某些争端达成协议订立合同后,由双方代表正式在有关的协议或合同上签字,并互换正式文本的一种庄严而又隆重的仪式。签字仪式的举行可以表达双方共同遵守协议的诚心,同时也可以扩大双方的社会影响力。

> **礼仪·学堂**
>
> **签字及签字仪式**
>
> 签，《辞海》解释为："在文件上亲笔署名或画押。如签名，签字。"
>
> 通常当国家、社团之间经过谈判，就政治、军事、经济、科学、文化等领域内的相互关系达成协议，缔结条约、协定或公约时，一般都要举行签字仪式。或者一国领导人访问他国，经双方商定发表联合公报（或联合声明），有时也举行签字仪式。
>
> 各国业务部门之间签订的专业性协议，固然也需要签字方能生效，但这类签字一般不举行签字仪式。

# 一、签字仪式的准备

## （一）确定参加人员

参加签字仪式的人员，基本上应是双方参加会谈的全体人员。如一方要求某些未参加谈判的人员出席签字仪式，应事先征求对方的意见，取得对方同意。一般礼貌的做法是：出席签字仪式的双方人数大体相等。有时为表示对本次商务谈判的重视或对谈判结果的庆贺，双方更高一级的领导人也可出面参加签字仪式，级别一般也是对等的。

## （二）选择签字场所

签字仪式举行的场所，通常视参加签字仪式的人员规格、人数多少及协议中的商务内容的重要程度等因素来确定。多数是选择客人所住的宾馆、酒店，或东道主的会客厅、洽谈室作为签字仪式的场所。有时为了扩大影响，也可商定在某个新闻发布中心或著名会议、会客场所举行。无论选择在什么场所举行，都应取得对方的同意，否则就是失礼的行为。

## （三）布置签字场地

签字场地的布置应该整洁、庄严、清净。

一间标准的签字厅，室内铺满地毯，设一长条桌，桌面上最好铺设深绿色的台布。

按照仪式礼仪的规范，签字桌应当横放于室内。在其后，可摆放适量的座椅。签署双边性合同时，可放置两张座椅，供签字人就座。签署多边性合同时，可以仅放一张座椅,供各方签字人签字时轮流就座;也可以为每一位签字人各自提供一张座椅。签字人就座时,一般应当面对正门。

在签字桌上,放好待签的合同文本以及签字笔、吸墨器等签字时所用的文具。如果是涉外签约,在签字桌的中间摆放一个国旗架,分别挂上双方国旗。如果是国内企业或组织之间的签约,也可在签字桌的两端摆上写有企业或组织名称的席卡。

签字桌后应有一定的空间供参加仪式的双方人员站立,背墙上方可挂上"××××(项目)签字仪式"字样的横幅。

**(四)安排签字座次**

签字时各方代表的座次,是由主方代为排定的。一般来说,签字仪式主要有三种具体的座次排列方式。

1. 主席式

主席式的座次排列,适用于签署多边性合同。签字桌要求横放,签字席面对正门,一般仅设一个签字席。所有相关各方的随员,包括签字人在内,应按照一定的顺序,面对签字席就座或站立。签字时,各方签字人依照事先排定先后顺序,依次走向签字席就座签字。各方助签人,随之一同行动。助签时,依"右高左低"的规矩,助签人应站立于签字人的左侧。

2. 并列式

并列式的座次排列,是最常见的排列方式。基本规范为签字桌面门横放,客方席位在右,主方席位在左。双方各自的助签人在其外侧助签。依照职位的高低,客方自左至右、主方自右至左地依次列成一行,站立于己方主签人的身后。当一行站不完时,可以按照以上顺序,遵照"前高后低"的惯例,排成两行、三行或四行。原则上,双方随员人数应大体上相近,具体排列如图9.1所示。

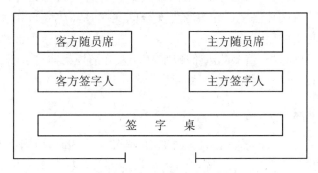

图9.1 并列式签字排座

3. 相对式

相对式的座次排列,也是常见的排列方式。和并列式不同的是,双方其他的随员,按照一定顺序在己方主签人的正对面就座,具体排列如图9.2所示。

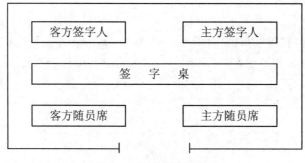

图 9.2　相对式签字排座

**礼仪·练习**

签字能用圆珠笔吗?

**(五) 准备待签文本**

待签文本经双方签字的合同即具有法律效力。因此,对文本的准备一定要郑重、符合要求。

依照商界的习惯,待签文本的准备由举行签字仪式的主方与有关各方指定的专人共同负责,主要完成待签文本的定稿、翻译、校对、印刷、装订、盖火漆印等工作。按常规,应为在文本上签字的有关各方均提供一份待签文本,必要时还应为各方提供一份副本。

签署涉外合同时,依照国际惯例,待签文本应同时使用有关各方的母语,或使用国际上通用的英文和法文。在撰写外文合同文本时,应字斟句酌、反复推敲,不要望文生义而乱用词语。

待签文本应用高档、精美的纸张印刷,按大八开的规格装订成册,并用真皮、仿皮、软木等高档材质作为封面,以示郑重。

**(六) 人员服饰规范**

按照规定,签字人、助签人以及随员,在出席签字仪式时,应当穿着具有礼仪性质的深色套装或西装套裙,并且配以白色衬衫与深色皮鞋。男士还必须系上单色领带,以示正规。

在签字仪式上服务的礼仪人员、接待人员,可以穿自己的工作制服,或是旗袍类的礼仪性服装。

## 二、签字仪式的程序

签字仪式时间不长,但它是合同、协议签署的最重要环节,其程序规范、庄重而热烈。

### (一)仪式开始

参加签字仪式的有关人员进入签字厅,按既定的位次,各就各位。

### (二)正式签字

签字时,应按国际惯例,遵守"轮换制",即主签人首先签署己方保存的合同文本,然后接着签署他方保存的合同文本。

商务礼仪规定,每个签字人在由己方保存的合同文本上签字时,按惯例应当名列首位。

### (三)交换文本

各方主签人起身离座至桌子中间,正式交换各自签好的合同文本,热烈握手或拥抱,互致祝贺,并交换各自使用过的签字笔,以资纪念。全场人员鼓掌,表示祝贺。

### (四)举杯庆贺

交换已签的合同文本后,服务人员递上香槟,有关人员,尤其是签字人当场喝上一杯香槟酒。这是国际通行的用以增添喜庆色彩的做法。

### (五)有序退场

签字仪式完毕后,应先请双方最高领导退场,然后请客方退场,东道主最后退场。整个仪式以半小时为宜。

### (六)合影留念

签字仪式完毕后,双方全体成员可合影留念。

在一般情况下,商务合同在正式签署后,应提交有关方面进行公证,公证后才正式生效。

> 礼仪·练习
> 
> 依据商务礼仪的要求,进行签字仪式的模拟。

# 第三节 开业典礼

开业典礼是指在现代商务活动中,各类公司、商场、酒店等在成立或开张时,为表示庆贺或纪念,按照一定的程序所隆重举行的专门仪式。它是企业向公众的第一次"亮相",借此可以扩大企业的社会影响,提高企业的知名度,给公众留下深刻的印象。

## 一、开业典礼的准备

开业典礼的筹备要遵循"热烈、节俭、缜密"三条原则。

热烈是指要想方设法在开业典礼的进行过程中营造一种欢乐、喜庆、隆重的氛围。节俭是指主办单位在举办开业典礼以及为其进行筹备工作的整个过程中,在经费支出方面要量力而行、节制、省俭。缜密是指主办单位在筹备开业典礼时既要遵行礼仪惯例,又要具体分析,认真策划,注意细节,力求周密。

总而言之,筹备开业典礼时,对于舆论宣传、开幕词的准备、典礼议程的撰写、来宾的邀请、场地的布置、物品的准备、接待等方面的工作要做好安排。

### (一) 舆论宣传

举办开业典礼的主旨在于塑造企业的良好形象,因此,就要对其进行舆论宣传,以吸引社会各界对企业的关注,争取社会公众认可并接受企业。

企业可运用传播媒介在报纸、电台、电视台广泛发布广告,或在告示栏中张贴开业告示,集中性地进行广告宣传。这些广告或告示的内容一般包括开业典礼举行的日期、地点、企业的经营范围及特色、开业期间的优惠情况等。开业广告或告示一般宜在开业前的3~5天内发布。

另外,企业还可邀请一些记者在开业典礼举行之时,到现场进行采访、报道,予以正面宣传。

## (二)拟定议程

典礼的议程就是庆典上项目进行的程序。仪式的效果如何,主要由程序决定。因此,拟定程序要完整、协调、合理,符合礼仪要求。一般情况下典礼程序由以下几项组成:

### 1. 迎宾
接待人员在会场门口接待来宾,请其签到,引导其到座位上就座。若不设座位,则告诉来宾其所在的具体位置。

### 2. 开始
主持人宣布开业典礼正式开始。全体起立(不设座位应立正),奏乐,宣读重要嘉宾名单。

### 3. 致辞
由企业负责人致辞。其主要内容是向来宾及祝贺单位表示感谢,并简要介绍本单位的经营特色和经营目标等。

### 4. 致贺词
由上级领导和来宾代表致祝贺词,主要表达对开业企业的祝贺,并寄予厚望。对外来的贺电、贺信等不必一一宣读,但对其署名的单位或个人应予以公布。

### 5. 揭牌
由上级领导或嘉宾代表和本单位负责人揭去盖在牌匾上的红布,宣告企业正式成立。在场全体人员在音乐声中热烈鼓掌,祝贺企业成立。

### 6. 参观
如有必要,可引导来宾参观并介绍本单位的主要设施、特色商品及经营策略等。

### 7. 迎客
揭牌后,会有大批顾客随出席开业典礼的嘉宾一道进入公司或商场。可以采取让利销售或赠送纪念品的方式吸引顾客,也可以选择一些有代表性的消费者参加座谈,虚心听取消费者的意见,拉近与消费者的距离。

### 8. 结束
如有必要,可安排来宾就餐,观看文艺节目等。

## (三)邀请来宾

开业典礼影响的大小,往往取决于来宾身份的高低与其数量的多少。一般来讲,参加开业典礼的人士包括:

### 1. 上级领导
邀请他们参加是为了感谢其给予企业关心、支持。

**2. 社会名流**

通过"名人效应",更好地提高企业的知名度。

**3. 新闻界人士**

通过他们正面的报道,加深社会对企业的了解和认同,进一步扩大企业的社会影响。

**4. 同行业代表**

请他们来表明希望彼此合作,促进本行业共同发展。

**5. 社区负责人**

通过他们加强企业与本地区的关系,让更多的人关心、支持本企业的发展。

出席开业典礼的人员一旦确定,应提前一周发出请柬,便于被邀者及早安排和准备。请柬应认真书写,并应装入精美的信封。一般的请柬可派员送达,也可通过邮局邮寄,给有名望的人士或主要领导的请柬应派专人送达,以表示诚恳和尊重。

### (四) 布置场地

开业典礼多在开业现场举行,其场地可以是正门外的广场或是正门内的大厅。按惯例,举行开业典礼时宾主一律站立,故一般不布置主席台或座椅。为示隆重,可在来宾站立处铺设红色地毯,并在四周挂横幅、标语、气球、彩带等。此外,还应当在醒目处摆放来宾赠送的花篮、牌匾。来宾的签到簿、本企业的宣传材料、待客的茶水饮料等,亦须提前准备好。已备好的音响、照明设备应一一认真检查、调试。

### (五) 准备物品

开业典礼中需要准备的物品主要有两项:

**1. 场地物品**

场地用物品主要包括:场地四周悬挂的标语、气球、彩带、宫灯、来宾的签到簿、本单位的宣传材料、待客的饮料、音响、照明设备等。

**2. 馈赠礼品**

向来宾赠送的礼品,首先要具有宣传性,可选用本公司的产品,也可在礼品及其外包装上印上本公司的企业标志、广告用语、产品图案、开业日期等,主要是采用独特的、有宣传本公司效用的纪念物品;其次要具有一定的纪念意义,使礼品接受者感到光荣和自豪,从而对其珍惜;其三,要有独特性,赠送的礼品应当与众不同,具有本单位的鲜明特色,使人一目了然,或令人过目不忘。

### (六) 接待服务

在举行开业典礼的现场,一定要有专人负责来宾的接待工作,一般由年轻、精干、身材和相貌较好的男女青年承担,主要负责来宾的迎送、引导、陪同、招待等。在接待贵宾时,须由本企业的主要负责人亲自出面。

> **小贴士** 各企业所举行的各类庆典仪式,都有一个特别之处,就是务实而不务虚。若能由此增强本单位全体员工的凝聚力与荣誉感,并且使社会各界对本单位重新认识、刮目相看,那么"大张旗鼓"地举行庆典,多投入一些人、财、物,任何理智、精明的商家对此都不惜成本。

**礼仪·案例**　**别开生面的开业典礼**

某年8月8日,是云海大酒店隆重开业的日子。

这一天,酒店上空彩球高悬,四周彩旗飘扬,身着鲜艳旗袍的礼仪小姐站立在店门两侧,她们的身后是摆放整齐的花篮,所有员工服饰整洁、精神焕发,整个酒店沉浸在喜庆的气氛中。

开业典礼在店前广场举行。上午11时许,应邀前来参加庆典的有关领导、各界友人、新闻记者陆续到齐。正在举行剪彩之际,天空突然下起了倾盆大雨,典礼只好移至厅内,一时间,大厅内聚满了参加庆典的人员和避雨的行人。典礼仪式在音乐和雨声中隆重举行,整个厅内灯光齐聚,使得庆典别具一番特色。

典礼举行完毕,雨仍在下着,厅内避雨的行人短时间内根本无法离去,许多人焦急地盯着厅外。于是,酒店经理当众宣布:"今天来到我们酒店的都是我们的嘉宾,希望大家能同敝店共享今天的喜庆,本人代表酒店真诚邀请诸位到餐厅共进午餐,当然一切全部免费。"霎时间,大厅内响起热烈的掌声。

虽然,酒店开业额外多花了一笔午餐费,但酒店的名气在新闻媒体及众多顾客的宣传下却迅速传播开来,不出所料,接下来酒店的生意格外红火。

## 二、开业典礼的礼仪

开业是企业的大喜事,无论是开业典礼的组织者还是来宾,都应注意遵循相应的礼仪规范。

### (一)组织者礼仪

**1. 仪容整洁**

所有出席和参加开业典礼的人员,都应适当地修饰,女士要适当化妆,男士应梳理好头发、剃须。

**2. 着装规范**

有条件的企业最好统一着装,以显示企业特色。否则应要求穿着礼仪性服装,即男士穿深色西装或中山装,女士穿深色西装套裙或套装。在服饰方面不可任其自然,避免给人以凌乱的感觉。

**3. 准备充分**

请柬应按时发放,不得有遗漏。席位的安排要讲究,一般按身份与职务高低确定主席台座次及贵宾席位,准备好席卡。要为来宾准备好迎送车辆等。

**4. 遵守时间**

本企业出席开业典礼的人员应严格遵守时间,不得迟到、无故缺席或中途退场。开业典礼应准时开始、准时结束,以向社会证明本企业是言而有信的。

**5. 态度友好**

遇到来宾要主动热情地问好,对来宾提出的问题应予以友善地答复。当来宾发表贺词后,应主动鼓掌表示感谢,不能起哄、鼓倒掌,不能随意打断来宾的讲话,向其提出挑衅性质疑,或是对来宾进行人身攻击。

**6. 行为自律**

开业典礼的每个环节,都应慎重认真。不可在仪式开始后东张西望、垂头丧气、嬉笑打闹、反复看表等,这样会显得敷衍了事、心不在焉,给来宾造成极不好的印象,不利于企业的进一步发展。

**7. 发言简短**

商务人员在开业典礼上,上下场时要沉着冷静,发言时要讲究礼貌,宁短勿长,少做手势。

## (二) 宾客礼仪

**1. 准时到场**

一般来说可提前半小时左右。过早或过迟,都会给主办单位造成不便。如有特殊情况不能到场,应尽早通知主办方,不要辜负主人的一番好意。入座后应礼貌地与邻座打招呼,可通过自我介绍、互换名片等方式结识更多的朋友。

**2. 赠送贺礼**

宾客在开业典礼前或开业典礼时,可送些贺礼,如花篮、镜匾、楹联等以表示对开业方的祝贺,并在贺礼上写明庆贺对象、庆贺缘由、贺词及祝贺单位。

**3. 礼貌祝贺**

见到主人应向其表示祝贺,说一些祝福及希望其顺利、发财、兴旺的吉利话。

**4. 贺词简明**

在开业典礼上致贺词时,要简短精炼,不能随意发挥、拖延时间,而且要表现得沉着冷静、心平气和,注意文明用语,少用含义不明的手势。

**5. 认真听讲**

在主人讲话时,应点头表示赞同,认真听讲中应不时鼓掌。不可无休止地和左右讲话,或闭目养神等,更不可剔牙、搓手、长时间地接听、拨打手机等。

**6. 礼貌告别**

开业典礼结束后,宾客离开时应与主办单位领导、主持人、服务人员等握手告别,并致谢意。不可迫不及待地匆匆要走(特殊情况除外,但要说明),也不可不辞而别。

## 本章小结

1. 商务谈判的准备工作主要包括:收集信息、选择人员、设定限度(价格)、制定策略等,同时应从礼仪角度去掌握一些谈判技巧,以利于谈判工作的顺利开展。

2. 在商务活动中,经常会举行签字仪式,既要做好准备,又要注意其程序规范。

3. 各类公司、商场、酒店等在成立或开张时,为表示庆贺或纪念,都会举行开业典礼,除了做好准备工作外,对其礼仪要求应格外重视。

## 练一练

### 一、选择题

假设你所在的公司准备与一位美国客商签订一份贸易合同,公司让你组织此次签字活动。准备工作会遇到下列问题:

1. 由谁准备待签合同文本(    )。
A. 本方        B. 美方        C. 双方        D. 第三方
2. 待签合同文本应该使用哪种语言(    )。
A. 中文        B. 俄文        C. 中文、英文    D. 德文

### 二、简答题

1. 在商务谈判中,应注意哪些礼仪?
2. 如何布置签字场所?
3. 作为开业典礼的组织者应做哪些准备工作?

## 三、案例分析题

### 愉快的谈判开局

美国华克公司承建了一栋建筑,要在一个特定日子之前,在费城建一座庞大的办公大厦。计划开始进行得很顺利,不料在接近完工阶段,负责供应内部装饰用品的铜器承包商突然宣布:他无法如期交货。这样一来,整个工程都要耽搁了,并要付巨额罚金,要遭受重大损失!于是,长途电话不断,双方争论不休。一次次交涉都没有结果。华克公司只好派高先生前往纽约。

高先生一走进那位承包商的办公室,就微笑着说:"你知道吗?在布洛克林巴,有你这个姓氏的人只有一个。哈哈!我一下火车就查阅电话簿想找到你的地址,结果巧极了,有你这个姓的只有你一个人。"

"我一向不知道。"承包商兴致勃勃地查阅起电话簿来。"不错,这是一个很不平常的姓。"他有些骄傲地说:"我这个家庭从荷兰移居纽约,几乎有200年了。"他继续谈论他的家族及祖先。当他说完之后高先生就称赞他居然拥有一家这么大的工厂,承包商说:"这是我花了一生的心血建立起来的一项事业,我为它感到骄傲,你愿不愿到车间里去参观一下?"高先生欣然而往。在参观时,高先生一再称赞他的工厂组织制度健全,机器设备新颖,这位承包商高兴极了。他声称这里有一些机器还是他亲自发明的呢!高先生马上又向他请教那些机器如何操作、工作效率如何。到了中午,承包商坚持要请高先生吃饭。高先生说:"到处都需要铜器,但是很少有人像你这样对这一行这么感兴趣。"

到此为止,高先生一次也没有提起此次访问的真正目的。

吃完午餐,承包商说:"现在,我们谈谈正事吧。自然,我知道你这次来的目的。但我没有想到我们的相会竟是如此愉快。你可以带着我的保证回到费城去,我保证你们要的材料如期运到。虽然这样做会给另一笔生意带来损失,不过我认了。"

高先生轻而易举地获得了他急需的东西,那些器材及时运到,使大厦在契约期限届满的那一天完工了。

【问题】

高先生的成功之处在哪里?

## 四、实训题

观摩一次开业典礼仪式,并讨论此次活动的礼仪细节。

# 第十章 行业礼仪

**学习目标**

**知识目标：**了解商品推销、商场销售、银行服务、宾馆服务、导游服务在具体工作过程中的礼仪规范，掌握其礼仪要求。

**能力目标：**在日趋激烈的行业竞争中，让每一位商务人员在各自的行业中都能灵活自如地运用商务礼仪，遵循行业礼仪规范。

礼之用，和为贵。

——孔子

**说事·明"礼"**

**聪明的服务小姐**

在一家涉外宾馆的中餐厅里，正是中午时分，用餐的客人很多，服务小姐忙碌地在餐台间穿梭着。

有一桌的客人中有好几位外宾，其中一位外宾在用完餐后，顺手将自己用过的一双精美的景泰蓝食筷放入了随身带的皮包里。服务小姐在一旁将此景看在眼里，不动声色地转入后堂，不一会儿，她捧着一只绣有精致花案的绸面小匣，走到这位外宾身边说："先生，您好，我们发现你在用餐时，对我国传统的工艺品——景泰蓝食筷表现出极大的兴趣，简直爱不释手。为了表达我们对您如此欣赏中国工艺品的感谢，餐厅经理决定将您用过的这双景泰蓝食筷赠送给您，这是与之配套的锦盒，请笑纳。"

【问题】服务小姐的聪明之处在哪里？如果是你，将如何应对？

商务行业礼仪是商务礼仪在各个行业中的具体运用。在日趋激烈的行业竞争中,方便、即时、周到、规范、全方位的服务,是赢得竞争主动权、占领市场至关重要的筹码。为树立良好的企业形象,赢得更多顾客的青睐,每一位商务人员在从事商业活动中都应自觉遵守行业礼仪规范。

# 第一节 销售礼仪

## 一、商品推销礼仪

推销是指推销人员通过帮助或说服等手段,促使顾客实施购买行为的活动过程。只有将商品推销出去,才能实现企业利润,商业服务工作才算有了好的结果。而推销礼仪在推销过程中,起着举足轻重的作用。

微笑推销

### (一)接近顾客

**1. 树立印象**

第一次接近顾客,给对方留下一个良好的第一印象至关重要。初次见面,顾客容易以貌取人,衣着一定要大方合体,与自己的身材、年龄、个性以及所推销产品的风格相配。同时,一定要具备优雅的仪表,精神面貌良好,面带微笑,保持诚恳、尊重他人、自信、热情的态度。

日本著名的推销大王齐藤笔之助先生认为,一个男推销员应该具备四季西装各两套,领带、衬衫、袜子、手帕各十件,皮鞋两双。

**2. 真诚相待**

推销员训练之父——耶鲁弱·雷达曼说过:"推销是从被拒绝开始的。"由于推销员是陌生人,顾客会有怀疑和防备心理。因此,坦诚是推销之初缩短双方距离最好的武器。首先要明明白白地介绍自己的姓名、身份、愿望;其次要真诚地关心顾客,帮助其拿重东西,逗逗孩子,谈谈对方的工作、家务等话题;同时别忘了适当地赞美对方,但要注意掌握分寸,真心赞美而非吹捧。这样,顾客很容易接受你,消除陌生感。

**3. 从容应对**

在推销中,顾客对商品甚至推销员本人的抗拒心理是常见的。这时保持心平气和、从容不迫的良好礼仪十分重要。当受到顾客的冷淡、嘲笑及无端的奚落、指责,甚至被拒之门外时,推销员要克制自己,在客户面前保持自己的微笑,目光正视对方,不必难为情地低下头或转身就走,应礼貌地道声"打扰了""谢谢",然后告辞。

### (二) 约见顾客

推销员约见顾客时,要事先联系好顾客,征求对方同意后会面。约见一定要从方便的角度对方出发,多为顾客着想,最好由顾客决定时间和地点。

#### 1. 时间适宜

约见时间视顾客的方便而定,应选择天气良好、对方时间宽裕、情绪舒畅的时候,可以主动提出几种建议由顾客定夺。一般选择上午 9 至 10 点之间,下午 2 至 3 点之间。但切记,约见时间一定要使双方都明确,不能含糊不清。推销者自己则务必按时到达,绝不可失约。

#### 2. 地点方便

约见地点所形成的会见气氛,在一定程度上决定着推销的成败。所以,地点的选择以顾客方便为最佳。如果由双方议定或由推销方确定,则应以方便顾客赴约为准,选择顾客熟悉、安全、轻松的场所。现在的推销,常常安排在社交娱乐场所或风景旅游点,目的就是为了营造轻松的氛围。

#### 3. 方式得当

约见顾客时应注意有必要的礼仪,讲究约见的方式,这样才会收到预期的效果。约见顾客的方式多种多样,如电话预约、信函预约,也可以当面约见等。但不论口头的还是书面的,都要注意措辞的礼貌、得体。

### (三) 推荐产品

#### 1. 尊重顾客

要自始至终地尊重顾客,耐心细致地介绍商品,允许顾客随意插话、提问,不可轻易打断对方的谈话,或者自己一直滔滔不绝地说下去,应适时问一句:"您看呢?""您觉得呢?"

#### 2. 诚实客观

要诚实、客观地介绍商品优缺点。只讲优点不谈缺点的方式只会令顾客生疑。因此,正确的推销礼仪是全面、透彻地介绍商品的长处,同时简略地说明其他方面及缺点,给对方以诚实可信的感觉。

#### 3. 耐心讲解

对顾客提出的异议要耐心对待,有异议说明顾客开始关注你的商品,因此更应热心解释说明,即使对方的看法有误,也不要争辩,不要争吵,更不能面露不屑与不悦。应多听善说,引导、说服顾客而不要驳斥顾客。即使否定对方观点也要在遣词上照顾对方的情绪,不可嘲笑对方。

**4. 择机应对**

对待顾客的提问要处理得当,一般性问题应立即回答,不能避而不答或含糊其辞。对技术性强的问题和异议,则应稍作思考或延缓回答,可表现出负责任的慎重态度,必要时可暂不回答,待查阅资料或电话请教专业人员、负责人之后再回答。有时顾客的自言自语或玩笑以及关系不大的问题可不必作答,否则反而招致麻烦。

**5. 热情适度**

推销过程中不可过度热情,恰当的热情可促使推销成功,但不要造成急于催促对方购买的印象和压力。同时,应容对方察看或考虑,并适时插话,主动提出并分析对方可能的担心,要显得热情而不急功近利。

不应把推销变成争论或战斗;保持洽谈的友好气氛(业界经验:买主喜欢和蔼可亲的销售员);讲求诚信,说到做到;控制洽谈方向。

## (四)达成交易

成交是推销基本成功的标志,但并非意味着推销工作的结束,因为即使达成交易,对方也会更改意见,这时有礼仪显得尤为重要。

**1. 保持常态**

成交时不要喜形于色,失去了原有的沉稳,表情、态度要自然、平静,要保持常态。

**2. 赞美顾客**

要赞美顾客的眼光,要将成交归功于对方,而不能沾沾自喜,否则容易令顾客反感,也许会令其失去购买兴趣。

**3. 少言慎词**

既然已达成交易,就切忌再啰里啰唆地说个没完,一则令人生厌,二则可能会有口误,导致节外生枝。因此,成交后要少说话,谨慎用词。

**4. 热情告别**

成交后可略转换些轻松的话题,聊聊天,不可一成交就立即走人。应上前与顾客握手告别,面带微笑表示合作愉快及谢意。

**5. 善始善终**

留下联络地址及电话,表示有任何事情可尽快找你,一定尽力解决。告别一段时间后应主动再联系,询问一下顾客的意见和要求,这样才显得礼数周全、善始善终。

> **珍贵的邮票**
>
> 一位石油公司的推销员到一个大用户的公司去推销。他连着三次上门去拜见对方的采购经理,都被经理的助手挡了驾。在第三次时,他谦虚地求教经理的助手为何他三次都吃了闭门羹。经理的助手告诉他说,经理这几天正为儿子的生日礼物——邮票而忙得焦头烂额,哪有心情见客。推销员听后道了谢转身就走。第二天他扬着几张邮票就冲进了经理室,那助手看见邮票也就没拦他。推销员一句话也没说,就把那几张邮票送到经理的桌上。经理看到邮票,眼睛马上明亮起来,兴致勃勃,也没问他是谁就和他谈了两个多小时的邮票。最后,经理问他是谁,有什么事,推销员报了自己的姓名和公司名称,说是来推销石油的。经理马上说:"反正我们需要很多的石油,你们公司的也很好。明天上午你带合同来吧。"
>
> 一笔大生意就这样敲定了。

## 二、商场销售礼仪

商场销售礼仪,是指商场工作人员在接待顾客、帮助顾客选购商品的过程中,对自己的言行加以约束,以达到尊重顾客、礼貌交易的一系列礼仪规范。商场作为买卖商品的场所,是商品流通的最后环节。消费者在这里购买商品,不但满足了物质生活需要,还能体验到新型人际关系并获得人格得到应有尊重的精神愉悦感。它是文明经商、优质服务的主要内涵,也是商业竞争重要手段的一部分。它可使全体员工产生向心力和凝聚力,可以对顾客产生吸引力,从而使顾客产生购买兴趣,达到高兴而来、满意而去的效果。因此,商场工作人员应注意培养销售礼仪。

### (一)商场工作人员规范

**1. 准备充分**

(1)检查卫生。班前进行卫生检查,柜台、货架、用具要保持清洁,玻璃要明亮,商品要无尘,环境要整洁。

(2)整理商品。要根据顾客的购买习惯和心理,合理布置柜台。班前要检查商品标签,做到有货有价,六标(品名、产地、规格、等级、计价单位、零售价格)齐全,准确无误;同时要检查花色品种是否齐全,补齐缺货;商品陈列要丰满、整齐、美观,做到库有柜有,分拆好包装物,随时补足货源。数字应特别书写清楚,让顾客一目了然。

(3) 准备用具。检查营业用具,如计算器、发票、剪刀、包扎用品等,确保随用随有;校正度量衡器,保证其准确、灵敏。

2. 仪表规范

规范商场工作人员的仪容仪表,是商场工作的客观要求,也是对顾客的礼貌与尊重。商场工作人员的仪容仪表如何,既影响商场的整体精神风貌,又影响员工的个人形象。

(1) 统一着装。员工制服统一,在左胸上方10厘米处佩戴服务证,制服应干净、整齐、笔挺。衣领、袖口等处不得有发黄、发黑等迹象。制服衣袖口、衣领口不得显露个人衣物,制服外不得显露私人物品。制服口袋内不宜多装物品,以免显得鼓起。不得穿拖鞋上班,袜子颜色统一为肤色。

(2) 规定发型。发型要美观大方,不染夸张发色。女员工过肩长发要扎起,头发前端不可盖过眼眉。男员工要勤理发、勤刮须、勤剪指甲,不留小胡子。

(3) 淡妆上岗。女员工工作期间须化淡妆,口红、眼影须统一色调,不可浓妆艳抹。不得留长指甲,不染肉色、无色以外的指甲油。

(4) 精神饱满。班前不喝酒,站柜台不随地吐痰,面带微笑,热情待客。

3. 语言规范

言为心声,语为人境。语言不仅是传递信息的工具,同时也是一种体现服务水平的艺术。营业员的语言是否礼貌、准确、得体,直接影响着顾客对商品和服务的满意程度。

(1) 说话标准。商场的顾客来自四面八方,为满足来自不同地区顾客的需要,工作人员在服务时要用普通话,顾客的方言听不懂时,应耐心询问,而不要妄加猜测从而造成误解。

(2) 条理清晰。思维混乱,语无伦次,必将导致顾客不知所云,无所适从。因此,营业员必须把握好说话的条理性、层次性,清晰、准确地向顾客表达自己的意思。

(3) 重点突出。销售用语的重点在于推荐和说明,其他仅仅是铺垫。因此,在接待顾客中,必须抓住重点,突出要点,以引起顾客的注意和兴趣。

(4) 措辞文明。在为顾客服务时,如给顾客包扎东西,应说:"我把您购买的物品包扎起来。"而不是"我给你捆一下。"

**商场工作人员的服务用语"五禁""六不讲"**

五禁:禁废话,禁谎话,禁半句头话,禁无礼话,禁讽刺话。

六不讲:低级庸俗话不讲,生硬唐突话不讲,讥笑挖苦话不讲,粗鲁侮辱话不讲,欺瞒哄骗话不讲,不耐烦催促人的话不讲。

## 礼仪·学堂

**商场销售服务礼貌用语**

招呼致意语：您好，您来了，欢迎光临，欢迎参观。

礼貌称呼语：女士、先生、同志、师傅、老伯伯、老婆婆、小朋友、小妹妹等。

接待用语：您想买什么；请到这边来看看；您看这个好吗；好，马上替您拿；请稍等一下，马上就来；让您久等了，很抱歉；这种商品暂时缺货，请您留下联系方式；请按先后次序购货；请不要着急，马上就能买到。

谦让用语：请放心，没关系；请不要客气，这是我们应该做的；没有满足您的要求，请原谅；您的意见对我们很有帮助；谢谢，非常感谢。

叮咛用语：请您将找零放好；请将您买的商品查看一下；请拿好；路上小心；这是易碎商品，请小心碰撞。

道别用语：走好，欢迎您再来！

### 4. 举止得当

商场工作人员的行为举止规范，可从站、行、拿、递四个方面来体现。

（1）站。工作时间内，营业员应站立服务，要求身姿端正，精神饱满，面带微笑。要做到"三人一线站，二人两边站，一人中间站"。忌坐着、倚靠在货架上、双手托腮、趴在柜台上。

（2）行。若顾客对商品有兴趣，应步履轻快稳重地主动上去接待、答话。店内行走不得横冲直撞，不可双腿不停地抖动，或劈叉、交叉、歪歪斜斜。陪同应做到以客在先，在过道与客人相遇时应侧身让客人先行。引领客人时，行至客人的左侧前方。

（3）拿。在顾客选购商品时，应主动展示商品并客观介绍。为顾客取货时，应轻拿轻放，百拿不厌，百问不烦。

（4）递。对需要包扎的商品，应按包装的规则捆紧扎牢，双手递到顾客手中；需要试验、试用的商品，要允许并帮助顾客当场试验、试用，直到顾客满意。收款时，应唱收唱付，将找的零钱递到顾客手上，不可强求顾客付零钱，更不可因顾客没有零钱而拒绝交易。如顾客用的是银行卡，结算后应把账单和银行卡一并递给顾客。

## 礼仪·练习

去本地某大型商场，体验一下工作人员的销售礼仪是否符合规范。

### (二) 柜台销售礼仪

商场的柜台,是营业员的工作岗位,做好柜台服务,是营业员日常工作的主要内容,它体现出商场售货管理和服务质量的水准。

**1. 准备工作**

(1) 打扫卫生。搞好柜台内外的环境卫生,检查自身的仪容仪表、服饰、仪态,为顾客创造一个满意的购物空间,留下良好的第一印象。

(2) 检查用具。检查售货时的各种用具,如尺、秤、剪刀、包装用纸、袋、绳以及复写纸等,如有刷卡机,要检查一下它能否正常工作。

(3) 填写价牌。检查、填写或更换价格牌签,明码标价,这样可在营业时减少差错。

(4) 摆齐商品。对已售缺的商品,及时提货、拆包、分装、陈列,做到错落有致、层次分明、相互衬托、整齐美观。

**2. 迎接顾客**

迎接顾客,是商场营业员为顾客服务的第一步,也是促成销售的重要环节。

(1) 迎宾。设队迎宾,通常由商场领导带领部分工作人员,列队站立商场门口的一侧,迎接首批顾客。礼仪人员迎宾时,都应着装整齐、站姿规范、自然大方、诚恳热情。

(2) 待客。营业员要在柜台内端庄站立,面带微笑,用目光欢迎顾客的到来。避免出现门口热忱迎宾,柜台内无动于衷的情形。

(3) 迎客。当有顾客走近柜台前停留时,应主动迎客,问候"您好!"或说"我能为您做点什么吗?"等礼貌用语,拉近与顾客的心理距离。

迎接顾客是一项常规的长期工作,要持之以恒,不能虎头蛇尾。

**3. 服务顾客**

广义上讲,顾客进入商场就意味着服务开始,但具体服务是从顾客挑选商品时开始的,营业员应礼貌、热情、周到、耐心地接待每一位顾客,优质完成商品的销售工作。

(1) 接待有序。顾客来到柜台前有先有后,营业员应按先后顺序依次接待服务。在营业高峰时,更应做到"接一、顾二、看三",即手上接待第一位顾客,眼睛照顾第二位顾客,嘴里招呼第三位顾客,对其他顾客则微微点头示意。每当接待下一位顾客时,应礼貌地致歉:"对不起,让您久等了。"

(2) 介绍商品:

① 诚实客观。向顾客介绍、宣传商品,要实事求是,目的是让顾客了解商品,促其购买。如果介绍的情况不真实,误导顾客,从长远看既失礼,又失败。对暂缺

商品应首先表示歉意,然后主动介绍同类商品或请顾客留下联系方式,待有货时通知顾客。绝不允许简单生硬地说"已经卖完了""没有了"等。

②有问必答。无论顾客询问的商品是不是你推介的,都必须礼貌作答,不能因为顾客对你介绍的商品不感兴趣,便对他的提问充耳不闻、不予理睬,也不能因为你已介绍得很详细,顾客还在不断提问,就不耐烦。有问必答,是优质服务的内容之一。

(3)百拿不厌。顾客购物总爱挑选,这是人之常情。营业员给顾客拿递商品时,动作要轻快,不能扔摔,以免引起误会。顾客反复挑拣,反映买意坚定。所以,营业员不能嫌烦,应说:"没关系,如不满意我再给您拿一件供您比较。"以示服务耐心、诚恳。

(4)为客参谋。商场营业员对经营的商品的特点、性能及市场行情、走势等知识,都要比顾客多懂得一些,应尽己所能,主动为顾客当好参谋。一要以顾客自己的爱好为前提,不能勉为其难,更不要强加于人;二要恰到好处,点到为止;三要帮助导购,从顾客的角度去引导消费。

(5)计价收款。营业员计价收款要坚持唱收唱付,避免现金交接差错。如是收银台统一收款,售货员应先开好小票,报明价款,由顾客前去交钱,再凭交款收讫后的提货联到柜台提货。提货时,营业员还应认真、准确、规范地开好商场售货发票,如是"三包"商品,再代客填写保修卡和保险单,连同商品一并交给顾客。这一切应有条不紊、从容不迫地进行,这对提高工作效率是至关重要的。

顾客来到柜台前有先有后,营业员应按先后次序服务顾客。给顾客找零钱时,要本着"困难留给自己,方便让给顾客"的原则去处理、设法解决,切不可说句"找不开",就把难题推向顾客,不闻不问了。

收款时偶尔发现假币,可向顾客提出,并讲清道理,按国家有关规定和手续处理,不要斥责、难为顾客,以免引起争吵。

(6)包扎商品。售货完毕,营业员应按照不同的商品,采用不同的包扎方法为顾客包扎好商品。

对购买数量少的小商品需要包装的,可用小塑料袋,对购货数较多过于零碎的,可用商场较大的包装专用袋包装。

对于玻璃器皿等易碎商品,必要时须用大小合适的包装盒或箱加以捆扎。捆扎动作要熟练,形式要美观,确保扎牢后再递给顾客,并提示小心提拿。

要认清买主,避免张冠李戴,造成损失。

> **礼仪·学堂**
>
> **让客户感动的四种服务**
>
> 1. 主动帮助客户拓展他的事业：没有人乐意被推销，同时也没有人拒绝别人帮助他拓展他的事业。
>
> 2. 诚恳关心客户及其家人：没有人乐意被推销，同时也很少有人拒绝别人关心他及他的家人。
>
> 3. 做与产品无关的服务：如果你的服务与你的产品相关联，客户会认为那是应该的，如果你的服务与你的产品无关，那客户会认为你是真的关心他，比较容易让他感动，而感动客户是最有效的留住客户的方式。
>
> 4. 告别客户：客户购货完毕，营业员要点头目送并礼貌道别："欢迎您再次光临。"这句用语也适用于结束一天工作，临近下班时间的告别服务。只要是在下班铃响之前进入商场的客户，都应耐心接待，直到送走最后一位客户才能开始清理款、货，搞好收尾事务，切不可提前关灯、挂帘、理货、对账以及催撵客户。

## 第二节 服务礼仪

### 一、银行服务礼仪

**礼仪·案例**  **大额取款未预约**

一个周六的上午，吴先生来到银行准备办理一笔10万元的定期到期取款业务。

吴先生："我的存单到期了，给我清户吧！"

柜员："今天是星期六，没有那么多钱，办不了。"

吴先生："你们正常营业为什么办不了？"

柜员："今天周六，你又没有预约，没法给你取。"

吴先生生气地说："没钱你们开门干什么？"随即进行了投诉。

请分析案例中银行柜员服务的不足之处。

银行之于社会各界，主要提供的是各项金融业务类的服务。银行的服务宗旨，应当是竭诚服务、信誉至上、顾客第一。凡此种种，均应在银行服务礼仪中得到充分而具体的体现。

银行服务礼仪主要是指银行的全体从业人员在工作岗位上、在待人接物方面所应当遵守的服务规范,并以一定必要的程序来律己敬人的过程。具体来讲,它又可分为银行的服务设施规范与银行从业人员的服务行为规范两项基本内容。

### (一) 银行的服务设施规范

银行的服务设施,一般是指在银行的各个服务网点上,根据常规所应当设置以备顾客使用的各种设备和用具。

**1. 营业网点环境**

营业网点环境包括大堂内外卫生、设施配置、物品摆放、和谐氛围等方面。银行营业网点应为客户营造一个整洁、舒适、美观、明亮、安全、文明的营业环境。

(1) 内外卫生。网点外部环境是客户进入网点之前最直观的第一印象,每天在网点开门营业之前,一般都会有客户已经在大门外等候办理业务。此时,大门外台阶上下卫生、地面卫生、ATM机的隔板卫生、玻璃橱窗卫生、大门上部及大门两侧机构名称牌和营业时间牌的卫生等,均应当保持清洁,不能有任何灰尘和污垢。

(2) 设施配置。应根据网点面积的大小,设立"一米线"、客户等候休息处、沙发、茶几等设施,有条件的还应配备供客户使用的饮水机和设立老、弱、残、孕妇等专候区。雨天应设置"雨天小心地滑"的温馨提示牌,备有雨伞、伞套、伞架供客户使用;门口地面可增加吸水性能较强的脚垫、擦鞋器等以保持大堂地面的干净整洁。营业场地有二层以上楼层又没有电梯的网点,应在上楼梯的位置设立"小心楼梯"或"注意台阶"等温馨提示牌。设置专用扶手或无障碍通道,以供行动不便的人使用,使服务更加细致、更加人性化。

(3) 物品摆放。营业网点柜员工作台面上物品摆放一定要整齐规范,员工私人物品不可以放在客户的视线内(如书报、水杯、手机等物品),座椅背上不能搭放任何衣服。工作台上的各种电源线应理顺后捆绑成型,不能散乱一团。客户填单台的笔,应及时归放进笔筒里,不应出现客户走后许久,填单台上的笔和笔帽还是分开并很随意地散落在台面上的情况。

应在大堂内醒目的地方悬挂金融业务许可证、营业执照、日历牌、业务种类指示牌、利率牌、电视机、客户监督意见簿、产品信息专栏、宣传资料架等物品。其他便民设施:急救箱、填单台、常用凭证正确填写样板、服务监督电话号码牌等,应摆放整齐有序。不能随意将纸张直接粘贴在墙上或台面上,应严格按照要求统一尺寸装裱于框内,然后规范地悬挂在玻璃橱窗或墙壁上,以保持清爽、整洁的良好环境。

(4) 氛围和谐。网点内应配置绿色植物盆景作装点,给网点增加朝气,使环境更显温馨、祥和、生机勃勃,给客户营造温馨的氛围。

## 2. VIP 理财室

VIP 理财客户作为银行有价值的高端潜在客户,有必要在理财经理对其进行高质量服务的同时,创造一个属于客户空间的"人和"环境,即 VIP 理财室,方便沟通和交流。

(1) 灯光柔和。VIP 理财室灯光宜选择较为柔和一些的黄色光,但不宜太暗。饰品柜上设置局部射灯,使室内显得温馨、舒适。

(2) 资料齐全。供客户阅读的报纸、杂志、产品宣传单页等应用专门的阅读架,放置整齐并及时更换,不能出现卷角。

(3) 用品整洁。用品使用前放置整齐,用后及时清洗整理。茶叶、水杯宜放在斗柜里,不宜放在茶几上。烟灰缸内不能有烟头,送别客户后应及时清理。

(4) 饰品温馨。VIP 室除装点绿色植物、设置柔和灯光外,还应适当摆放一些工艺品。墙壁上除悬挂银行宣传画框外,宜适当悬挂一至两幅艺术画,可为室内增添温馨氛围。

## 3. 财富管理中心、高端客户室

财富管理中心的服务是多元化和综合性的。高端服务环境应成为高回报率的起点,每一个服务细节应为留住老客户、吸引新客户的感情纽带,以迎来更多忠诚的高端客户。

(1) 整体环境。财富管理中心的整体环境设计应以暖色调为主,目的是为高端客户创造尊贵、舒适、惬意、私密的服务环境。根据业务需要可设置接待区、等候区、洽谈区、业务交易区、贵宾室、多功能区和内部办公区等区域。

(2) 饰品适宜。中心内所摆设的工艺品、壁画应能凸显其品位和尊贵(并不一定摆真品,但也要质地精良、品质上乘为宜)。沙发、座椅、茶几及提供饮品用的托盘都应与环境相符。

(3) 特色服务。提供给客户使用的水杯、饮品、茶点等应根据客户的性别、职业、嗜好来选择为宜。如针对女客户宜选择养颜花茶或新鲜的果汁,以款式时尚、女性喜爱的器皿装盛效果为佳;如针对外籍高端客户,可提供现磨咖啡或红茶,而广东籍的客户则喜爱喝功夫茶。洗手间应设置干手机或提供擦手纸并设置绿化、壁画、精油灯等。使客户真正体验到"在细微之处见真情、在细微之处显尊贵"。

## (二) 银行职员的服务行为规范

银行职员的服务行为,通常指的是银行全体从业人员在自己的工作岗位上的工作表现。

### 1. 注重仪容仪表

银行是一个窗口行业,所有的工作人员都要对自己的仪容仪表按照有关的岗位规范,从严加以要求。要将这些方面的具体细节问题提升到个人与银行的整体形象的高度来认真地加以对待,要将它们与自己爱岗敬业的工作态度联系在一起予以关注。

(1) 化妆。在职业活动中,适当化妆不仅是职业工作的需要,同时也是对他人尊重的一种表现。银行从业人员应该淡妆上岗,以塑造银行职业的美好形象,展示银行从业人员的整体素质和美感。

(2) 发型。美观的发型给人一种整洁、庄重、文雅的感觉。银行男性职员要经常检查自己的头发是否整洁或过长,女性职员也要经常检查自己的头发是否整洁,不能有头皮屑,适当用啫喱水定型,保持湿润和光泽度。不可以漂染和焗异色头发。刘海不能遮眉,侧发不能掩耳,应该整齐梳于脑后。

(3) 服装。美观大方的服饰能给人增添仪表魅力,而衣着得体更可以给人有品位、有修养的印象。银行工作人员上班前要检查自己的工装是否整洁,工牌是否佩戴等。女性职员上班时,如果着裙装,一定要穿长筒肉色丝袜,忌穿短袜,更不要穿半截袜、网纹袜、破洞袜、吊带袜;忌穿凉鞋或拖鞋;手上的饰品不要过于繁复,也不要过于粗俗。

**小贴士 穿银行制服注意事项**

整洁规范。银行制服应保持洁净、清爽、挺括,衣裤不起皱,应经常熨烫,领带、领花、丝巾清洗后一定要熨烫整齐。不应出现油渍、污垢、异味,特别是衣领、袖口尤其要保持干净。

上班时银行制服应穿戴整齐,下班后应脱下挂在衣架上,并较好地保护。而不应该下班后也穿,甚至穿着制服逛商场、买菜、干家务、拖地板,使制服真的成了名副其实的"工作服"。不能很随意地把领带、领花或丝巾握成一团装在裤子的口袋里,上班佩戴时会皱皱巴巴,显得很不整洁、不规范。

注意细节。男员工佩戴的领带、女员工穿有领衬衫所佩戴的领花或丝巾,都应与衬衫衣领口吻合、紧凑而不系歪;工牌、行徽要全部佩戴整齐,固定牢固,不能松垮、歪斜、左右晃动。佩戴工牌的位置应在左胸上侧,男员工佩戴在左胸口袋上侧中间的位置,与口袋上侧边沿保持0.2至0.5厘米距离,而不宜直接佩戴在口袋上;女员工应佩戴在左胸上侧3至4厘米处为宜,而不应佩戴在左胸的至高点上。

各银行服装订制的形式不同,无论是量身订做还是依据大、中、小码尺寸批量生产,都应选择自己合适的尺寸,要注意四围、四长:四围,即领围以插入一手指大小为宜,胸围、腰围、臀围以松紧适度为宜;四长即袖长、衣长、裤长、裙长。袖长:在手的虎口关节处,穿西装款的制服以衬衣袖长抬手时比西装袖长出1.5至2厘米左右为宜;衣长:约盖过臀部的4/5为宜;裤长:以盖过鞋跟的2/3为宜;裙长:约在膝盖上下10厘米为宜。

### 2. 讲究服务态度

（1）服务热忱。接待客户之时，全体银行从业人员一定要文明礼貌，热忱而主动地为客户服务。与客户打交道时，要严格地执行本单位明文规定的文明礼貌用语与规范化行语，不得使用服务忌语。对于客户提出来的各种疑问，要认真聆听，耐心解释，做到有问必答。

（2）客户至上。在工作之中，银行的全体从业人员必须在思想上牢固地树立起"服务第一""客户至上"的思想，并且将其认真地贯穿于自己的业务实践之中，处处急客户所急、想客户所想，勤勤恳恳、踏踏实实地为客户服务。

接递客户手中的现金、单据、卡证时，应使用右手或双手，不允许抛掷，或不用手接递。有必要确认客户存款或取款的具体数额时，不宜高声喊喝，搞得"满城皆知"，而令客户"战战兢兢"。当客户前来办理某些较为琐碎而毫无利润可言的业务时，如大钞兑换小钞、兑换残钞、零币等，要有求必应，切不可推辞。当客户所取现金数额巨大时，为确保其安全，应安排专人对其加以护送。

（3）任劳任怨。在工作之中，有时难免会与客户产生某些矛盾纠葛。在此种情况下，对客户的尊重、对工作的负责，都要一如既往。对于矛盾，要力求妥善解决，得理之时，必须让人一步；失礼之时，必须主动致歉。受到客户的表扬要谦虚，受到客户的批评要虚心，受到委屈要容忍。在任何情况下，都要自觉做到与客户不争不吵，始终笑脸相对，保持个人风度。对待批评，有则改之，无则加勉，并认真总结工作中的经验教训，不断完善本单位的各项制度、措施。

不论出现何种状况，都不允许议论、讽刺、刁难客户，尤其不允许辱骂客户，或者与客户争吵，甚至动手打架。

### 3. 提高服务质量

提高服务质量，主要表现为银行的全体从业人员要在做好本职工作的基础上，对自己提出更高的标准、更严格的要求，从而使自己为客户所提供的各项服务在质量方面"更上一层楼"。

（1）遵守时间，提前到岗。遵守时间是礼仪中最重要的一点，我们每个人都要有时间观念，这不仅是对别人的尊重，也是良好个人素质的体现。银行的全体从业人员，在每个工作日里，均必须在上班时间之前到岗，并按照本单位有关员工个人形象规范的具体要求，做好营业前的各项准备工作。营业时间一到，必须准点开门营业，分秒不差。以规范的站姿、热情的笑容，站立迎接一天的第一批客户。

（2）规范操作，准确认真。银行的全体从业人员必须严守各项有关的规章制度，使自己的业务操作既规范标准又迅速及时。

为客户提供服务时，要做到先外后内、先急后缓。要认真做到：现金收款业务，要先收款后记账；现金付出业务，要先记账后付款；转账业务，则要收妥作数。

在办理具体业务时,应当力争核算准确,快收快付。各基层机构的营业人员在办理业务时,必须做到收付核算准确、办理业务迅速、向客户交点清楚。要争取速度快、质量好、无差错,努力减短客户等候的时间。

办理业务之时,必须按规定使用统一印制、内容标准的凭证,联次要齐全,字迹要清晰工整,印章要有效、齐全、清晰,并且一定要在规定之处加盖整齐。

(3) 业务公开,社会监督。为了方便客户,更好地服务于社会,银行所经办的各项新老业务应当一律向社会公开,并且提倡主动接受社会监督,以促进本单位更好地开展工作。可能时,还应努力营造内外结合、纵横制约的社会服务监督网。

(4) 执行政策,遵守法纪。全体银行从业人员在工作岗位上处理业务之时,均须时时刻刻自觉地、忠实地、始终不懈地严格贯彻执行党和国家有关的金融法规、政策和方针。违反政策的话坚决不说,违反规定的业务坚决不办。不仅如此,还要努力做好相互监督与制约。要敢于同一切违反党纪、国法和金融政策的行为进行坚决的斗争。

(5) 行为检点,自警自励。银行的全体从业人员,在工作岗位之上皆应立足本职,顾全大局,自重自省,率先垂范。在个人的举止行为方面,特别应当多加检点。

在上岗之前,一律不准饮酒。在工作岗位之上,不准吸烟。在本单位之内,不允许接打私人电话、读书看报,或是忙于其他类型的个人私事。

不准以任何借口擅离职守、串柜聊天,或是大声谈笑。在工作期间,与同事或者客户打、逗、闹、玩,也是应予禁止的。总之,一切与业务无关的事情,一切与本职工作相抵触的事情,都是不可以做的。

> **小贴士**
>
> 1. 银行工作人员三避免:心态不稳、忽视顾客、业务不熟。
> 2. 营业网点印象组成部分:网点环境、人员整体形象、人员服务。
> 3. "100－1＝0"定律:100个顾客中有99个顾客对企业服务满意,但只要有1个顾客对企业服务持否定态度,企业的美誉就立即归零。

## 二、旅游行业礼仪

旅游行业是一个具有行业特殊要求的从业领域,该行业的人才需求不仅涉及文理各学科,而且注重品行与操守,要有良好的职业道德和个人形象,文化底蕴好,懂礼仪,有礼貌,爱岗敬业,亲和力强,专业技能熟练,有实践经验。不仅要知识面广,还要精通外语,肯吃苦、肯钻研。踏实勤奋、待人有理、善于沟通、知识丰富、精通外语已成旅游从业者的必备条件。

商 务 礼 仪

**礼仪·案例**　　**结账退房以后……**

一位住客当天中午乘火车回乡,提早在某酒店总服务台办好结账退房手续,他认为虽然结了账,但在中午十二时以前客房的住用权仍是属于他的,因此把整理好的箱物行李放在客房内,没有向楼层服务员打招呼,就出去逛街买东西了。

过了一个多小时,那位客人回到酒店准备取行李离店,谁知进入原住客房一看,已经有新住客在房间内喝茶,而他的行李已不知去向。当找到楼层服务员以后才知道他的行李已送到总台去了,楼层服务员反而责怪他为什么在结账后不和楼层服务处联系。

客人听了以后很生气,"回敬"了几句便到总服务台提意见,谁知总台人员不记得他已结账,还不肯马上把行李交还给他。经过与楼层服务员联系等反复折腾,客人离店时已经快中午了。客人临行时说:"如果下次再来这个城市,我发誓不住你们这里!"

请分析此案例中酒店服务员的失当之处。

## (一)酒店服务礼仪

### 1. 前厅服务礼仪

前厅位于宾馆的门厅处,是宾馆开展接待宾客,安排客房,提供咨询、信函、电讯联络服务,收款结账等多项服务的部门,也是宾馆任务最繁忙、工作时间最长的部门。可以说,"前厅是酒店的神经中枢",所以,前厅服务人员的礼仪修养如何,直接影响宾馆的业务和宾馆的形象,应当引起员工的高度重视。

(1)迎宾员。迎宾是宾馆服务的第一个环节,是宾馆的"脸面",代表着宾馆全体员工的精神面貌,其主要工作是迎送宾客。

① 上岗前,做好仪容仪表的自我检查,做到服饰挺括、华丽,仪容端庄大方。面带微笑,站姿端正,精神饱满,全神贯注,随时恭候客人的光临。

② 客人抵达。宾客乘车抵达时,应立即主动迎上,引导车辆停妥,趋前迎接客人下车。开门时一般是先开启右车门,用右手拉开车门呈70°角,接着用左手边挡住车门的上方,为客人护顶,并提醒客人不要碰头(对信仰佛教、伊斯兰教的人士除外)。开门时一般是优先为女宾、外宾、老年人开门,然后才是其他客人。

对常住客人应称呼其姓氏,以表达对客人的礼貌和重视。当宾客较集中到达时,要尽可能让每一位宾客都能看到热情的笑容和听到亲切的问候声。宾客下车后,要注意车座上是否有遗落的物品,如发现,要及时提醒宾客或帮助取出。

③ 客人离店。客人离店时,要把车子引导到客人容易上车的位置,并为客人拉车门请客人上车。客人坐好后,再轻关车门,微笑道别:"谢谢光临,欢迎下次再

来,再见!"并挥手致意,目送离去。

④ 特殊情况的处理。对老人、儿童、残疾客人,应先问候,征得同意后予以必要的扶助,以示关心照顾;如果客人不愿接受特殊关照,则不必勉强。如遇下雨天,要撑伞迎接,以防宾客被淋湿;若宾客带伞,应为宾客提供保管服务,将雨伞放在专设的伞架上。尽量当着客人的面主动引导或打电话为其联系出租车;如遇出租车司机"宰客",应维护宾客利益,机智处理。

(2) 行李员。行李员主要负责客人的行李接送工作,应着装整洁,仪容端庄,礼貌值岗。

① 客人抵达。客人抵达时,应热情相迎,微笑问候,帮助提携行李。当客人坚持亲自提携物品时,应尊重客人意愿,不可强行接过来;帮助客人卸下行李后,查看车内是否还有遗留物,并请宾客一起清点行李件数,检查行李有无破损。切忌随意乱丢、叠放或重压行李。

使用推车装运行李时,要轻拿轻放,摆放有序,并得到客人的确认,应保证随身行李不离开客人的视线范围。

② 陪同客人。到总服务台办理住宿手续时,应侍立在客人身后一米处等候,以便随时接受宾客的吩咐。引领客人时,要走在客人左前方二三步处,随着客人的步子行进。遇拐弯处,要微笑向客人示意。可在引领过程中向客人简要介绍饭店服务概况。乘电梯时,行李员应主动为客人按电梯按钮,以手挡住电梯门框敬请客人进入电梯。在电梯内,行李员及行李的放置都应该靠边侧,以免妨碍客人通行。到达楼层时,应礼让客人先步出电梯。如果有大件行李挡住出路,则先运出行李,然后用手挡住电梯门,再请客人出电梯。

引领客人进房时,先按门铃或敲门,停顿三秒钟后再开门。开门时,先打开过道灯,扫视一下房间无问题后,再请客人进房。进入客房,将行李物品按规程轻放在行李架上或按客人的吩咐将行李放好。箱子的正面要朝上,把手朝外,便于客人取用。与客人核对行李,确无差错后,可简单介绍房内设施和使用方法。询问客人是否有其他要求,如客人无要求,应礼貌告别并及时离开客房。

离房前应向客人微笑礼貌告别:"先生(小姐、夫人),请好好休息,再见!"面对客人,后退一步,再转身退出房间,将门轻轻拉上。

③ 宾客离店。宾客离开饭店时,行李员进入客房前必须按门铃或敲门通报,得到客人允许后方可进入房间。然后,应询问宾客行李物品件数并认真清点,及时稳妥地运送并安放到车上。

客人要求寄存行李时,应主动迎接客人,清点行李件数,请客人填写"寄存行李单",并检查客人签名、寄存件数、期限、存单号码,然后将客人行李整齐地放入库房行李架上,安全保管。

客人离店需要行李服务时,行李员进房前不管门是关着还是开着,都要按门铃或者敲门通报,在问清客人的行李件数后,应小心提携并负责安全地运送到车上,注意检查房内有无客人遗漏的物品等。

引领客人走出大厅,应请客人先行,并保持一定距离,和门厅迎宾员一起向客人热情告别:"欢迎再次光临""祝您旅途愉快",并将车门关好,挥手目送车辆离去。

(3) 总台接待。总台是整个宾馆的中枢,起着对内协调、对外联络的重要作用。客人从进入宾馆到离开宾馆的这段时间内,总少不了要同总台打交道,因此,总台服务人员的服务将会对宾客产生极深的影响,很大程度上决定着客人对宾馆的满意程度。

① 接待服务:

a. 要求站立服务,姿态端庄大方,着装整洁,客人离总台3米远时,应予以目光的注视。客人来到台前,应面带微笑热情问候,然后询问客人的需要,并主动为客人提供帮助。如客人需要住宿,应礼貌询问客人有无预订。

b. 接待高峰时段客人较多时,要按顺序依次办理,注意"接一顾二招呼三",即手里接待一个,嘴里招呼一个,通过眼神、表情等向第三个传递信息,使顾客感受到受尊重,不被冷落。

c. 验看、核对客人的证件与登记单时要注意礼貌,确认无误后,要迅速交还证件,并表示感谢。当知道客人的姓氏后,应尽早称呼姓氏,让客人感受到热情亲切和受尊重。

d. 给客人递送单据、证件时,应上身前倾,将单据、证件文字正面对着客人,双手递上;若客人签单,应把笔套打开,笔尖对着自己,右手递单,左手送笔。绝不能将客人的证件一声不吭地扔给客人或者扔在柜台上。

e. 请客人填写住宿登记单后,应尽可能地按客人要求安排好房间。把客房钥匙交给客人时,应双手递交给客人,并有礼貌地介绍房间情况,并祝客人住店愉快。

f. 如果客房已客满,要耐心解释,并请客人稍等,看是否有他人退房。此外,还可为客人推荐其他酒店,主动打电话为其联系,以热忱的帮助吸引客人下次光临。

g. 重要客人进房后,要及时用电话询问客人:"这个房间您觉得满意吗?""您还有什么事情,请尽管吩咐,我们随时为您服务。"以体现对客人的尊重。

h. 客人对宾馆有意见到总台陈述时,要微笑接待,以真诚的态度表示欢迎,在客人说话时应凝神倾听,绝不能与客人争辩或反驳,要致以真挚的歉意,并妥善处理。

i. 及时做好客史档案的建立和管理工作,以便在下次接待时能有针对性地提供服务。

> **礼仪·学堂**
>
> **客史档案的内容**
>
> 1. 常规档案:客人姓名、性别、年龄、出生年月、婚姻状况以及通信地址、电话号码、公司名称、职务等。收集这些资料有利于了解酒店目标市场基本情况。
> 2. 预订档案:包括客人的订房方式、订房数量、订房时间、订房类型等。
> 3. 消费档案:包括客人入住房间价格、餐费、所购商品、喜欢的房间和娱乐方式,从而了解客人的消费水平、消费喜好。

② 预订服务:

a. 客人到柜台预订时,要热情接待,主动询问需求及细节,并及时予以答复。若有客人要求的房间,要主动介绍设施、价格,并帮助客人填写订房单;若没有客人要求的房间,应表示歉意,并推荐其他房间;若因客满无法接受预订,应表示歉意,并热心为客人介绍其他酒店。

b. 客人电话预订时,要及时礼貌接听,主动询问客人需求,帮助落实订房。订房的内容必须认真记录,并向客人复述一遍,以免出现差错。因各种原因无法接受预订时,应表示歉意,并热心为客人介绍其他酒店。

c. 受理预订时应做到报价准确、记录清楚、手续完善、处理快速、信息资料准确。

d. 接受预订后应信守订房承诺,切实做好客人来店前的核对工作和接待安排,以免出现差错。

③ 问讯服务:

a. 客人前来问讯,应着装整齐,仪态大方,精神集中,站立服务,面带微笑,注视客人,主动迎接问好。

b. 认真倾听客人问讯的内容,耐心回答问题,做到百问不厌、有问必答、用词恰当、简明扼要。

c. 服务中不能推托、怠慢、不理睬客人或简单地回答"不行""不知道",应为客人提供"无NO服务"。遇到自己不清楚的问题,应请客人稍候,请教有关部门或人员后再回答,忌用"也许""大概""可能"等不确定的语言应付客人。

d. 对带有敏感性的政治问题或超出业务范围而不便回答的问题,应表示歉意。

e. 客人较多时,要做到忙而不乱、井然有序,应先问先答、急问快答,使不同的客人都能得到适当的接待和满意的答复。

f. 接受客人的留言时,要记录好留言内容或请客人填写留言条,认真负责,按时按要求将留言转交给接收人。

g. 在听电话时,看到有客人来临,要点头示意,手捂听筒,请客人稍候,并尽快结束通话,以免让客人久等。放下听筒后,应向客人表示歉意。

h. 服务中要多使用"您好""请""谢谢""对不起""再见"等文明用语。

④ 结账服务:

a. 客人来总台付款结账时,应微笑问候。为客人提供高效、快捷而准确的服务。切忌漫不经心,造成让客人久等的难堪局面。

b. 确认客人的姓名和房号,当场核对住、离店日期和收款项目,以免客人有被酒店多收费的猜疑。

c. 递送账单给客人时,应将账单文字正对着客人;若客人签单,应把笔套打开,笔尖对着自己,右手递单,左手送笔。

d. 当客人提出酒店无法满足的要求时,不要生硬拒绝,应委婉予以解释。

e. 如结账客人较多时,要礼貌示意客人排队等候,依次进行。以避免因客人一拥而上,造成收银处混乱,从而引起结算差错并造成不良影响。

f. 结账完毕,要向客人礼貌致谢,并欢迎客人再次光临。

⑤ 其他服务:

a. 如果有客人的邮件,特别是快件,应立即想办法送交客人,不得无故拖延。如果确定客人外出不在,应把邮件妥善放置,等客人回来时及时送交。收发邮件,一定要迅速、准确。

b. 在承揽了为客人代购各种机票、船票、车票等的业务时,应尽力按客人的需求去办。

c. 在为客人代办事项时,应问清代办事项的品名、数量、规格尺寸、颜色、形状及时间要求,并根据规定向客人预收款项并签字确认。

(4) 总机服务。电话总机是为客人提供电话服务的前台部门。宾馆电话服务员是不见面的服务人员,但客人每天都在享受着他们的服务,直到离店。"只闻其声,不识其人",尽管如此,话务员也不能忽视礼仪问题。话务员正是通过自己的柔美音调、礼貌措辞和亲切话语,为宾客提供及时、准确的通信信息服务。

① 用语文明,说话礼貌。接听电话时电话铃声一般不应超过三声,应主动用中英文先报出自己的宾馆全称,然后倾听来电内容,再分别处理。如"这里是××宾馆。您好,有什么吩咐?请讲!"不论对方来电时是什么态度,话务员都应始终做到用语文明、态度诚恳,绝不可顶撞,或与通话者发生争执。

话务员应使用标准的普通话,一接来电,敬语当先,且语调亲切、音色柔美、发音准确、语速适中。

对有急事要通话的客人要灵活掌握,不能仍然不动声色,给人一种心不在焉、故意拖延的感觉。否则,极易引起通话人的反感和愤怒。

② 接转电话,准确无误。话务员接转电话时要做到精力集中,使用"5W1H"法记录准确。接转中不得监听通话内容,如因操作原因偶尔听见,要遵守制度,不得外传,更不能以此去和客人开玩笑。

宾客托挂的长途电话,在其通话后,应准确记录通话的房间号、姓名和通话时间,记录留存,做到不漏不错。如宾客在中途调换房间,应及时更改转记,以便继续为之接转电话和离店收费。

对电话查询,在不影响正常接转电话的情况下,应尽力相助,如因工作繁忙,可先请来电者稍候再查。

③ 代客留言,主动及时。如果来电找已住宿的宾客通话,而客人此时又不在宾馆内,无论是市话还是长途,话务员都可以主动请来电一方留下姓名、地址和回电号码,以便给予转告。待宾客归来,话务员要及时转告,促其回电。

如果来电一方要求直接留言,话务员应详细做好记录,并与对方复述核对后挂断电话,然后及时转告给住店宾客。

④ 叫醒服务,认真负责。在接受宾客叫醒服务请求后,话务员要立即做好记录,准确核对房间号码和叫醒的确切时间,并复述一遍,将时间和房间号录入计算机,并登记在"客人叫醒时间表"上,便于交接班的同事查阅。如果是人工电话叫醒,要有礼貌地用普通话和英语重复:"早上好,现在的时间是早上×点钟。"如果没人接听,则应间隔3分钟再打一次,3次仍没人接,应通知值班服务员去敲门或者按门铃叫醒,以免误了宾客的安排。

对晚醒的客人,要告诉他:"先生(或小姐),按叫醒时间,你已经晚起了×分钟。"将客人晚起时间记入档案,以备万一日后客人投诉时,可作为凭据解释。

(5) 大堂副理。大堂副理是代表总经理全权处理客人投诉、保障客人生命及财产安全等事项的管理人员,其工作是酒店建立良好宾客关系的重要环节,因此要做到:

① 热情。接待客人要积极热忱,精力集中,以谦和、富有同情心的态度认真倾听,让客人把话讲完。能够设身处地为客人考虑,以积极负责的态度处理客人的问题和投诉。在不违反规章制度的前提下,尽可能满足客人的要求。

② 细心。对于客人投诉所反映的问题,要详细询问,并当面记录,以示郑重。

③ 耐心。对客人的任何意见和投诉,均应给予明确、合理的交代,力争在客人离开酒店前解决,并向客人表示感谢。当客人发脾气时,要保持冷静,待客人平静后再婉言解释与道歉,要宽容、忍耐,绝对不能与客人发生争执。

④ 冷静。大堂副理作为饭店的重要窗口,如果遇到紧急事件,要沉着、冷静、

果断,及时向有关方面通报信息,尽快求得指示和协助,在礼貌服务中体现优质、高效。

**2. 客房服务礼仪**

客房是宾馆的主体部分,是宾客的主要休息场所,是宾客临时的"家",是宾客在宾馆逗留时间最长、与服务人员接触最频繁的场所。客房服务是从来宾抵达时起,直至离去的整个过程中,宾馆对客人所付出的劳务。客房服务人员的态度、礼貌、礼仪关系到宾馆的形象和服务质量,是服务的关键。

(1)准备工作:

① 了解客情。客房服务人员应提前进入工作状态,讲究仪容仪表的修饰,按照规定着装,佩戴好工号牌,整齐自然,端庄大方。为了提高服务质量,周到、完善地为宾客服务,需要在客人到达前,根据前厅送来的"住宿通知单"首先了解宾客的各种情况,做到情况明了、职责清楚,以便提供有针对性的礼仪服务。如宾客到店和离店的时间;从何地来,去往何处,使用什么交通工具;宾客的人数、身份、地区或国籍、性别、年龄、健康状况、宗教信仰、风俗习惯、生活特点;对居住客房的特殊要求、接待规格、收费标准、收费办法等。

② 检查设备。要在客人到达前一个小时将房间整理好,并按照来宾生活特点和要求,对房间设备进行检查,还要根据接待的规格,核对房间的布置及供应物品,保障迎宾工作的顺畅进行。如电器、水管、门窗及安全设施是否完好;房间门锁是否开关自如;照明灯泡是否符合规定的度数;床铺及床上用品是否整洁干净;水杯、烟灰缸是否备齐等。

(2)迎宾服务。迎宾工作是来宾到达楼层时,客房服务员在迎接过程中应做的工作。这一工作,时间不长,影响却很大,能使来宾印象深刻。因此,需要工作人员热情、有礼、周到地服务。

① 梯口迎宾,引领进门。如客人由行李员引领来到楼层,服务员应在电梯口迎接,然后在客人左前方引领至房间门口,侧身站立,行李员用钥匙打开房门请客人先进。来宾如无行李员引领时,客房服务员则应一面对来宾表示欢迎,一面请来宾出示"房卡",问清房号,同时帮助客人提携行李。在前引领至房门口,打开房门后侧身站在一旁,让客人先进,随后进屋帮助来宾将行李搁在箱架上,再帮来宾挂好外衣、帽子。

② 端茶送巾、介绍情况。客人进房坐定,就给客人送去毛巾和迎宾茶,做到人到、茶到、香巾到,让客人产生亲切感。顺便热情、简单扼要地介绍房间设备的使用方法和宾馆设施服务情况,介绍情况不宜冗长繁琐。安排妥帖,即应告退,让客人及早休息。

③ 陪送用膳,介绍情况。初到的来宾,人地生疏,当他第一次去餐厅时,客房

## 第十章　行业礼仪

服务员应主动陪送,并可向餐厅人员做简单交代,如有可能要向来宾介绍餐厅饮食特点、伙食标准、收费办法等。

④ 接待团体来宾。团体来宾一般行李先到,服务员必须检查清楚,再按行李上标明的房号,逐一分送,倘若行李标记不清,则排列于安全地方,等待来宾到达时辨认,切勿自作主张放进房间。

当团体客人抵达楼层时,要热情招呼。主宾出示"房卡"后,要按号分别引领到房门口,请客人入房,同时还照顾到其余客人,不能使其感到受到冷遇,动作必须迅速,有条有理,忙而不乱。

(3) 日常服务:

① 整理房间。服务员整理房间须按接待规格和操作程序进行。整理前先把相应用品备齐,敲门或者按门铃后再进入。

> **小贴士**
> 
> 晚间整理房间,按照我国大部分地区的情况,冬季应晚上6点以后,夏季应晚上7点以后到客房整理,撤换茶具、水杯,补充茶叶,倒掉烟缸,清洁纸篓,拉好窗帘,调节好温度和空气,打开床头灯,摆放拖鞋,掀开被角呈45°角,为客人休息提供方便。
> 
> 了解客人是否有午睡的习惯,并且按照白天和晚间的不同需要,为客人准备好应用物品和床铺布置。
> 
> 打扫卫生的工具及客房换下来的物品,要及时拿走,不要长时间放在走廊过道,以免影响整洁。

整理房间应按操作程序进行,且要注意早、中、晚客人休息的规律特点,尽量不打扰客人的休息。上午整理应尽量利用客人外出的时间进行,下午和晚上整理则应利用客人去用餐时进行。

> **小贴士**
> 
> 清扫过程中不能看客房电视,电话铃响不能接听,不许打私人电话,客人物品不能动用翻看、不能放错位置,更不能自作主张将客人的物品处理掉。不慎损坏客人物品,应如实向主管反映,主动向客人道歉,按要求赔偿。

② 生活服务。来酒店住宿的宾客,必然会有许多生活琐事需要协助料理。这项服务不仅方便客人,而且也是提高酒店优质服务水平和增加经济收入的渠道,如提供客房用膳,为客人洗衣帽、擦皮鞋,帮助客人缝补等服务。

客人因各种原因,有时需要在客房中进餐,酒店就应提供服务,满足客人的需要。提供这项服务时要注意食品的保暖,送菜要迅速,所送食品不要遗漏,注意清洁卫生等。

访客来访问，不得擅自让访客直接进房，须征求客人意见后再安排，但态度上仍需热情，不可怠慢。

若客人患病更应关注客人的需要，端送饮食，帮助服药。应主动询问是否需要到医院就诊，并给予热情关照，切不可自行给客人用药或代客买药。若客人患突发性疾病，应立即报告大堂副理或者上司，联系医务室或者附近医院，不可拖延时间。

传染病人住过的房间，必须彻底消毒，防止交叉感染。

③ 代办事务。客房服务员有时需替客人购买药品、洗烫衣服等，诸事不得马虎办理。代办购买药品，不要轻率去采办，须经领导同意或与接待单位商定之后再办，以免客人误服药品；代办洗烫衣服，要按照有关规定去办理，要做到细心认真，善始善终。

(4) 离店服务。客人离店前后的工作，是服务全过程的最后一个环节，工作做得好，能加深来宾的良好印象，使其高兴而来，满意而归。这既是客人对客房形成最后印象的时刻，又是饭店争取回头客的重要时机。

① 离店之前。了解客人确切动身的日期、时间，飞机、火车的班次，离开酒店的时间，交通车辆接送安排情况；检查代办事项是否办妥；客账是否结清；早上是否有叫醒服务。以上情况客房服务员应与酒店有关部门联系落实，重要的客人还必须汇报给领导，以便组织欢送。

② 送别宾客。协助客人检查室内各处有无物品遗留，如有必要应提醒客人；问清客人的行李件数后，可请行李员搬运上车，并向客人交代清楚；客人离开楼层时，要热情送至电梯口，老弱病残者或者重要客人要送至前厅，并给予特别照顾；礼貌道别，欢迎再来。

③ 清理客房。客人离去后要清查房间的设备及用品有无损坏和丢失，及时报告领导。如发现有物品遗留，应迅速设法转送归还，若客人已离店，应速交总服务台设法转交，或请示领导处理。

客人离去后应及时进行全面清洁整理，按酒店的标准布置妥当，准备迎接新的客人。

---

**礼仪·学堂**

**客房服务礼仪趣味数字**

酒店客房的日常服务量较大，涉及面广，变化性多，综合性强，一些具有良好声誉的酒店在长期的客房服务工作中形成了一套较完整的礼节规范，如"六无""三轻""八字""五个服务""五声""十一个字"等。

1. "六无":即客房卫生要做到无虫害、无灰尘、无碎屑、无水迹、无锈蚀、无异味。

2. "三轻":要求客房服务员工作时,要说话轻、走路轻、操作轻。

3. "八字":要求客房服务员从宾客进店到离店,从始至终要做到迎、问、勤、洁、灵、静、听、送八个字,即:

迎:客人到达时要以礼当先,热情迎客。

问:见到客人要主动、热情问候。

勤:服务员在工作中要勤快、迅速、稳妥地为宾客提供快速敏捷、准确无误的服务,同时在工作中还要做到手勤、眼勤、嘴勤、腿勤,为宾客办事勤快,不图省事,不怕麻烦。

洁:房间要清洁,应勤整理,做到每日三次进房检查整理房间。坚持茶具消毒,保证宾客身体健康。

灵:办事要认真,机动灵活,眼观六路,耳听八方,应变能力强。

静:在工作中保持楼层安静。

听:在工作中要善于听取客人意见,不断改进工作,把服务工作做在客人提出之前。

送:客人离店时送行,表示祝愿,欢迎再次光临。

4. "五个服务":包括主动服务、站立服务、微笑服务、敬语服务、灵活服务。

5. "五声":宾客来店有欢迎声,宾客离店有告别声,宾客表扬有致谢声,工作不足有道歉声,宾客欠安有慰问声。

6. "十一个字":您、您好、请、谢谢、对不起、再见。

### 3. 餐厅服务礼仪

餐厅是宾客就餐的场所。餐厅不仅有精美的膳食,还应包括礼貌、周到的服务。餐厅服务礼仪是餐厅服务质量、服务态度的直接表现,主要由领台、值台、账台、厨台及传菜等服务礼仪构成。

(1) 仪表卫生。仪表清洁卫生,是酒店各个岗位的服务人员都应做到的基本要求,对餐厅服务员来说,要求则更严格。难以想象一个头发蓬乱、遍身污渍、面容枯槁的人端送来的饭菜能让宾客胃口大开。服务人员应坚持做到个人卫生情况良好,工作制服整洁,头发清洁,发型大方;女服务员应着淡妆,不可戴饰物;客人到来之前应整理仪容仪表,确认无任何不妥之后再上岗;工作时不嚼口香糖,不在食品服务区梳理头发、修剪指甲;不能面对食品咳嗽或打喷嚏,忍不住时,应用手帕掩住口鼻,面向一旁。不能在洗碗池里洗手。

(2) 礼貌待客。身着工作服在岗位上,一举一动都受到客人的注视和监督,都影响着酒店的名声。餐厅服务员的礼貌,可以从动作、言语、表情、态度诸方面来体现。工作时不饮酒,不吃生葱、生蒜等含刺激性气味的食品,不在宾客面前吃东西、吸烟;讲究"三轻":说话轻、走路轻、操作轻,保持餐厅的安静,动作要轻快稳当,不可拖沓轻浮;言语要得体准确,不可答非所问;表情要自然亲切,不可冷漠生硬;态度要和蔼可亲,不可麻木厌怠。忙时不要疯疯癫癫,闲时不能松松垮垮,更不要聚在一起"窃窃私语"。不得串岗、喧哗,不要高声应答,如距离较远,可招手示意。

(3) 全程服务:

① 迎客。迎接客人时,服务员横排对称站立餐厅门口的两侧热情问候;为客人引位时,应掌心向上,四指并拢,大拇指张开,前臂自然上抬伸直;指示方向要面带微笑,上体前倾,眼睛看着目标方向,引领客人到预订的桌位前,对没有订座的客人,应代为安排餐桌;客人落座后,进行斟茶、送上香巾等一系列服务。送茶时切忌手指接触杯口,动作要轻缓。

② 点菜。值台员要随时注意宾客要菜单的示意,适时地从客人的左边主动递上菜单。对于夫妻,应先递给女士,如果是团体,先递给主宾。递送的菜单要干净,无污迹,递送时必须态度恭敬,切不可随意把菜单往宾客手中一塞或丢在餐桌上一走了之,这是极不礼貌的行为。

认真、准确地记录下宾客点的每一道菜和饮料,杜绝差错,以免引起宾客的不愉快。当主人表示客人各自点菜时,服务员应从坐在主人右侧的主宾开始记录,并站在客人的左侧按逆时针方向依次接受客人点菜。如果宾客所点的菜已无货供应,值台员应礼貌致歉,求得宾客谅解。如宾客点了菜单上没有列出的菜肴时,应尽量设法满足,不可一口回绝,可以说:"请允许我马上与厨师长商量一下,尽量满足您的要求。"对所点菜肴、酒水复述一遍,请客人核对。客人点餐时,不反复推荐客人不点的菜肴、酒水等。尊重顾客的宗教、民族习惯,对于第一次来就餐的顾客,主动询问是否有忌口或其他的用餐习惯。

③ 上菜。服务员端菜上台,要介绍菜名和特色;端菜时手指不能触及盘碟上口或浸入菜(或汤)内;菜汤切忌溅在客人衣服上。

④ 撤盘。撤盘通常遵照右上右撤、新菜向宾、女士为尊等习俗;撤盘前,应先征求客人意见,轻声询问客人,切不可在客人进食时撤换餐具,那样是非常不礼貌的,撤换餐具要轻拿轻放,动作要优雅利索。

⑤ 斟酒。部分菜上台后,按照主人意思开席。服务员应先给主宾斟酒,然后按照顺时针方向依次进行,最后为主人斟酒;席间,服务员站立一旁,随时按客人的要求提供斟酒服务;斟酒时,量不宜太多,一般以八分满为宜,酒水不许滴洒在桌面上。斟酒服务应及时、细心、操作规范而又符合卫生要求。

⑥ 结账。客人用餐完毕,服务员应用托盘把账单正面朝下放在小托盘或者账夹内从左边递给客人,并礼貌地说:"先生,请您结账。"或"先生,这是您的账单。"客人如愿意去账台结账,应指明账台位置。

⑦ 送客。客人撤席,应为离座客人拉开座椅,提醒他们别忘带自己的物品,且送客人到餐厅门口,礼貌道别,欢迎下次光临。

餐毕的清扫工作,应在宾客全部离去后进行,不可操之过急。

(4) 团结协作。餐厅服务工作个人无法独自完成,实际上,每次接待用餐客人都是由餐厅迎宾、值台、账台、厨房等各环节通力协作才可以完成。因此,服务人员要重视同事间各环节的相互合作,如及时地把顾客的口味要求传达给厨房,以便饭菜做得更加适合客人口味。当同事与客人发生矛盾时,要主动上前帮助解围,不致造成更大的影响。相互合作也是建立在为顾客服务的出发点之上的,在服务过程中,对顾客哪怕有瞬间的不礼貌,都会影响到整个服务质量。

### (二) 导游服务礼仪

导游员的修养和言谈举止,不仅关系到业务成败,更直接塑造了其所代表的国家和民族的形象。导游员既要熟悉自己的业务范围内的文明礼貌和社交礼仪,也要熟悉接待对象的文化、生活习俗。通过一系列文明礼貌的交往,为游客提供良好的服务和舒适愉快的旅行环境。

**1. 迎送礼仪**

接送旅游团队是导游人员一项十分重要的工作。接团工作的礼仪是否周全,直接影响着旅行社和导游本人在客人心目中的第一印象;而送团则是带团的最后一项工作,如果前面的工作客人都非常满意,但送团工作出现了礼貌不周的问题,同样会破坏旅行社和导游人员在客人心目中的整体形象,并使陪团前期的努力前功尽弃。为此,迎送礼仪在搞好导游服务工作中是十分重要的。

(1) 接站服务:

① 准备。事先准备好足够旅游团客人乘坐的旅游车,督促司机将车身和车内清扫干净;备好醒目的接团标志,了解全陪的外貌特征、性别、装束等;导游人员要按照规定着装,并提前30分钟到达机场、车站、码头迎接旅游团;地接接站要佩戴导游胸卡、打社旗和举接待站牌。

② 迎接。当客人乘交通工具抵达后,应主动持站牌上前迎接,并对客人说"各位辛苦了",然后主动介绍自己的单位及姓名。

介绍完毕,迅速引导客人来到已安排妥当的交通车旁,指导客人有秩序地将行李放入行李箱后,再招呼客人按次序上车;客人上车时,最好站在车门口迎接。客人上车后,待客人稍作歇息后,将旅游活动的日程表发到客人手上,以便让客人了解此行游程安排、活动项目及停留时间等。为帮助客人熟悉城市,可准备一些有关的出版物给客人阅读,如报纸、旅游指南等。

注意观察客人的精神状况,如客人精神状况较好,在前往酒店途中,可就沿途街景做一些介绍;如客人较为疲劳,则可让客人休息。

(2) 入住服务:

① 到达酒店后,协助客人登记入住,并借机熟悉客人情况,随后将每位客人安排妥帖。

② 客人进房前先简单介绍游程安排,并宣布第二天日程细节。第二天活动如安排得较早,应通知总台提供团队客人的叫早服务,并记住团员所住房号,再一次与领队就细节问题沟通、协调。

③ 不要忘记询问客人的健康状况。如团队客人中有身体不适者,首先应表示关心,若需要应想办法为客人提供必要的药物,进行预防或治疗,以保证第二天游程计划的顺利实施。

④ 与客人告别,并将自己的房间号码告知客人。离店前将自己的联系方式(手机号、微信号、住宅电话等)告知全陪,以备急需之用。

(3) 送客服务:

① 客人活动结束前,要提前为客人预订好下一站旅游或返程的机(车、船)票;客人乘坐的车厢、船舱尽量集中安排,以利于团队活动的统一协调。

② 为客人送行,应使对方感受到自己的热情、诚恳、有礼貌和有修养。临别之前应亲切询问客人有无来不及办理、需要自己代为解决的事情,应提醒客人是否有遗漏物品并及时帮助处理解决。

③ 火车、轮船开动之后或登机之前,应向客人挥手致意,祝客人一路平安,客人在视野里消失方可离开。

**2. 讲解礼仪**

(1) 语言。语言是导游服务的重要手段和工具,导游员的服务效果在很大程度上取决于其语言表达能力。导游员驾驭语言的能力越强,信息传递的障碍就越小,旅游者满意的程度也就越高。一般而言,导游员语言的表达应力求做到:达意、流畅、得体、生动和灵活。

① 达意。语言的达意要求导游员所传递的信息不仅要准确,而且还要易被游客理解。达意的导游语言,一是发音正确、清楚;二是遣词造句准确、简洁;三是表达有序,条理清晰。切忌空洞无物、言过其实,更不能无中生有、胡编乱造。讲解中,不能掺杂封建迷信、低级庸俗的内容。

② 流畅。流畅即要求导游员的语言力求表达连贯,无特殊情况,一般言语中间不作较长时间的停顿,语速适中,快而不乱,慢而不滞。口语表达中过多的重复

和停顿以及不良的表达习惯无疑都会影响游客的倾听效果。因此要熟悉业务,知识面广。

③ 得体。所谓得体,就是言语运用要妥当,有分寸。得体的导游语言必须符合导游员的角色身份,以真正做到对游客尊重。在带团过程中,应多用敬语、服从语和委婉、征询的句式与游客交流。此外,还应避免触及游客的言谈忌讳。

④ 生动。生动是导游语言最为突出的特点。导游员在讲解内容准确的前提下,应以生动、有趣且具感染力的语言活跃气氛,增添游客的游兴,以趣逗人。照本宣科、死板老套不可取,"黄色幽默"和低级趣味的笑话更应杜绝。

⑤ 灵活。灵活强调的是导游员的语言表达应做到因人、因地、因时而异,导游员在讲解时必须充分考虑游客的文化背景、认知水平、兴趣爱好及职业特点等异同,并据此有针对性地决定内容的取舍和表达方式的选择,以提高游客的接受和理解能力。

(2) 姿态。导游讲解并不是单靠动口就可以圆满完成的,如果把站姿、眼神、手势、表情等处理得恰到好处,就会增加讲解的效果和魅力。凡是不注意游客视觉反应,完全凭自己的口才来进行的导游讲解,都是不会成功的。

① 站姿。站姿能显示导游员的风度。一般来说,导游人员讲解时,要挺胸立腰,端正庄重。所谓"站如松,坐如钟"说就是这个姿态。导游人员若在车内讲解,必须在车厢前部站立,面对客人,腰可适当倚靠靠背,也可用一只手扶着椅背或扶手栏杆。在实地导游时,一般不要边走边讲。在讲解时,应停止行走,面对客人,把全部重心平均放在脚上,上身要稳,要摆出一副安定的姿势。要注意的是,不可摇摇摆摆、焦躁不安、一动不动,或把手插在裤兜里,更不要有怪异的动作,如抽肩、缩胸、乱摇头、不停地摆手等。

② 目光。导游讲解是导游员与游客之间的一种面对面的互动。这种面对面的互动,双方可以进行"视觉交往"。游客往往可以通过调动视觉器官——眼睛,从导游员的一个微笑、一个眼神、一个手势中加强对讲解内容的理解。

③ 表情。讲解时的面部表情有助于讲解内容的情感表达。导游员的面部表情要亲切、自然,要表里如一,要使游客感到你的表情是真实的,发自内心,不是皮笑肉不笑或华而不实、哗众取宠。

④ 手势。讲解时的手势,不仅能强调或解释讲解的内容,而且能生动地表达讲解语言所无法表达的内容,使讲解生动形象。

## "欢迎辞"和"欢送辞"

"欢迎辞"——一行的开始。它好比一场戏的"序幕",一篇乐章的"序曲",一部作品的"序言"。中外游人都讲究"第一印象",而致欢迎辞是给客人留下"第一印象"的极佳机会,规范的"欢迎辞"包括五大要素:

(1) 表示欢迎,即代表接待社、组团社向客人表达欢迎之意。

(2) 介绍人员,即介绍自己,介绍参加接待的领导、司机和所有人员。

(3) 预告行程,即介绍一下城市的概况和在当地将游览的节目。

(4) 表示态度,即愿意为大家热情服务、努力工作,确保大家满意。

(5) 预祝成功,即希望得到游客支持与合作,努力使游览获得成功,祝大家愉快、健康。

"欢送辞"——一行的小结。如果说"欢迎辞"给游客留下了美好的第一印象,那么致好"欢送辞",给游客留下的最后印象将是深刻、持久、终生难忘的!规范的"欢送辞"也包括五大要素:

(1) 表示惜别,指欢送辞中应含有对分别表示惋惜之情、留恋之意的词句。

(2) 感谢合作,指感谢在旅游中游客给予的支持、合作、帮助、谅解。

(3) 小结旅游,指与游客一起回忆一下这段时间所游览的项目、参加的活动,给游客一种归纳、总结之感。

(4) 征求意见,指告诉游客,我们有不足,经大家帮助,下一次接待会更好。

(5) 期盼重逢,指要表达对游客的情谊和自己的热情,希望游客成为回头客。

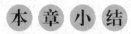

1. 行业礼仪是商务礼仪在各个行业中的具体应用,包括销售礼仪、服务礼仪。

2. 销售礼仪包括商品推销礼仪、商场销售礼仪。

3. 服务礼仪包括银行服务礼仪、旅游行业礼仪。酒店服务礼仪包括前厅服务礼仪、客房服务礼仪、餐厅服务礼仪;导游服务礼仪包括导游迎送礼仪、导游讲解礼仪。

练 一 练

## 一、简答题

1. 商品推销礼仪包括哪些内容？
2. 银行服务礼仪包括哪些内容？
3. 以某酒店为例，谈谈作为一名前台工作人员，在登记住宿及结账过程中应注意哪些礼仪。
4. 导游接站要注意哪些礼貌礼节？
5. 结合你所学专业，谈谈该专业所属行业有哪些礼仪规范。

## 二、案例分析题

### 卖鞋子

一位妇女走进一家鞋店，试穿了一打鞋子，没有找到一双是合脚的。店员对她说："太太，我们不能合您的意，是因为您的一只脚比另一只大。"

这位妇女走出鞋店，没有买任何东西。

在下一家鞋店里，试穿时有着同样的困难。最后，笑眯眯的店员解释道："太太，您知道您的一只脚比另一只小吗？"

这位妇女高兴地离开了这家鞋店，腋下携着两双新鞋子。

【问题】

1. 女客户为何要离第一家鞋店而去，店员在推销中有何不妥当之处？
2. 什么原因使女客户在第二家鞋店满载而归？

## 三、实训题

模拟一次酒店部分服务过程。

1. 前厅服务——迎宾、登记住宿及电话接转。
2. 餐厅服务——迎客、点菜、上菜与撤盘、斟酒和结账送客。

职场礼仪

涉外礼仪

中外礼俗

# 拓 展 篇
TUOZHAN PIAN

# 第十一章 职场礼仪

**学习目标**

**知识目标：**了解面试及办公室礼仪规范，掌握应聘过程中的礼仪要求和办公室礼仪规范。

**能力目标：**能按照礼仪要求进行求职信和简历的准备，能正确运用面试礼仪和办公室礼仪。

礼仪格言

爱人者，人恒爱之；敬人者，人恒敬之。

——孟子

说事·明"礼"

**一毛钱的感谢**

几个刚毕业的大学生到一家公司参加面试。这家公司很特别，把面试的地点放在离公司很远的地方。到了面试的时间，工作人员提出了一个很奇怪的要求："现在你们都用手机发一条署名的短信给经理，向经理询问公司的地址。经理就会告诉你们是否被录取。"

尽管大家都觉得很奇怪，但还是都照做了，他们都用毕恭毕敬的语气给经理发了短信，没过多久大家就收到了经理的回复，上面显示的正是那家公司的地址。有人举起手机问那个工作人员："就是这样吗？"工作人员微笑着说："就是这样，请你们再等一会，十分钟后经理就会宣布录取结果。"

十分钟后，工作人员收到了一条手机短信，他抬起头念出了一个名字，告诉他被录取了。剩下的几个人感到很奇怪，纷纷询问自己哪里做得不好。工作人员微笑着告诉他们："如果你们收到回复后，能像他一样，肯多花一毛钱给经理发一条感谢的短信，或许你们就会被录取了。"

【点评】"一毛钱的感谢"决定了面试的最终成功。

在当今竞争激烈的社会环境中，能找到一份工作，尤其是适合自己专业和兴趣的工作是一件令人羡慕的事。任何事情自有其成功的秘诀，若要"职"在必得，除了要有真才实学外，还需要掌握一定的社交技巧和职场礼仪。职场礼仪已成为时下求职者与职业人必修的一门课。

## 第一节 面试礼仪

### 一、应聘的准备

"凡事预则立，不预则废"，求职前的精心准备是成功的前提。

#### （一）正确审视自我

求职者在求职过程中，首先需要详细、深刻地了解自己，包括自己的心理特征、知识结构和水平、能力特点等。了解自我的途径有很多，主要有三个方面：

1. 自我分析

回顾审视自己的经历，以达到对自己的兴趣、性格、能力、价值观等有比较清醒的自我认识。

2. 他人建议

家人和朋友比较了解你，可以帮助你看到自我分析所不能达到的方面和深度，所以不要忽视他们的意见。

3. 专门机构测试

人才测评机构利用专门化的心理测试工具，可为求职者作比较全面、科学的定位，而且由于这些机构通常与用人单位有经常性的联系，可以为你提供一些用人单位的招聘策略和招聘信息，帮助求职者实现成功求职。

#### （二）注意搜集信息

古人云："知己知彼，百战不殆。"求职者要深入了解招聘单位、招聘职位情况，包括它们的历史、文化、产品、经营状况和岗位职责等，便于在下一步应聘过程中很好地与招聘者沟通，以充分显示求职者的诚意。

搜集这些信息的渠道很多，可以通过网络，也可以通过电话咨询等。在致电询问的时候，要注意细节与礼貌，不能太冒昧。电话接通后首先介绍自己，以示尊重，然后清晰明了地向对方表达自己的来电意图、所要咨询的问题等，力求简洁。得到自己所要的信息后,运用礼貌用语道谢,并在对方挂断电话后方可挂电话。

### (三) 精心撰写材料

**1. 求职信**

求职信的基本格式与书信无异,主要包括标题、称呼、正文、结尾、署名、日期和附录共七个方面的内容。

(1) 标题。在信纸首页上,居中用大字书写"求职信"。

(2) 称呼。如果知道对方的职务、职称或者学衔时,应以此称呼。如"尊敬的××经理""尊敬的××教授(校长、老师)等;如不知则以先生或女士相称。

(3) 正文。求职信的中心部分是正文,形式多种多样,但一般分为三段内容,一是说明求职信息的来源并直接说明自己写信的目的,简单表明对于职位的兴趣;二是简单扼要地介绍自己与应聘职位有关的学历水平、经历、成绩等,令对方从阅读完毕之始就对此产生兴趣(这些内容不能代替简历);三是说明能胜任职位的各种能力,这是求职信的核心部分,表明自己具有专业知识和社会实践经验,具有与工作要求相关的特长、兴趣、性格和能力。正文应善于总结,突出个性。

(4) 结尾。一般应表达两个意思:一是希望对方给予答复,并盼望能够得到参加面试的机会;二是表示敬意、祝福之类的词句,如"顺祝愉快安康""深表谢意""祝贵公司财源广进"等,也可以用"此致"之类的通用词。最重要的是别忘了在结尾认真写明自己的详细通信地址、邮政编码和联系电话,以方便用人单位与自己联系。

(5) 署名。不论是手写稿还是打字稿,都应有求职人的亲笔签名,以示庄重和负责。

(6) 日期。写在署名的下方,应用阿拉伯数字书写,年、月、日全都写上。

(7) 附录。求职信一般要求和有效证件的复印件一同寄出,如学历证书、专业技能证书、获奖证书、身份证等,并在正文左下方一一注明。

**求职信的五大禁忌**

一是缺乏个性,二是内容太多,三是语言不妥,四是内容出错,五是盲目投递。

**2. 个人简历**

简历是求职准备的重要方面。与众不同的简历是获得面试机会的一种有效方法。

(1) 真实可信。简历一定要真实,要实事求是,言之有物。诚实的记录和描写能使招聘方对你产生信任感,若夸大其词在面试时则会破绽百出。

(2) 针对性强。性质不同的企业,他们的注重点是截然不同的:民企比较注重动手能力；外企比较注重外语能力、协作精神等；而国企对在校表现及专业成绩比其他性质的企业明显要注重得多。所以，求职者一定要根据不同性质的企业、不同行业、不同职位，使用风格和侧重点不同的个人简历。

（3）简而有力。一般来讲，简历的内容控制在一张纸以内是比较合适的，并且前三行一定要出彩，毕竟招聘人员的时间和精力是有限的，只有用简短和有力的内容才最有可能抓住招聘人员的心。某些求职者一味地追求时尚，把简历装订成豪华版本，甚至有些把简历做成了一本书，这些都是不符合规则的。

（4）扬长避短。简历的内容一定要注意扬长避短，根据求职者的应聘目标对内容作适当的调整，简历前半部分的内容一定要和本人应聘的职位非常契合，突出自己的核心竞争力，先入为主才能吸引考官的视线。

**礼仪·学堂**

**个人简历的样式**

求职意向：表明想要从事的工作。
基本信息：姓名、性别、籍贯、联系电话、出生年月等。
教育背景：时间、学校、专业、学历、课程、成绩等。
证书荣誉：何时何地取得何机构颁发的荣誉证书或技能证书。
社会实践：包括校内和校外实践职务、工作内容、成果等。
特长和兴趣爱好：诸如电脑操作、外语、写作、摄影等。
自我评价：100字左右。

**礼仪·案例**

**扬长避短，展示优势**

卫燕中专毕业后，在一家企业当打字员。企业效益滑坡，卫燕就辞职去了南方。辗转求职，均因学历太低未成。她带着失望的心情去向一位成功的朋友请教。朋友说："中专文凭是派不上用场，但并不意味着你的身上就没有超过别人的地方啊！"卫燕大受鼓舞，去一家公司应聘电脑文秘。她发现求职者中有好几位是本科生，心里又一次打起了退堂鼓。但听到招聘负责人说电脑文秘的工作量相当大时，卫燕就主动上前自我介绍说："我想我可以干下来，因为我打字速度快，一分钟能打200个字。"对方听后，转问其他几个人，他们只说可以打字，但速度没她快。结果，卫燕被录用了。

从卫燕求职成功的事例中，可以发现求职场上"烘托自身优势"的重要性。卫燕就是运用"比较"来"烘托自己"的成功典型。

### (四) 认真备好资料

求职者在准备应聘之前一定要准备好最能反映成绩和能力的文字资料,如毕业证书、学位证书、英语证书、计算机证书、获奖证书等。面试机会一般来讲都是非常值得珍惜的,在这些有限的机会里,如果因为材料准备不充分而不能很好地展示自己,那就非常遗憾了。

### (五) 注意面试形象

面试中,面试官对于求职者的印象,更多的取决于刚见面时的仪容、仪表和仪态。求职者在面试前要根据具体面试岗位准备合适的着装,应整洁、大方、得体。要精心梳理好头发,不要蓬头垢面。女生可以化淡妆。要保持自信的微笑。

**礼仪·案例　　细节赢得人心**

一位先生要雇一名勤杂工到他的办公室做事,他最后挑了一个男童。"我想知道,"他的一位朋友问,"你为什么挑他,他既没有带介绍信,也没有人推荐。"

"你错了。"这位先生说,"他带了很多介绍信。他进门在门口时擦去了鞋上的泥,进门时随手关门,进了办公室,他先脱去帽子,这说明他懂礼貌有教养。回答我的问题干脆果断,证明他有能力、有自信。其他所有的人直接坐到椅子上准备回答我的问题,而他却把我故意扔在椅子边的纸团拾起来,放到废纸篓中。他衣着整洁,头发整齐,指甲干净。难道这些细节不是极好的介绍信吗?"

## 二、面试的技巧

### (一) 面试过程的礼仪

**1. 遵守时间**

守时是职业道德的基本要求,迟到、失约更是求职面试中的大忌。这不但反映出求职者没有时间观念和责任感,而且会让面试官觉得求职者对这份工作没有热忱,从而使第一印象大打折扣。一般而言,提前10~15分钟到达面试地点效果最佳,如因有要事迟到或缺席,一定要尽早打电话通知,并预约下一次的面试时间。

**2. 耐心等候**

如到达面试地点时间过早,可在指定的休息室等候。等候时,不要原地踱步,应安静地坐下。如若碰到熟人,也不能旁若无人地在休息室大声交谈。入场前,要调整心态、放松心情、整理着装、面带微笑。

**3. 举止得体**

当到达面试场所时,若办公室的门关着,不可冒失闯进,应轻叩房门,得到许可后方可入内。如果没有招聘者示意,绝对不可吸烟,烟蒂不可随手扔在地上。如果感冒了,要带上手帕、面巾纸,不可随地吐痰。切记应在面试前把手机关掉。应聘时,坐姿要端正,两手自然轻放在膝上,千万不要两手下垂,或放在胸前,或背后交叉。

**4. 讲究就座**

座位有上下尊卑之别,求职者就座时应选择合适的位置。在面试过程中,尊者为用人单位领导、专家和有关人员组成的考官。因此,求职者应选择坐在他们的下座,或者比对方座位低一些的沙发和椅子上。如果对方指定了椅子,就应坐在指定的椅子上。就座时不要自己先坐下,应等接见者请你就座时方可入座。

**5. 言谈有度**

注视对方,静心聆听问题的内容,然后从容回答,不要离题,不要啰嗦,不要半途插嘴、反问。对任何问题必须诚实回答,不可编造谎言,忌夸夸其谈。说话声音不能太小,语速不要太快,音调不宜太高,并且讲标准普通话。

**6. 礼貌告别**

面试结束后,被暗示可离开时,勿忘起身后将椅子放好,并向对方致谢、行礼、握手。走出会场之前,应再次站在门前行礼,轻轻关门后再出去。

**7. 致信道谢**

面试结束后,出于礼貌,最好给招聘者写一封简短的感谢信。这样做还可以弥补面试的不足,使对方再次感受到求职者对该单位的向往之情,加深对求职者的好感。如果面试后对方在承诺的时间内没有答复,可写信或打电话询问,倘若仍未得到答复,则意味着拒绝,不要再询问,否则会引起反感。

### (二) 面试注意的问题

(1) 应聘前不喝酒、不吃辛辣味的食物。喝酒会使人的大脑反应迟钝,并且说话时带酒味,给主考官留下不好的印象;吃辛辣味的食物如葱等,出气时会带有葱味,给主考官留下的印象也不好。如果有口臭,最好应聘前多喝几杯茶,应聘前少吃些食物。

(2) 应聘时应提前赶到。如迟到,有70%的概率不利于获得工作机会,有50%的概率使你失掉工作机会。

(3) 应聘时不要带陪伴人员。带陪伴人员证明你缺乏自信或给人无法独立处理问题的不良印象。

(4) 应聘时少带个人物品。随身除了带公文包或手提包外,不要带其他物品。

(5) 应聘时不要抽烟,不要嚼口香糖。

(6) 谈话时不可使用夸张的动作语言,不可用主考官听不懂的方言或行话。

(7) 与主考官谈话,不要争辩。因为你争辩成功了,会伤了主考官的自尊心,他不会录取你;你失败了,他更不会录取你。

(8) 谈话时不要抢话头。

(9) 不要连珠炮式地发问。

(10) 不要对对方的提问漫不经心。

(11) 不要轻率地下断语。

(12) 不要强调与主题无关的细枝末节。

(13) 当对方谈兴正浓时,不要轻易转移话题。

(14) 不要将正面的观点当成错误。

(15) 不要乱开玩笑。

(16) 不要攀龙附凤。如说你单位×××是我的什么人,一来对证明自己才干不利;二来即使被对方单位录用,也不易和其他人搞好关系。

**礼仪·案例**  **要给别人说话的机会**

王同学去一家知名公司应聘。一起面试的有30多人。虽然处在高手云集的环境当中,但一路过五关斩六将,他自我感觉非常良好。面试时,他与其他两人分在一组回答面试官的问题。他觉得要脱颖而出必须表现得更积极。所以在回答问题的时候,他总是抢在别人前面,比别人多说两句。

其中有一个问题——面试官问:"如果你的同事中有那种不那么好沟通的人,你怎么办?"别人还没有说话,他就抢着回答:"最重要的是工作,每个人都有自己的个性,不需要去勉强。"整个面试下来,有2/3的问题都是他回答的。

结果一个星期后王同学被客气地告知不需要参加复试了。因为公司觉得他不注重团队合作精神,太急于表现自己,不是他们需要的人才。

## 第二节 办公室礼仪

经常出入办公室的人都知道,办公室礼仪是多么的重要,遵循礼仪规范,了解、掌握并恰当地应用办公室礼仪会使你在工作中左右逢源、事业蒸蒸日上。

## 一、办公室环境

办公环境的布置,是一种无声的语言,向来访者传递着信息,体现着公司的风格和精神面貌。办公环境状况还会影响工作人员的心理情绪,进而影响他们的言谈举止,影响他们待人接物的礼貌礼节。在一个整洁干净、格调高雅的办公环境中,人们会自觉不自觉地要求自己与环境相协调,从而自然而然地变得文明礼貌、庄重大方。办公环境,既不同于家庭环境的温馨舒适,也不同于宾馆饭店的豪华气派,应是干净、整齐和简朴的。

### (一) 干净

办公环境也是体现商务人员形象的一个方面,应保持工作环境的干净、清洁、卫生。每天上班前应对办公室进行清扫,保持地面无垃圾,墙壁、办公室桌椅、橱柜无灰尘,墙面上的张贴物、挂件整齐有序。此外,在工作期间,不在办公室内随地乱扔纸屑,不随地吐痰等。

> **小贴士** **保持办公室干净、整洁的建议**
>
> 1. 在办公室里用餐,如果是使用一次性餐具,最好吃完立刻扔掉,不要长时间摆放在办公室内桌子或茶几上。如果突然有事离开,也记得礼貌地请同事代劳。
>
> 2. 容易被忽略的是饮料罐,只要是开了口的,长时间摆在桌上总有损办公室雅观,最好把它藏在不被人注意的地方。
>
> 3. 有强烈味道的食品,尽量不要带到办公室。即使你喜欢,也会有人不习惯。而且其气味会弥漫在办公室里,这将损害办公环境和公司的形象。
>
> 4. 吃起来汤汁乱溅以及声音很响的食物最好不吃,会影响他人。食物掉在地上,最好马上捡起来扔掉。
>
> 5. 在办公室吃饭,时间不要太长。他人可能按时进入工作,也可能有性急的客人来访,到时候双方都会尴尬。在一个注重效率的公司,员工会自然形成一种良好的午餐习惯。
>
> 6. 准备好餐巾纸,应该及时擦拭油腻的嘴,不要用手擦。嘴里含有食物时,不要贸然讲话。他人嘴含食物时,最好等他咽完再跟他讲话。
>
> 7. 餐后将桌面和地面打扫一下,这是必须做的事情。

## （二）整齐

一个良好的办公环境不仅要求办公室清洁，同时也要求办公室整齐。办公室内的家具应摆得放整齐、美观；办公室的文具用品、资料等应摆放得井然有序，并注意随时进行整理，以保证与整个办公室环境相协调。整洁的办公环境不仅有助于商务人员保持充沛的工作热情，而且能使各项工作按部就班、循序渐进地进行。

> **小贴士** 为了保证办公环境的整洁，商务人员必须勤于打扫和整理，对自己的资料进行分门别类的处理。为了工作的方便，商务人员一般应在自己的办公桌上划分两个区域，桌子的正前方为"空白区"，用于平时的阅读和写作；桌子的某一侧为"储存区"，用于摆放一些常用的资料和办公用品。切勿在桌上随意放置各种杂物、无用之物和私人用品。对于那些重要资料和不常用的资料，应将其放入特定的资料柜中，并定期加以整理。

## （三）简朴

商务人员办公室的布置应尽量简单、朴素，办公用品的配置应以实用为基本标准。如果在办公室内添置一些无多大实用性的奢侈品，如地毯等，或者挑选名牌产品以提升规格，就会使来访对象浮想联翩，甚至授人以柄。

## 二、办公室工作礼仪

办公室虽不大，却也是个"小世界"，既是工作的地方，又是交往的场所。办公室工作人员的礼仪如何，往往是评价一个公司的重要依据。

### （一）仪表大方

公司职员在办公室里办公时，对自己的仪表既要进行必要的修饰，注意维护个人的形象，又要使之庄重、传统、正规，不可标新立异、着奇装异服，或是在仪表方面不合乎规范。

### （二）服饰规范

公司职员在进入办公室内上班时，应当衣着整洁。有条件的话，应由公司出面为其统一订制同一式样的工作装；如果没有条件，至少也要求男职员穿深色西装套装、白衬衫，打素色领带，配深色皮鞋；女职员穿西装套裙、长统或连裤式肉色丝袜，配黑色高跟皮鞋或半高跟皮鞋。

### (三) 遵守制度

各公司都有自己的管理制度，这是公司工作正常运行的重要保证。如按时上下班、不迟到、不早退、不旷工；不在工作岗位上吃东西、刮胡子、看小说、睡觉、打扑克等；不占用工作时间上街买菜、逛商店等。

### (四) 专心工作

每位职员在上班期间应首先做好本职工作。若非上级要求进行必要的合作，同事之间在办公室里是不允许说闲话、开玩笑的。即使手头上的工作料理完了，可预备下一步的工作，或者整理一下手头的资料，也不可跑到其他同事的办公桌旁，谈一些与工作无关的话题，干扰别人的正常工作，更不要溜达到其他公司里串门，或是站在楼道里四处张望。

### (五) 自尊自爱

不管是男职员，还是女职员，办公室内男女同事相处，应当自尊自爱。男职员不要主动跟女同事说过头话、开过火的玩笑，不要同女同事拉拉扯扯、动手动脚，不要有意无意地专找女同事插科打诨、斗嘴犯贫；女职员不要滥用男同事对自己的照顾、迁就与宽容，动不动就跟男同事要态度，或随随便便地把男同事当成"苦力"。在处理与异性关系的问题上不自重，不仅有可能引火烧身，招致麻烦，而且也贬低了自己。

### (六) 言行有礼

办公室是公司的"窗口"，每位职员言谈举止都应礼貌得体。如说话声音要低，言谈要文明，不要在办公室内大吼大叫、高谈阔论，不要说粗话、吐脏字；举止要稳重大方自然，谈话时手势要适度，不要手舞足蹈，过于做作。

### (七) 公私分明

不要把个人私事带到办公室里办，是办公室的基本规则之一。如不要把家里的私活(如打毛衣、写家信、会晤私交等)带到办公室里来干；不要利用办公室里的办公设备来为自己效劳(如打私人电话、收发私人传真或电子邮件、拷贝软件、打印、复印资料等)。公私分明，是做人做事的一项基本原则。

### (八) 谦虚低调

对于出入职场的年轻人来说，谦虚低调应是他们在职场中的首要任务。骄傲自满、恃才傲物,过度地显露锋芒不仅会让同事渐渐远离,也会让自己的工作环境变得糟糕。年轻人应放低姿态,多向职场中的前辈请教,以"学生"的态度处理职场关系和业务工作。

> **小贴士**
>
> **办公室恶习知多少**
>
> 你有没有注意到自己在办公室里的小小恶习?当然这些要通过别人的眼睛才能发现,而你怎样才能看到别人眼中的你呢?
>
> 首先,试着以上司的角度诚实地评估自己的表现,有时角度不同,可能得到完全相反的结论;
>
> 其次,不妨恳请同事给你建议,正所谓"当局者迷,旁观者清"。
>
> 你亦可参考以下现代办公室恶习排行榜,看看你到底犯了哪几项。
>
> 坏习惯一:偷懒。
>
> 偶尔偷懒是人之常情,紧张的工作之余总要适度地放松,通常如果不是很离谱,主管多是睁一只眼闭一只眼也就罢了。但是偷懒上了瘾可就不是件好事了,可能主管早已对你有了戒心,你就很难翻身了,没有处置你已经算是幸运的了,升职加薪就免提了。
>
> 坏习惯二:情绪化。
>
> 人难免有情绪,但是老是把情绪和工作搅和在一起,老是用"最近情绪低潮……""失恋了……""和家人冷战……"等等当作表现不力的借口,你不腻主管可是会反胃的。要是情绪管理的本领太差了,可以看看心灵小品,或许有点帮助。
>
> 坏习惯三:迟到。
>
> 习惯性迟到,却丝毫不以为意,不管上班或开会,老是让同事苦等你一人。也许你认为只是迟到一下,没什么好大惊小怪的。那你可就错了,经常性迟到,不仅是上司,可能连同事都得罪了而不自知。
>
> 坏习惯四:不负责。
>
> 把"都是你的错"挂在嘴上,千错万错就是没我的错。其实每个人都会犯错,重要的是你能否由错误中归纳出做对的方法,不再重蹈覆辙。无论犯了什么样的错,通常只要勇于承认,愿意负责,都能博得大家的谅解甚至尊敬。
>
> 坏习惯五:过分积极。
>
> 你可能会很不解:积极难道也是一种错?这倒也未必。积极基本上是值得鼓励的,除非太过火以至于激起公愤。譬如:看到同事聚在一块,非得凑过去生怕漏掉什么重要消息;明明没你的事却老想插手;喜欢发表"伟论",诸如此类,对分内的事积极绝对值得赞赏,但若积极过头,那可能招致天怒人怨!

## 本章小结

1. 面试礼仪包括应聘的准备和面试的技巧。求职者在应聘前应正确审视自己、注意搜集信息、精心撰写材料（求职信和个人简历）和认真备好资料；面试时要做到遵守时间、耐心等候、讲究就座、举止得体、言谈有度、礼貌告别和致信道谢。

2. 办公室礼仪包括办公室环境礼仪、办公室工作礼仪。干净、整洁和简朴是对办公室环境礼仪的要求；仪表大方、服饰规范、遵守制度、专心工作、自尊自爱、言行有礼、公私分明、谦虚低调是对办公室工作礼仪的要求。

### 一、判断题

对于职场礼仪，您了解多少呢？请用"√"或"×"回答下列问题。

1. 为了展现自己，简历内容应该越多越好。（　　）
2. 反正简历里的有些内容无从考证，所以简历可以夸大其词。（　　）
3. 面试之前应该认真搜集招聘单位以及职位等信息。（　　）
4. 面试当天，应该提前10～15分钟到达面试地点。（　　）
5. 面试结束后，求职者耐心等待通知即可。（　　）
6. 在办公室里，只要老板不在，工作时间也可以旁若无人地吃零食。（　　）
7. 办公桌是自己的，方便即可，不用管是否整洁。（　　）
8. 在办公室不能妄自评论他人。（　　）

### 二、简答题

1. 作为求职者，择业前应如何正确认识自己？
2. 以一招聘面试活动为例，谈谈作为一名求职者，应注意哪些礼仪。
3. 公司职员在办公室工作中应注意哪些礼仪规范？

### 三、案例分析题

**福特应聘的故事**

亨利·福特是美国的汽车大王，被尊为"为世界装上轮子"的人，而福特当初进入公司的"敲门砖"竟是一个微不足道的小动作。

那时候，福特刚从大学毕业，他到一家汽车公司应聘，一同应聘的几个人学历都比他高,在其他人面试时,福特感到没有希望了。当他敲门走进董事长办公室时,发现门口地上有一张纸,很自然地弯腰把它捡了起来,看了看,原来是一张废纸,就顺手把它扔进了垃圾篓。

董事长把这一切都看在眼里。福特刚说了一句话:"我是来应聘的福特。"董事长就发出了邀请:"很好,很好,福特先生,你已经被我们录用了。"

从此以后,福特开始了他的辉煌之路,直到把公司改名,让福特汽车闻名全世界。

【问题】

福特应聘成功的故事给予我们什么样的启示?

## 四、实训题

1. 写一封求职信,制作一份个人简历。
2. 同学们自由组合,组成若干小组,模拟求职应聘。

# 第十二章　涉外礼仪

**学习目标**

知识目标：了解涉外礼仪原则，掌握涉外礼宾次序、国旗礼仪和会见会谈礼仪。

能力目标：在涉外商务活动中，学会安排好礼宾次序和会见会谈位次。

国尚礼则国昌，家尚礼则家大，身有礼则身修，心有礼则心泰。

——颜元

**说事·明"礼"**

**入境要问讳**

张女士是一名白领，她机敏漂亮，待人热情，工作出色。有一回，张女士所在的公司派她和几名同事一道，前往东南亚某国洽谈业务。可是，平时向来稳重、举止大方的张女士，在访问期间，竟然因行为不慎，而招惹了一场不大不小的麻烦。事情的经过是这样的：

张女士和她的同事一抵达目的地，就受到了东道主的热烈欢迎，在随之为他们特意举行的欢迎宴会上，主人亲自为每一位来自中国的嘉宾递上一杯当地的饮料，以示敬意。轮到主人给张女士递送饮料时，一直是"左撇子"的张女士不假思索，自然而然地抬起自己的左手去接饮料，见此情景，主人神色骤变，重重地将饮料放回桌上，不悦而去。

【问题】东道主为什么不悦？张女士错在哪里？

随着经济的全球化，世界各国的商务往来不断增加，越来越多的外国商务人员到中国来，也有越来越多的中国商务人员到外国去，如何与世界各国朋友互相尊重、平等相处,在很大程度上取决于商务人员对涉外礼仪的熟悉程度及运用得如何。

# 第一节 涉外礼仪通则

## 一、涉外礼仪原则

经济全球化,使信仰、价值观念、道德标准、风俗习惯及文化背景各不相同的人走到了一起。不同国家的人在商务交往中,有一些需要共同遵守的原则,这就是涉外礼仪的原则。掌握它,才能使交往活动顺利、高效地进行。

### (一)忠于祖国

在涉外交往中,应时刻意识到在外国人眼里,自己是国家、民族、单位或组织的代表,因此,必须时时、处处维护国家尊严和利益。祖国利益高于一切,维护国家利益是天职。忠于祖国,是商务人员在任何时候、任何地点、任何情况下的首要原则。

### (二)入乡随俗

在涉外交往中,要真正做到尊重交往对象,就必须了解和尊重对方所独有的风俗习惯。这就要求首先必须充分地了解与交往对象相关的习俗,即在衣食住行、言谈举止、待人接物等方面所特有的讲究与禁忌;其次必须充分尊重交往对象所特有的种种习俗,既不能少见多怪,妄加非议,也不能以我为尊,我行我素。

**礼仪·佳话**

**入乡随俗**

1999年9月13日,江泽民主席出席了在新西兰奥克兰召开的亚太地区经合组织会议,与当地土著毛利族长者见面时碰鼻行礼,这种入乡随俗的做法,体现了中华民族的热情友好,取得了良好的外交效果。

### (三)尊重隐私

在涉外交往中,尊重他人隐私,实际上是尊重他人的人格尊严,尊重他人的自由,尊重他人的权利。因此,在拜访他人、前往他人家庭时,必须预先约定。交谈中应回避涉及个人隐私的任何话题。具体来说,就是要做到"五不问":一不问年龄,二不问婚否,三不问健康,四不问收入,五不问经历。

商 务 礼 仪

**礼仪·案例**　　"你为什么不来健身呢?"

乔安娜是位在中国留学的留学生,经朋友介绍,她在学校附近的健身房办了一张健身卡。健身房的设施很齐全,服务也很周到,尤其是前台一位名叫小唐的女孩,每次乔安娜去,小唐都甜甜地微笑,热情地跟她打招呼。

有一次,由于感冒乔安娜没能按时去健身房。当乔安娜在宿舍睡得正香的时候,手机突然响了,上面是一个陌生的号码。"你好,我是健身房的小唐。你今天有什么事吗?为什么没来健身呢?"接通后,手机那头传来了前台女孩那熟悉的嗓音。"今天有事去不了。"乔安娜礼貌地回答道。"出什么事了?我能帮你什么忙吗?"在小唐的一再追问下,乔安娜只好告诉她感冒了,需要休息。"那你一定要多喝水、少吃辣椒……"在接下来的时间里,她为乔安娜详细阐述了感冒后的各种注意事项,从衣食住行到吃喝拉撒……她的热情让乔安娜不忍打断,所以乔安娜只能托着晕乎乎、沉甸甸的脑袋认真听她讲。

此后,一旦乔安娜有事缺席健身课,隔天便会收到小唐打来的"热线电话"。甚至有一次乔安娜和朋友去杭州旅游,游兴正浓地逛西湖时,小唐的电话又来了:"你为什么不来健身呢?"乔安娜真的不知道该如何回答。"小唐,我十分感谢你的热心,但是,能不能给我留一点隐私和自由呢?"乔安娜说。

### (四) 热情有度

在参加国际交往、直接同外国人打交道时,不仅待人要热情而友好,更为重要的是,要把握好待人热情友好的具体分寸。否则就会事与愿违,过犹不及。在涉外交往中要遵守好"热情有度"这一基本原则,关键是要掌握好几个方面具体的"度",即"关心有度""批评有度""距离有度"和"举止有度"。

### (五) 守时守信

在一切涉外商务交往中,都必须认真而严格地遵守自己的所有承诺,说话务必要算数,许诺一定要兑现。在涉外商务交往中,一切有关时间方面的正式约定,尤其需要恪守不怠,真正做到"信守约定"。如有难以抗拒的因素,应事先说明,及早通报,并主动承担给对方造成的物质损失。

### (六) 谨慎许诺

在涉外交往中,许诺必须谨慎,量力而行,以免因做不到而失信。如约而行。承诺一旦做出,必须要兑现,如果对已有的约定进行变动,应提前做出解释。

## （七）失约致歉

如果由于难以抗拒的因素致使失约，要第一时间通知对方，并郑重其事地做出道歉，不能一再推诿，避而不谈。

遵守诺言就像保卫你的荣誉一样。
——巴尔扎克

**礼仪·案例** "秘鲁：守时"运动

在南美洲，守时一向就不被看作美德，而秘鲁则是不守时尤为突出的一个国家。比原定的时间推迟一个小时赴约的人比比皆是，人们习以为常，见怪不怪。而这一现象被人戏称为"秘鲁时间"。

为此，2007年3月1日，秘鲁政府要求全体国民，通过校正时间的活动，告别几个世纪以来不遵守时间、经常性迟到的坏习惯。

在这项由秘鲁政府发起、新总统贾西亚亲自出席的矫正民众不守时习惯的活动中，要求秘鲁全国2800万民众在当日正午1时起校正手表。当时全国上下，警报响彻，教堂鸣钟，场面宏伟，提醒人们将自己的时间校准为秘鲁海军提供的时间。

政府希望能够借这项被称为"秘鲁：守时"的运动来改变全国长期以来缓慢、懒惰的不良习惯。

## （八）不卑不亢

涉外交往是面对全球的跨文化活动，是一种双向互动交流活动。中国传统文化形成的热情好客、宾至如归以及谦逊等美德，在国际交往的待人接物中必须适度。所以，在涉外礼仪中遵循"热情有度、不卑不亢"原则尤为必要。

## （九）以右为尊

在正式的国际交往中，大到政治磋商、商务往来、文化交流，小到私人接触、社交应酬，但凡有必要确定并排列主次尊卑时，"以右为尊"都是普遍适用的，即以右为上、以左为下、以右为尊、以左为卑，如此，就不会失敬于人。

**礼仪·练习** 中国古代是"以左为尊"还是"以右为尊"？为什么？

## （十）女士优先

女士优先是国际社会一条重要的礼仪原则。女士优先的原则要求在一切交际场合，作为男士有义务主动而自觉地以自己的实际行动，尊重、照顾、体谅和保护妇女，并且想方设法、尽心尽力地为妇女排忧解难。倘若因为男士的不慎而使妇女陷于尴尬、困难的处境，则意味着男士的失职。男士们唯有奉行"女士优先"，才会被看作有教养的绅士。

> **礼仪·案例** **"明天派人来签字"**

20世纪80年代初，中国香港一著名化妆品女专家来一所学校商谈联合办班。那天，正是阴雨连绵。为迎接这位专家，学校办公楼进行了彻底的大扫除。时针已过下午2点半，会议室的地板经风扇吹了几个小时，总算吹干了，但楼梯上还是湿湿的。当专家上楼时，一位先生抢先走在她的外侧，专家靠墙一侧，而且，他落后专家一级楼梯，时刻注视着专家的行走。专家安全地走进了会议室。

两个小时后，诸多方面已达成共识，决定休会，再约时间谈，在校领导送专家下楼时，那位先生抢先几步走下楼梯，让女专家靠扶手走，而且，这位先生在专家前一级楼梯与专家同步走下去，同时侧着身子，注视专家行走姿态，生怕有不测之事发生。

专家上车时，特地握住这位先生的手说："谢谢您！"转身对校长说："明天派人来签字。"

## （十一）保守机密

"商场如战场"，商务人员在涉外交往中，要小心翼翼，谨言慎行，以防止国家和商业秘密泄露，被居心叵测的人利用。

> **礼仪·案例** **将绝密工艺技术泄露给自己的劲敌**

在过去很长一段时间里，我国独自掌握景泰蓝工艺技术。有一次，一个外国访问团到一家知名景泰蓝企业参观，当时的陪同人员在介绍各种工艺流程时，无意中将绝密的制作工艺技术泄露。结果，国外的同类产品很快在国际市场上出现，与中国展开激烈竞争。

## 二、涉外礼宾次序

### (一) 礼宾次序及其安排

所谓礼宾次序,是指国际交往中依照国际惯例与本国的习惯做法,对于应邀而至的众多国家、团体或个人的尊卑顺序所进行的合乎礼仪的排列。

一般说,礼宾次序体现着东道主对各国宾客所给予的礼遇。礼宾次序安排不当或不符合国际惯例,会引起不必要的争执与交涉,甚至影响国家关系。因此,在涉外活动中,对礼宾次序应给予一定的重视。

---

**礼仪·学堂**

**主人为何叫东道主?**

"东道主"这个词来自春秋时期的一个典故。在公元前630年,晋文公和秦穆公的联军包围了郑国国都。郑文公向老臣烛之武求救。烛之武想了很久,决定身入险地,凭自己的口才设法解围。

当夜,烛之武趁天黑叫人用绳子把他从城头上吊下去,秘密会见秦穆公。晋国和秦国是当时的两个大国,但他们之间为了各自的利益常常明争暗斗。烛之武对秦穆公说:"秦晋联军攻打郑国,郑国怕是保不住了。但郑国灭亡了,对贵国也许并无一点好处。因为从地理位置上讲,秦国和郑国之间隔着一个晋国,贵国要越过晋国来控制郑国,恐怕难以做到,到头来得到好处的还是晋国。"

秦穆公听了,觉得烛之武说得有理。烛之武进一步说到:"要是您能把郑国留下,让他们作为你们东方道路的主人,你们使者来往经过郑国,万一缺少点什么,郑国一定供应,并做好充分的安排,这有什么不好?"

秦穆公终于被烛之武说服了,他单方面跟郑国签订了和约。只剩下晋国独木不成林,晋文公无奈,也只得退兵了。

秦国在西,郑国在东,所以郑国对秦国来说自称"东道主"。后来,这个词就泛指招待迎接客人的主人,一直流传到现在。

---

安排礼宾次序所考虑的因素有:国家之间的关系、活动的性质、内容、参与者对于活动贡献的大小,以及参与者的威望、资历等。如可把同一地区、同一宗教信仰或关系特殊的国家代表团排在前面或排在一起;对同一级别的人员,常把威望高、资历深、年龄大者排在前面;有时还应考虑业务性质、相互关系、语言交流等因素。

总之,礼宾次序排列最终还是由活动组织方本身的政治需要决定的,然而无论采取哪种方式排列,对外都得有可靠的理由。

## (二)礼宾次序排列方法

涉外活动中常用的礼宾次序排列方法有:按职务高低排列、按字母顺序排列、按时间先后排列、按灵活方式排列等。

### 1. 按职务高低排列

这一原则又称为身份等级原则。按身份与职务高低排列,是最古老、最常见、较少引起争议的排列方法。国家官员由高至低的顺序是国家元首、副元首,政府首脑、副首脑,部长、副部长;外交官则是:大使、公使、参赞、一等秘书、二等秘书、三等秘书、随员等。

### 2. 按字母顺序排列

这一原则又称为国家平等原则。多边活动中的礼宾次序有时按参加国国名字母顺序排列,一般以英文字母排列居多,这种排列方法多见于国际会议、体育比赛(东道主国家或承办地区一般排在最后)等。但在其他国际活动场合,也有按其他文种的字母顺序排列的,如上海合作组织轮流在各成员国开会时,有时按照国名的俄文或其他成员国文字的字母顺序排列。

### 3. 按时间先后排列

这一原则又称为机会均等原则。按日期先后排列礼宾次序也是国际礼仪惯例之一。最常见的是按代表团组成的日期先后排列,或者按代表团抵达活动地点的时间先后排列,又或者按派遣国决定应邀派团参加该会议、活动答复的时间先后顺序排列。

### 4. 按灵活方式排列

这一原则又称为灵活运用原则。在实际工作中,遇到的情况往往是复杂的,所以不能死记教条,而应当灵活运用,大胆创新,关键在于,所安排的次序让出席者满意就行了。但突破礼宾次序的条条框框,应有可以说服大家的"理由"。

### 5. 不排列

所谓不排列,其实也是一种特殊的排列方法。当以上方法都不适用时,便可采用这种排列方法。比如有的国家并不参照惯例,而是把与本国关系密切的国家排在最前列。

**天皇的葬礼**

1989年2月,日本昭和天皇逝世,163个国家代表参加葬礼,其中包括美国总统布什在内的很多国家元首。如按照常规,以国名英文字母决定各国元首的礼宾位次,布什将排在后面。根据日美关系,日方决定突出美国总统,理由是凡天皇出访过的国家代表优先。日本昭和天皇出访不多,但到过美国。这个"理由",应该是有说服力的。于是,布什自然地被排到最前面去了。

# 第二节　涉外活动礼仪

## 一、国旗礼仪

国旗是一个主权国家的象征和标志,商务人员必须了解国旗才能更好地维护国旗的尊严,热爱自己的祖国。此外,了解外国国旗并在涉外活动中尊重友国国旗也是商务人员应该具备的素质。

### (一) 日常悬挂

国旗的日常悬挂是指国旗与彩旗或单位、部门的旗帜同时悬挂时的排序问题。通常有以下三种情况:

#### 1. 前后排列

当国旗与其他旗帜呈前后状态进行排列时,通常应使国旗排在前列。

#### 2. 并列排列

当国旗与其他旗帜呈并列状态进行排列时,存在两种情况:其一,一面国旗与另一面其他旗帜并列,应使国旗居右;其二,一面国旗与多面其他旗帜并列,应使国旗居中。

#### 3. 高低排列

当国旗与其他旗帜呈高低状态进行排列时,通常应使国旗居于较高位置。

### (二) 涉外排序

#### 1. 悬挂国旗的场合

在一个主权国家领土上,一般不得随意悬挂他国国旗。不少国家对悬挂外国国旗都有专门的规定。按照国际关系准则,只有在下述情况下才可以悬挂外国国旗:

其一,一国元首、政府首脑在他国领土上访问,在其住所及交通工具上悬挂该国国旗(有的是元首旗),这是一种外交特权。

其二,东道国接待来访的外国元首、政府首脑时,在隆重的场合、贵宾下榻的宾馆及乘坐的汽车上悬挂对方(或双方)的国旗(或元首旗),这是一种礼遇。

其三,一个国家的外交代表在接受国境内有权在其办公处和官邸以及交通工具上悬挂该国国旗。

其四,在国际会议、展览会、体育比赛等国际性活动中,也可以悬挂有关国家的国旗。

其五,一国驻外使领馆、其他常驻外交代表机构以及本国出境入境的机场、港口、火车站和其他边境口岸,边防、海防哨所,须每日悬挂国旗。

绝对禁止随意悬挂未与我国建交国家的国旗。

### 2. 悬挂国旗的方法

在我国,当中国国旗与外国国旗并列悬挂时,按多边和双边活动两种不同的情况排序。

(1) 多边排序。当中国国旗与多国国旗同时悬挂时,应使中国国旗位于荣誉位置。具体而言:

其一,单行排列时,中国国旗应当排列在最前面。

其二,并排排列时,以旗面面向观众为准,中国国旗应当居于最右。

其三,弧形或从中间向两旁排列时,中国国旗居中。

其四,圆形排列时,中国国旗应当排列在主席台或主入口对面的中心位置。

(2) 双边排序。悬挂双方国旗,按国际惯例,以右为上、左为下。两国国旗并挂,以旗本身面向为准,右挂客方国旗,左挂本国国旗。汽车上挂旗,则以汽车行进方向为准,驾驶员左手为主方,右手为客方。所谓主客,不以活动举行所在国为依据,而以举办活动的主人为依据。例如,外国代表团来访,东道国举行的欢迎宴会,东道国为主人;答谢宴会,来访者是主人。也有个别国家,把本国国旗挂在上首。

当中国国旗与另一国国旗同时悬挂时有三种情况:

其一,并列悬挂。中外两国国旗并列悬挂时应以国旗自身面向为准,以右为上位。

其二,交叉悬挂。无论中外两国国旗交叉摆在桌上还是交叉悬挂在空中仍以国旗自身面向为准,以右为上位。

其三,竖式悬挂。此时同样以国旗自身面向为准,以右为上位,或两者皆以正面朝外;或以客方国旗为反面朝外,而以主方国旗为正面朝外。

一些国家的国旗由于文字和图案的原因,不能竖挂或反挂。有的国家明确规定,竖挂需另制旗,将图案转正。例如朝鲜民主主义人民共和国国旗竖挂时,五角星的星尖依然朝上,有的国家则无明确规定。因此,正式场合悬挂国旗宜以正面(即旗套在旗的右方)面向观众,不用反面。如果旗是挂在墙壁上,避免交叉挂法和竖挂;如果是悬空挂旗,则可以。

> **礼仪·学堂**
>
> **摸心礼**
>
> 1942年美国的法令规定,美国人对国旗宣誓时,应取立正姿势,右手郑重地放在左胸前,以示对国旗的崇敬。事实上,在许多国际场合,从美国总统到运动员,只要升美国国旗奏美国国歌时,我们都会看到他们行"摸心礼"。这绝不是自发的行动,而是在履行美国公民对国旗的法定义务,是他们在严格遵守本国的国旗礼仪。

## 二、会见会谈礼仪

### (一)会见与会谈

会见,国际上一般称接见或拜会。凡身份高的人士会见身份低的,或是主人会见客人,一般称为接见或召见。凡身份低的人士会见身份高的,或是客人会见主人,一般称为拜会或拜见。拜见君主,又称谒见、觐见。我国国内不作上述区分,一律统称会见。接见和拜会后的回访,称回拜。

会见就其内容来说,有礼节性的、政治性的和事务性的,或兼而有之。礼节性的会见时间较短,话题较为广泛。政治性会见一般涉及双边关系、国际局势等重大问题。事务性会见则有一般外交交涉、业务商谈等。

会谈是指双方或多方就某些重大的政治、经济、文化、军事问题以及其他共同关心的问题交换意见。会谈也可以是洽谈公务,或就具体业务进行谈判。会谈,一般来说内容较为正式,政治性或专业性较强。

> **礼仪·案例**
>
> **短暂的会谈**
>
> 1964年4月,科威特外交大臣、王位第六继承人贾比尔,作为13个阿拉伯国家的代表访问日本,向日本通报第一届阿拉伯国家首脑会议关于反对以色列使约旦河水倒流的决议。日本外务省将贾比尔与大平正芳外相会谈的时间定为10分钟(日本外务省称是45分钟),一过10分钟,大平外相就看看手表说,对于这些问题,待日后再回答吧!就结束了会谈。加之科威特方面对贾比尔抵日时所受到的礼遇和接待感到不满。于是,科威特政府宣布在签证、日货进口、石油出口和日侨地位等方面,对日本实行限制,致使两国关系处于低潮。一直到大平去职,日本继任外相就贾比尔访日一事向科威特深表歉意,科日之间的紧张关系才得以缓和。

## (二) 会见来宾

总体上讲,会见时要恭请来宾就座于上座。

### 1. 相对式

宾主双方面对面而坐,通常又分为两种情况:双方就座后一方面对正门,另一方背对正门,此时讲究"面门为上",请来宾就座面对正门之座,如图 12.1 所示;双方就座于室内两侧,并且面对面地坐,此时讲究进门后"以右为上",请来宾就座进门的右侧座位,如图 12.2 所示。如宾主双方不止一人时,座次排列如图 12.3 所示。

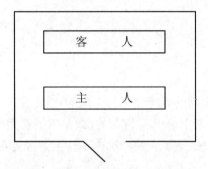

图 12.1 相对式会客的座次排列之一

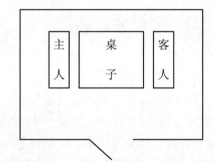

图 12.2 相对式会客的座次排列之二

### 2. 并列式

宾主双方"平起平坐",多用于礼节性会晤,具体分为两类情况:双方面门而坐,此时讲究"以右为上",即请来宾就座在主人的右侧,如图 12.4 所示;若双方不止一人时,双方的其他人员可各自分别在主人或主宾的一侧按身份高低依次就座,如图 12.5 所示;双方一同在室内的右侧或左侧就座,此时讲究"以远为上",即距门较远之座为上座,应当让给客人,如图 12.6 所示。

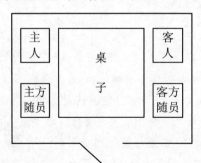

图 12.3 相对式会客的座次排列之三

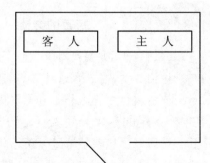

图 12.4 并列式会客的座次排列之一

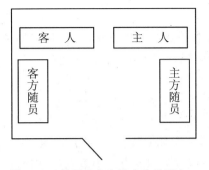

图 12.5 并列式会客的座次排列之二

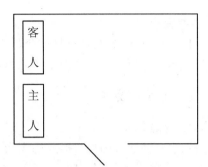

图 12.6 并列式会客的座次排列之三

### 3. 居中式

讲究"居中为上",即以居于中央的位置为上座,请客人就座,以两侧的位置为下座,由主方人员就座,如图 12.7、图 12.8 所示。

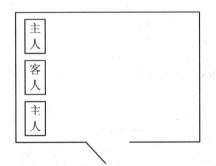

图 12.7 居中式会客的座次排列之一

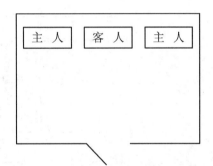

图 12.8 居中式会客的座次排列之二

### 4. 主席式

适用于在正式场合同时会见两方或两方以上的客人。此时,一般由主人面对正向而坐,其他各方则背门而坐,如图 12.9 所示。有时,主人亦可坐在椭圆桌的尽头,而请各方就座于两侧,如图 12.10 所示。

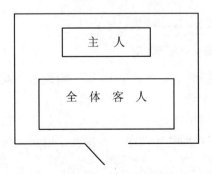

图 12.9 主席式会客的座次排列之一

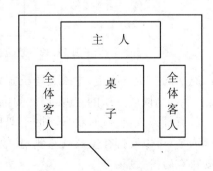

图 12.10 主席式会客的座次排列之二

### 5. 自由式

自由式择座，即在进行具体会晤之时，没有正式的座次排位，主宾各方的全体人员一律自由择座。多适用于各类非正式会晤或者非正式举行的多边会晤。

### （二）举行会谈

#### 1. 双边会谈

双边会谈通常用长方形或椭圆形的桌子，宾主相对而坐，以正门为准，主人占背门一侧，客人占面门一侧，如图12.11所示；或以入门的方向为准，客人占右边一侧，主人占左边一侧，如图12.12所示。

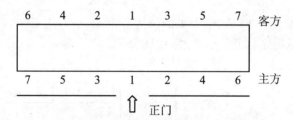

图12.11 双边会谈的座次排列之一

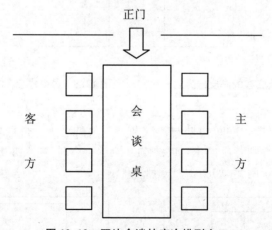

图12.12 双边会谈的座次排列之二

座次的排定方法是，主谈人居长方桌或椭圆桌一侧的正中，第一副谈居主谈的右侧，第二副谈居主谈的左侧，以此类推，宾主双方人员各自左右排开。

如有翻译人员参加，我国习惯于把我方的翻译人员安排在主人右侧，客方如有翻译人员，可以安排在主宾的左侧，其他人则按照礼宾顺序左右排列。记录人员可以安排在后排就座。

有的国家习惯于把翻译人员安排在主谈人的身后,你可以尊重对方国家的习惯,也可以延续我国的惯例。

### 2. 多边会谈

多边会谈中参加会谈的单位是多方,参加的人数较多,无主次之分。多边会谈常被称为圆桌会议,因为座位一般都摆成圆形或方形,与会者围桌而坐,如图12.13所示。

**图 12.13　多边会谈的座次排列**

如果只是小范围的会谈,也可以安排在办公室里,或者不用桌子,只设沙发。座次安排的原则同上。

圆桌会议虽然回避了座次尊卑的问题,但是在入座时,按照国际惯例,各方与会人员应该尽量同时入场。

1. 随着经济的全球化,世界各国的商务往来不断增加,彼此间需要遵守一定的礼仪规则,这就是涉外礼仪的原则,诸如忠于祖国、入乡随俗、尊重隐私、守时守信、不卑不亢、以右为尊和女士优先等。

2. 在国际交往中,依照国际惯例与本国的习惯做法,对于应邀而至的众多国家、团体或个人的尊卑顺序所进行的合乎礼仪的排列,这即所谓的礼宾次序。常用的礼宾次序排列方法有:按职务高低排列、按字母顺序排列、按时间先后排列和按灵活方式排列。

3. 国旗是一个主权国家的象征和标志。国旗的日常悬挂是指国旗与彩旗或单位、部门的旗帜同时悬挂时的排序问题。通常有以下三种情况:前后排列、并列排列和高低排列。在涉外场合,当中国国旗与外国国旗并列悬挂时,则应按多边和双边活动两种不同的情况排序。

4. 在商务往来中,经常有会见会谈的情况。会见来宾时要恭请来宾于上座,一般来说可有相对式、并列式、居中式、主席式和自由式等安排座次,举行会谈则分为双边会谈和多边会谈等。

---

## 练 一 练

### 一、填空题

1. 会谈时,以正门为准,_____面向正门,_____背门而坐。
2. 多面国旗并列悬挂,主方在_____位置。
3. 宾主相当的会见,称为_____；身份高的人士会见身份低的,或主人会见客人,称为_____；身份低的人士会见身份高的,或客人会见主人,称为_____。

### 二、简答题

在国际交往中,礼宾工作通常使用的排列方法有哪几种?

### 三、案例分析题

#### 尊 严

20世纪90年代中期,我国的一名中学生应邀前往某拉美国家参加民间外交活动。有一天,当他前去出席在那个国家所举行的一次国际性会议时,发现在会场周围所悬挂的各与会国国旗之中竟然缺少中华人民共和国国旗,便当即向会议的组织者指出了这一问题,并且严正地表示:"不悬挂我国国旗,就是缺乏对我国的尊重,假如不马上改正,我将拒绝出席这次会议,并且立即回国。"

经过据理力争,中国国旗终于飘扬在会场的上空。在会议的组织者再三地表示歉意之后,那位中学生才终于步入会场,出席会议。在他入场时,不少与会者主动起立,向他热烈地鼓掌表示欢迎。当地的报纸事后对此发表评论说:"连一名中学生都具有那么强烈的民族自尊心,中国人的确是值得尊重的。"那位中学生之所以受到人们的尊重,主要是因为他能够在涉外交往中表现得不卑不亢。

【问题】
1. 对本案例中的中学生你有何评价?
2. 谈谈悬挂国旗的礼仪要求。

### 四、实训题

请安排某次双边会谈的座次:双方各7人,含翻译人员。

# 第十三章 中外礼俗

**学习目标**

知识目标：了解我国部分民族礼俗，了解世界部分国家的礼俗与禁忌和中国港澳台地区的习俗。

能力目标：能根据不同国家和地区的礼俗与禁忌，灵活顺利地开展商务活动。

**礼仪格言**

习俗是一种神圣的，不可侵犯的，除环境和文化进步之外不屈服于任何权力的东西。
——别林斯基

**说事·明"礼"**

**午餐风波**

一对阿拉伯夫妇乘火车在中国旅游。午餐时间，列车员笑容可掬地给他们送来了午餐。列车员右手托盘，左手将餐具、午餐一一礼貌地摆放至他们面前。不料，这对夫妇脸色大变。先生猛地站起来，掀起桌布，将食物摔到地上，并大声地说着什么，表情极为愤怒；夫人则掩面哭起来。列车员则一脸茫然，不知所措地呆站着那儿。

这是怎么回事呢？原来都是左手惹的祸。因为，在阿拉伯人看来，左手是不洁之手，用左手端送食物是对人莫大的侮辱。

【点评】随着国际交往的增加，在越来越多的中国人走出国门的同时，也有越来越多的外国人来到中国旅游、从事商务活动，作为一名现代中国人，我们必须了解各国不同文化差异所形成的不同习俗，只有这样，才能避免不必要的误解。

# 第一节　中华民族礼俗

"千里不同风,百里不同俗",甚至隔山过桥,习俗都会有差异。商务人员在从事商务活动中,应学会"入乡先问禁,入境先问俗"。这不仅是为了避免闹出笑话和不必要的尴尬,也是为了更好地了解当地的民风民情和文化历史。

## 一、汉族习俗与礼仪

### (一) 汉族简介

汉族,在历史上被称为汉人。

汉族是中国的主体民族。汉族的语言通称汉语,属汉藏语系,是世界上历史悠久、语料丰富的语言。主要方言有七种,即北方方言、吴方言、湘方言、赣方言、客家方言、闽方言、粤方言。现代汉语的标准语是普通话。

汉文(汉字)起源于远古,通行的方块字从殷商的甲骨文和商周的金文演变而来。20世纪50年代以后,国家进行了文字改革,制定了汉语拼音方案,推广普通话,简化汉字。

汉族自古对各种宗教采取兼容并蓄的态度,有部分人信奉佛教、道教、基督教新教、天主教等。民间尊崇孔子和儒学。

节日以春节最为隆重。还有清明节、端午节、中秋节等。有的节日已成为汉族和一些少数民族的共同节日。

### (二) 习俗礼节

汉族传统礼节有作揖、跪拜,在广大的农村及少数民族地区现在仍流传较广。目前中国人在社交场合最为普及的见面或辞别礼节是握手礼,有时告辞握手后往往还要目送和摆手示别。亲朋好友久别重逢时,也有施拥抱礼的。信奉佛教的人要施双手合十礼。军人相见要行举手注目礼(即敬礼)。学生拜见老师,以及舞台演员谢幕常用鞠躬礼,以表达崇敬。人们祝贺胜利或表示欢迎,普遍以鼓掌为礼。

汉族重文明讲礼貌,待客热情诚恳,语言谦虚。如"久仰""久违""指教""赐教""劳驾""包涵""奉陪""恭候""光临""拜访""失陪""留步"等。

汉族的语言复杂,表达内容丰富。吉祥话、吉利语有"恭贺新喜""万事如意""9966""一路顺风""健康长寿"等。吉利礼、吉利物有"苹果"(含平平安安之意),

"寿桃"(含健康长寿之意),鱼(含富裕、富富有余、年年有余之意)等。中国有句俗话"好事成双",一般都以双数为吉利的数字,尤以"6"数为最受欢迎的数字,人们常言"六六顺"。这还因"6"与"禄"同音,是有钱财有福气的表示。对单数中的"9"数也很赞赏。这主要是因为"9"是个位数中的最高之数,人们称之为"天数",其象征着极高、极广、极大、极深之意。又因"9"与"久"谐音,有长久、永久的预示,所以也被人们誉为吉祥之数。

汉族偏爱红色,喜欢绿色,重视黄色;偏爱把"福"字倒贴,即"福到了",寓意着幸福即将到来。最崇拜龙,有"龙为神"之说,中华民族自称为"龙的传人"。最喜爱珍稀动物大熊猫,并将其视为国宝和吉祥物。喜爱牡丹花,是因为它雍容华贵、富丽堂皇,是中华民族兴旺发达、美好幸福的象征。还爱梅花,人们视其为民族团结、勤劳勇敢的象征。

汉族的衣、食、住和风俗习惯从古至今颇有特色,因时代的变化而变化。饮食方面,汉族以米、面为主,喜食蔬菜、豆类、肉、鱼及蛋类,尤其注重烹调技术;衣着方面历代变化较大,夏季多穿浅色衣服,冬季多穿黑、蓝色衣服。

### (三) 主要禁忌

#### 1. 行为忌

汉族普遍忌讳旁人在自己面前吐痰、挖鼻孔、擤鼻涕。认为这是不讲公德的行为。忌讳有人盯视自己,认为这是不怀好意。吃梨忌讳分着吃,或一梨切成几瓣分着吃,因为"分梨"与"分离"同音,是一种不祥的预兆。忌讳有人用筷子敲击碗碟,因为这会使人联想到乞丐要饭。祝寿时,吃面不要夹断面线。

#### 2. 送礼忌

送礼不要送钟表、梨、鞋、伞这类在发音上有不好寓意的礼物。"钟"与"终"谐音,"表"与"婊"同音,特别是"送钟"更会让老人们联想到"送终",很不吉利。"梨"与"离"谐音,容易让人联想到分离和离开,对于感情的维系很不利。"鞋"与"邪"同音,而且鞋被踩在脚下,所以除了亲人,一般不要给别人送鞋。"伞"音同"散",散意离散,为人们所不喜欢,所以伞被视为不吉利的礼物。

#### 3. 数字忌

江浙一带人对"13"也有所忌讳,他们常把呆笨、愚蠢的人称为"13点"。有些地方的人不喜欢"14"这个数,认为"14"和"失事"音相似。有些地方在盖楼时不设"18"层,避免"18层地狱"之意。有些地方迷信的说法是买房不买8楼而偏爱7楼,认为"七上八下"。

#### 4. 颜色忌

普遍忌讳黑色。认为黑色是葬礼的颜色。普遍忌讳用红笔写信及签字。因为这含有断交之意。

 不要送刀和剪刀一类利器。刀、剪是伤人的利器,含有"一刀两断"之意。而且,送人刀、剪会让对方觉得有威胁之感。

船的主人忌称老板,要称"船老大"或"掌柜的",因为"老板"表示船上的木板破旧了,容易散架,很不吉利。忌讳听到乌鸦的叫声,认为这是不祥的兆头。

## 二、主要少数民族习俗与礼仪

### (一) 蒙古族习俗与礼仪

**1. 蒙古族简介**

蒙古族被誉为"马背上的民族"。自称"蒙古",意为"永恒之火"或"永不熄灭的火"。

蒙古族是我国人口较多的少数民族之一,人口大多数聚居在内蒙古自治区,其余分布在辽宁、吉林、黑龙江、甘肃、青海等省以及新疆维吾尔自治区境内。

蒙古族有自己的语言和文字。蒙古语属阿尔泰语系,现有的文字是14世纪初由蒙古学者对原有文字改革而成。

萨满教和藏传佛教是蒙古族信仰的主要宗教。

**2. 习俗礼节**

首饰、长袍、腰带和靴子是蒙古族服饰的四个主要部分。蒙古族男女老幼都喜欢穿长袍,束腰带。

蒙古族以肉食、奶食为主。爱吃羊肉、炒米,爱喝奶酒、奶茶。

圆形蒙古包是蒙古族牧民传统的居住工具,具有便于搬运、易于拆搭、抵抗风寒等特点,适于游牧生活。随着游牧习俗向定点放牧或舍饲半舍饲转变,蒙古族现今大多定居在砖瓦房或楼房里。

蒙古族热情好客,待人诚恳,讲究礼貌。对来客,不论是熟人还是生人,总是热情问候,殷情待客。客来敬茶是一种高尚的蒙古族传统礼仪。到牧民家做客,主人首先会给宾客敬上一碗奶茶,宾客要微欠起身用双手或右手去接,千万不要用左手去接,否则会被认为是不懂礼节。主人斟茶时,宾客若不想要茶,用碗边轻轻把勺或壶嘴一碰,主人便即刻明白宾客的用意。酌茶后会再请客人吃酥脆的蒙古油炸果子以及独具草原风味的"手扒羊肉"等。

蒙古族同辈相遇要互相问好,晚辈遇到长辈则首先请安。走路、上车、进门、落座、喝茶、吃饭、喝酒,一定让老人或长辈在先。

蒙古族重要节日有春节、兴畜节和那达慕等。其中,那达慕是蒙古族最为盛大、影响最为广泛的节日。

3. 主要禁忌

客人应在包房后面下马;勿手持马鞭进入包房;不要踢打牲畜;不得骑马闯入羊群;不得追打猎犬和看家犬;不要称赞主人的孩子和牲畜;未经允许不要进入包房;在包房内不要随便就坐;不能蹲;不能将腿伸向西北方或灶炉;不要吐痰;不要从主人的衣帽、枕头、被褥上跨过;出入包房不要踩踏门槛;不要用烟竿、筷子、刀剪指别人的头部;礼品要成双;送接礼品用双手,忌用单手,更忌左手接礼;告辞时从左侧离开包房;出门后,不应马上上马或上车等;喜欢白色,厌恶黑色。

（二）回族习俗与礼仪

1. 回族简介

回族是中国分布最广的少数民族,全国30多个省、自治区、直辖市均有分布。宁夏回族自治区是其主要聚居区。

回族因长期和汉族杂居,基本使用汉语,但在宗教生活中会使用一些阿拉伯语和波斯语的词语。

回族信仰伊斯兰教的称"穆斯林",保持着严格的宗教习俗。在居住较集中的地方建有清真寺,又称礼拜寺。由阿訇主持宗教活动,信奉《古兰经》。

2. 习俗礼节

回族的衣着与汉族差别不大,其主要不同之处是,回族男士头戴白色平顶圆帽,妇女戴头巾（盖头）。通常老年妇女戴白色盖头,已婚妇女戴黑色盖头,未婚女子戴绿色盖头。

回族主食中,面食多于米食,面食制作方法丰富多彩,以煮、蒸、炸、烙、烤、煎、炒、熬等为主。

回族信奉伊斯兰教。依据伊斯兰教教义,回族在肉食上以牛、羊肉为主,禁食猪、狗、猫、骡、驴和狮、虎、狼、豹等猛兽的肉,禁食自死动物,禁食动物血液和禁止饮酒。回族的风味食品有油香、馓子等。

回族多数人从事农业,兼营畜牧业,善于经营商业、手工业和饮食业。

"花儿"是西北民歌中的一种,据说由元曲演变而来。西北回族群众十分喜欢唱"花儿"。回族"花儿"旋律高亢豪放,悠扬婉转,富于浓郁的乡土气息和生活情趣。

回族的民族节日主要有开斋节（伊斯兰教教历10月1日）、宰牲节（又称古尔邦节,伊斯兰教教历12月10日）和圣纪节（伊斯兰教教历3月12日）三大节。每逢这三大节,回族和其他信奉伊斯兰教的中国少数民族各放假一天,以便欢度节日。

> **礼仪·学堂**
>
> 回族聚集区宁夏回族自治区地处黄土高原与内蒙古高原的过渡地带,这里物产丰富,有"宁夏五宝":红、黄、蓝、白、黑。"红"指枸杞,"黄"指甘草,"蓝"指贺兰石(产于贺兰山,可用来制作砚台和刻章),"白"指滩羊皮,"黑"指煤炭。

3. 主要禁忌

忌食猪肉与一切自行死亡的动物之肉,禁食狗、马、骡及一切猛禽之肉。回族人在肉食方面禁忌极严,只吃由阿訇宰杀的牛羊之肉。犯禁要受到鄙视和谴责。

回族人禁止喝酒,也禁止吸烟。同时也忌讳别人在自己家喝酒和吸烟,他们认为喝酒、吸烟是对真主的不敬。

吃蒸馍、饼等块状食物时,忌讳囫囵咬啃,必须用手掰开,分成许多小块而食。

回族人极讲卫生,忌讳不洁。不许将剩水倒回井中、水塘中或水缸中。不许在井边洗衣服,不许在河边、果树下大小便。禁止在人前袒胸露背。

> **小贴士**
>
> 回族不喝酒,在家里也不备酒具,家里来客人一律不摆酒,有时为了接待客人,在参加宴会时,别人敬酒和碰杯时,回族多以水、橘子汁等饮料代替。有些回族人压根就不愿意和饮酒者同桌聚餐。

(三)藏族习俗与礼仪

1. 藏族简介

藏族是中国历史悠久的少数民族之一,主要分布在我国西藏自治区和青海、甘肃、四川、云南等省区。拉萨是藏族人心中的圣地。

藏族有自己的语言和文字。藏语属汉藏语系藏缅语族藏语支,现行的藏文是公元7世纪前期根据梵文某些字体和西域文字制定的拼音文字,通用至今。

藏族人多信仰藏传佛教,俗称喇嘛教。

2. 习俗礼节

藏族的服饰美观大方。男子普遍头戴镶边皮帽或毡帽,身穿长袍,束腰带,穿长靴,腰佩藏刀。女子头梳小辫,再戴帽或包布帕,穿藏袍。

藏族人爱吃糌粑、肉食、奶制品,爱喝酥油茶。

藏族人民有尊老爱幼的优良习俗。每年藏历新年（藏历正月初一，与汉族的春节相近）的黎明，家里的女儿或儿媳，要出去背回当年的第一罐水，即"吉祥水"，煮酥油茶敬献给老人。

献"哈达"是藏族最常见的一种礼节。藏族人民在迎送宾客或与亲朋交往中，把哈达赠送给对方，表示敬意和祝福。

藏族是一个能歌善舞的民族，歌声悠扬、嘹亮。男性的舞蹈动作粗犷、奔放，女性的动作优美、轻柔。

藏历新年、农家年、萨噶达瓦节、女儿节、雪顿节、"白来日追"节是藏族的主要节日，其中藏历新年是最为隆重、最具有全民族意义的节庆。

**礼仪·学堂**

**藏族哈达传友情**

"哈达"是藏语的音译，意思是纱巾、绸巾。无论逢年过节、拜会尊长、致敬祝贺、朝圣拜佛、婚丧嫁娶、迎来送往、互致谢意，还是新房竣工、认错请罪等，都有献哈达的习惯。

最初的哈达是元朝时传入西藏的，是当年萨迦法王八思巴会见元世祖忽必烈后带回西藏的。后来随着藏传佛教的发展，哈达被赋予宗教色彩，称之为"神女衣衫上的飘带"。在藏族生活习俗中，敬献哈达是接待客人的最高礼仪。敬献哈达时，应躬身低头，双手举哈达高过头，再放在对方的脖颈上。在接受哈达时要将身体微微前倾，以便对方将哈达挂在自己脖子上。敬献哈达都是在很庄重的场合进行的，而且根据不同的场合还被赋予不同的内涵。下级向上级、晚辈向长辈献哈达，是表示敬意和感谢；同辈或平级献哈达，是表示友好；上级对下级、长辈给晚辈赠哈达，是表示亲切关怀和慈祥的爱意；向有纠葛的一方献哈达，意味着双方愿意重归于好，化干戈为玉帛。

哈达的颜色有蓝、白、黄、绿和红五色。蓝色象征蓝天，白色象征白云，绿色象征江河，红色象征护法神，黄色象征大地。根据佛教教义解释，五彩哈达象征着菩萨的服装，因此五彩哈达是献给菩萨和近亲的，是最隆重的礼物。在藏民的传统观念里，白色是纯洁、吉祥的象征，最常见的是敬献白色哈达。

3. 主要禁忌

藏族人不吃马肉、狗肉，因为藏族的传统游牧生活中不能缺少马和狗，藏族人认为马和狗是通人性的，不能吃。

凡行人碰到寺庙、宝塔、嘛尼堆和龙树时必须下马，从左边绕行；信本教者则从右边绕行，不得逆行。进入寺院必须肃静，就坐时身子要端正，切忌坐活佛之位。

不得在藏民的牛圈、马圈、羊圈大小便；不得当别人面烤鞋、袜和裤子；不得在别人面前打喷嚏,更不得放屁;不得随便摸他人的帽子和头发;不得用带有藏文的纸当手纸或擦东西,他们认为文字是神圣的。

进入藏民帐篷后,男坐于左侧,女坐于右侧,不得混杂而坐。主人倒茶时,客人不得安坐不动,必须把茶碗向前倾出,以表敬意。不得用单手接递物品。

藏族人家如有人生孩子或有病人,必须要在门口放堆火或挂红布条、插树枝,以表谢绝外人入内。外人见到此标志,也不得入内。

### (四)维吾尔族习俗与礼仪

#### 1. 维吾尔族简介

维吾尔族是中国古老的少数民族之一,主要聚居于新疆维吾尔自治区,其中88%住在天山以南的新疆南部地区。另有少数维吾尔族人居住在湖南省的桃源、常德等县。

维吾尔族有本民族的语言和文字。维吾尔族使用维吾尔语,属阿尔泰语系突厥语族。

维吾尔族主要信仰伊斯兰教。大部分维吾尔族人信仰伊斯兰教中的逊尼派。

#### 2. 习俗礼节

维吾尔族的服饰丰富多彩。传统的男子外衣称为"袷袢",长过膝、宽袖、无领、无扣,穿时腰间系一长带。女子普遍穿连衣裙,外罩坎肩或上衣。维吾尔族人戴的四楞绣花帽图案精美、鲜艳夺目,富有特色。

维吾尔族的传统饮食以面食为主,喜食羊、牛肉,禁食猪肉。其特色食品有烤全羊、香脆的圆形烤饼和色香味俱全的"抓饭"等。

在节日或喜庆日子里,或者贵客光临,维吾尔族人要吃抓饭或以抓饭招待客人。汉族是先上酒菜后上饭,而维吾尔族是先上饭菜,后上酒,饭菜分几道上。维吾尔族居家进餐时,讲究长辈坐上席,长辈先动筷,其他人才可以动筷。年轻人在长辈面前不得吸烟、喝酒。

维吾尔族是一个尊老爱幼,热情好客的民族。路遇尊长或朋友,要把右手放在胸口,男子相见要握手,妇女相见要互相拥抱,贴一下右脸,都以"撒拉木"问安。最后,双手抚膝躬身道别。晚辈要先向长辈施礼,现在多以握手作为见面礼。

维吾尔族人素有"歌舞民族"之称,男女老少几乎人人能歌善舞。

维吾尔族的传统节日,有肉孜节、古尔邦节和诺鲁孜节。维吾尔族最盛大的民族节日是古尔邦节(即宰牲节,伊斯兰教教历是12月10日)。节日期间,维吾尔族人穿新衣,宰牛羊,唱歌跳舞,喜气洋洋。

> **礼仪·学堂**
>
> ### 花　帽
>
> 花帽是维吾尔族服饰的组成部分，也是维吾尔族人美丽的标志之一。早在唐代，西域男性多戴卷檐尖顶毡帽，款似当今的"四片瓦"。到了明代，因受阿拉伯和中亚文化的影响，维吾尔族男子削发戴小罩刺绣花帽。清代初期，维吾尔族花帽在用料和款式方面有了新的发展。冬用皮，夏用绫，前插禽羽。女帽皆用金银线绣花点缀与装饰。经过各地维吾尔族人民的不断创新，花帽做工愈益精细，品种更为繁多。但主要有"奇依曼"和"巴旦姆"两种，统称"尕巴"（四楞小花帽）。花帽作为维吾尔族的独特服饰，形式清晰，纹饰多样，色彩鲜艳，图案古朴，工艺精湛。

#### 3. 主要禁忌

维吾尔族具有信仰伊斯兰教民族所共有的饮食禁忌。此外，在接受别人礼物或者给别人敬茶时要用双手，忌用单手，更不能用左手，平时忌穿短小衣服，最忌在户外穿短裤，晚上睡觉忌头东脚西或四肢平伸仰卧等。

到维族家做客切记下列 7 项禁忌：① 洗手时，不可将沾污水的手乱甩；② 要待长者坐好后方可就坐，坐时要跪坐，不要盘坐；③ 吃抓饭时不要满盘子乱抓或将抓过的肉食再放入盘内；④ 吃剩的残骨不要乱扔，应放在自己面前的餐布上；⑤ 用餐时外出切不可从餐布上跨过或从客人前面走；⑥ 吃饭后，等主人收拾完毕，作过"都瓦"，方可离席；⑦ 做客时不能当着客人和主人的面吐痰、擤鼻涕等。

### （五）朝鲜族习俗与礼仪

#### 1. 朝鲜族简介

朝鲜族是中国颇具特色的少数民族之一，主要聚居在吉林省，另有少数分布在辽宁、黑龙江等省。

朝鲜族有本民族的语言和文字。

朝鲜族信仰宗教的人较少，信教者有的信佛教，有的信基督教或天主教。朝鲜族早期宗教流行图腾崇拜和始祖崇拜，信仰土谷神，后来形成檀君教、东学教等本民族宗教。朝鲜族受儒家思想影响较深，先后有道教、佛教、基督教新教、天主教等传入。

#### 2. 习俗礼节

朝鲜族服装比较精美。男子爱穿漂亮的坎肩，妇女喜欢穿白色和色彩艳丽的短衣长裙。短衣为斜襟、无扣，以布带打结，衣襟上挂上彩绸飘带；裙的长短视年龄大小有别，中年以上的妇女穿长及脚面的裙，少女及女青年的裙子则较短。

朝鲜族以大米、小米为主食，其风味食品有打糕、冷面、泡菜等。朝鲜族人爱吃狗肉,爱喝花茶和白酒。

朝鲜族村落多半坐落在依山的平地上,房屋别具一格,屋顶四面斜坡,屋里用木板隔成单间,各屋之间有门道相通。

朝鲜族人民非常注重礼节,尤其崇尚尊老爱幼的传统美德。晚辈对长辈必须用敬语,吃饭时长辈动筷后其余人才能就餐。父母诞辰60周年这一天,子女们还要为老人举办"花甲宴"(也叫花甲礼)。

朝鲜族以能歌善舞著称于世,著名的民间舞蹈有农乐舞、长鼓舞、扇舞、顶水舞等。

朝鲜族人民热爱体育运动。跳板和荡秋千是朝鲜族妇女喜爱的传统运动,摔跤和踢足球则是男人们喜爱的运动。延边素有"足球之乡"的美称。

**3. 主要禁忌**

严禁同宗、表亲通婚;不喜食羊、鸭、鹅及油腻食物,喜食狗肉,尤喜狗肉汤,但婚丧及佳节时禁止杀狗、食狗;与长者同路时,年轻者必须走在长者后面,途中遇有长者迎面走来,年轻人应恭敬地站立路旁问安并让路。

## (六)傣族习俗与礼仪

**1. 傣族简介**

傣族主要分布在云南省的西南部,聚居在西双版纳傣族自治州、德宏傣族景颇族自治州、耿马傣族佤族自治县和孟连傣族拉祜族佤族自治县等地区。

傣族有自己的语言文字,傣语属汉藏语系壮侗语族壮傣语支。傣族人不仅能歌善舞,而且创造了灿烂的文化,尤以傣历、傣医药和叙事长诗最为出名。

傣族多信仰小乘佛教,但同时又保留了部分原始信仰,近代以来在一些地区又出现了基督教等宗教信仰。

**2. 习俗礼节**

傣族的传统服饰包括男服、女服、头饰等,过去还有纹身、饰齿等习俗。男子穿无领对襟或大襟小袖上衣,大多为白色,下衣为无袋宽腰长裤,以粉红或白色头巾包头;女子内衣穿色泽鲜艳的无领、无袖的紧身胸褂,外罩无领细袖紧身短衣,下穿筒裙。

傣族以大米和糯米为主食。

孔雀舞,傣语称"戛洛勇"或"戛朗洛",意即孔雀跳,这是傣族人民最喜爱的有着古老传统的广场表演性舞蹈。傣族人民之所以爱跳孔雀舞,这是因为他们认为孔雀最美、最善良,是民族精神的象征。傣族人民以跳孔雀舞来歌颂自己的民族,用孔雀舞来表达本民族的理想和愿望。

傣族的民族节日主要有赶花街、采花节、泼水节、关门节、开门节、做摆节等。

## 第十三章 中外礼俗

**礼仪·佳话**　　**周总理与泼水节**

西双版纳泼水节的声名远播与共和国伟人周恩来密不可分。1961年4月,周恩来总理与缅甸吴努总理来到西双版纳,正遇傣族一年一度的新年,他便和边疆各族人民共同欢庆了这个富有情趣的民族节日。当年景洪交通闭塞,周总理乘飞机到达思茅后改乘汽车。澜沧江大桥正在建设中,只能乘渡船过江。共和国总理的到来,使整个小城沸腾了,人们奔走相告,扶老携幼,怀抱鲜花涌向街道,涌向码头,用民族的最高礼节来迎接人民的总理。

4月的版纳正是凤凰花盛开的季节。火红的凤凰花树下,周总理兴致勃勃地换上傣族服装,手拿银盆与各族人民互相泼水祝福。自此以后,西双版纳景洪在全国乃至世界逐渐闻名,现已成为闻名中外的旅游胜地。

3. 主要禁忌

忌讳外人骑马、赶牛、挑担和蓬乱着头发进村寨。进傣家竹楼,要将鞋脱在门外,在屋内走路要轻。不得坐在火塘上方或跨越火塘,忌移动火塘三脚架,不许用脚踏火。不能进入主人内室,不能坐门槛。禁止在家里吹口哨、剪指甲。晒衣服时,上衣要晒在高处,裤子和裙子要晒在低处。进佛寺要脱鞋,忌讳摸小和尚的头。不许在菜园里大小便。

**礼仪·学堂**

**泼水节的传说**

很久以前,有一个凶恶残暴的魔王,刀砍不死,火烧不伤。他独霸一方,无恶不作,给人民带来无穷的灾难。他抢来6个美女做妻子,但还不满足。一天他又抢来一个美丽的姑娘做他第七个妻子。这姑娘美丽聪明,魔王特别喜欢她。这姑娘决心为民除害,不露声色地等待时机。过年那天夜里,她用最好的酒把魔王灌醉,趁魔王高兴,假意对魔王说:"大王,你真勇敢,全天下也找不到你的对手。"魔王高兴地说:"我的心肝,其实我也有致命的弱点,只要有人拔下我的一根头发来勒我的脖子,我就会立刻死去。"姑娘探得了这个秘密,等魔王睡熟后,轻轻地从他头上拔下一根头发,往魔王脖子上一勒,魔王的头立刻掉了下来,变成一团火球往外滚。他的头滚到哪里,火就烧到那里。房屋被烧毁了,庄稼被烧焦了,到处都是飞起的烈焰,眼看大地就要成为一片火海,姑娘立即抱住魔王的头,把大火引到自己身上。那6个姑娘轮流泼水,一直泼了990天,才把火泼灭,免除了一场灾难。傣族人民为了感谢她们为民除害,每年清明节后的第七天,都给她们泼一次水。后来,这一做法又演变为一种习俗,以泼水表示纪

> 念和祝福,认为节日的水是吉祥的水,可以冲走一年中的疾病和痛苦。
>
> 　　这个动人的传说,表达了傣族人民力图征服自然灾害的美好愿望和傣族人民爱憎分明的情感。

### (七) 白族习俗与礼仪

**1. 白族简介**

白族是我国西南边疆一个具有悠久历史和文化的少数民族,主要分布在云南省,80%以上聚居在大理白族自治州。

白族有本民族语言,白语属汉藏语系藏缅语族,通用汉文。

白族地区存在多种宗教信仰,不少人信佛教、道教,少数人信仰基督教和天主教。白族人崇拜"本主"神灵,认为它是保佑本村、本地或本境之神。本主崇拜源于龙图腾崇拜。

**2. 习俗礼节**

白族尚白,以白色为尊贵。大理地区的男子通常穿白色的对襟上衣,外面套一件黑领褂;海东地区男子则外套皮领褂或数件皮质、绸缎领褂,腰系皮带或绣花兜肚,下着蓝色或黑色长裤。女子是白上衣,再套一件蓝色、红色或黑色的坎肩,腰上系着绣花的小围裙。

白族爱食酸、辣、冷口味。住在坝区的白族人以稻米为主食,兼食小麦;住在山区的白族人以玉米、荞麦为主食。

多数白族人聚居于平坝的村落之中,住房以土木结构的瓦房为主。

白族的节日颇多,除了和汉族一样的春节、元宵、清明、端阳、中元、中秋等节日外,白族还有一些具有浓郁民族特色的节日,如绕三灵、三月街、蝴蝶会、火把节、石宝山歌会等,其中以石宝山歌会最富有情趣。

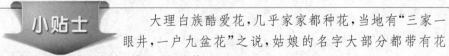
　　大理白族酷爱花,几乎家家都种花,当地有"三家一眼井,一户九盆花"之说,姑娘的名字大部分都带有花字,如金花、银花、德花、美花、春花等。

**3. 主要禁忌**

忌上午访友或探望病人,一般以下午或晚间为宜。忌在太阳落山之际和家人刚出门时扫地。在正月初一忌讳串门。斟茶只斟半杯,喝完再续,否则会被视为不礼貌。妇女分娩时,外人不得上门。

  白族热情好客,每逢客人光临,必以烤茶待之,通常斟三道,俗称"三道茶",即头苦(第一道为纯烤茶)、二甜(第二道加核桃片、乳扇和红糖)、三回味(第三道加蜂蜜和几颗花椒)。

## (七)哈萨克族习俗与礼仪

### 1. 哈萨克族简介

哈萨克族主要聚居在新疆伊犁哈萨克自治州、木垒哈萨克自治县、巴里坤哈萨克自治县以及甘肃阿克塞哈萨克自治县。

哈萨克族有自己的语言文字。语言属阿尔泰语系突厥语族,文字系以阿拉伯字母为基础的拼音文字。

哈萨克族多信仰伊斯兰教。

### 2. 习俗礼节

哈萨克族大部分从事畜牧业,除了少数经营农业的已经定居之外,绝大多数牧民都按季节转移牧场,过着逐水草而居的游牧生活。

哈萨克族服装一般都比较宽大结实。衣袖一般都长过手指。男子喜在腰间束皮带,上系小刀,便于随时切肉食用;男性内衣衣领较高,多绣花边,套西服背心。女子喜着色彩鲜艳的衣服,胸前绣花纹,多穿连衣裙。

哈萨克的主食主要是牛、羊、马肉,其次是用面粉制成的馕、面条以及抓饭等。

为了迁移方便,哈萨克族住的多是轻易而简便的毡房,即称"哈萨包",牧民在春、夏、秋三季居住其中,冬天则住土房和木屋。

主要的节日也和维吾尔族一样,是古尔邦节和肉孜节。"姑娘追"是哈萨克族一种表达男女爱情和进行骑技竞赛的传统活动。

### 3. 主要禁忌

忌讳当面数主人家的牲畜,不得跨越拴牲畜的绳子,不许骑马进羊群。晚辈忌在长辈面前喝酒、吸烟,不能直呼长辈名字。不许用手背擦摸食物,不准乱丢食物,不准坐在装有食物的箱子或其他用具上,也不准以脚碰或跨越餐具。做客时应该跪坐或者盘腿而坐,禁止双脚直伸而坐,尤其忌讳将鞋子脱掉,脚底板朝向主人。在交谈和进餐时,忌擤鼻涕、挖鼻孔、吐痰、剪指甲、打哈欠。忌讳别人当面赞美自己的孩子,尤其不能说"胖",认为这样会给孩子带来不幸。忌食猪肉、狗肉、驴肉、骡肉和自死的畜禽肉及动物血。

> **小贴士** 呼和浩特是内蒙古自治区的首府,蒙古语意为"青色的城";乌鲁木齐是新疆维吾尔自治区的首府,"乌鲁木齐"是蒙古语,其意为"优美的牧场";拉萨是西藏自治区的首府,藏语意为"圣地"。

## 第二节　世界商务礼俗

不同国家和地区由于地理、历史、宗教、文化传统等的不同,其礼俗与禁忌是不相同的。在商务交往中,了解它们的礼俗与禁忌,有利于商务活动的顺利进行。

### 一、亚洲主要国家的礼俗与禁忌

#### (一) 日本(Japan)

**1. 日本简介**

日本是亚洲东部的一个群岛国家,陆地面积约37.8万平方千米,包括北海道、本州、四国、九州四个大岛和其他6800多个小岛屿。总人口约1.265亿(2018年)。主要民族为大和族,北海道地区约有1.6万阿伊努族人。主要宗教为神道教和佛教。通用日语。首都为东京(Tokyo)。图13.1为日本富士山。

图13.1　日本富士山

**2. 礼貌礼节**

日本人总的特点是勤劳、守信、守时、生活节奏快、工作效率高、民族自尊心强、注重礼节。

(1) 见面礼节。日本人见面一般都互致问候,脱帽鞠躬,表示诚恳、亲切;初次见面,互相鞠躬,交换名片,一般不握手,见面时常说"拜托您了""请多关照"等。

(2) 待客礼节。日本人一般不用香烟待客,如客人要吸烟,应先征得主人的同意,以示尊重。"不给别人添麻烦"是日本人的生活准则。日本人以酒待客时,认为让客人自己斟酒是失礼的。主人或侍者斟酒时,要右手拿壶,左手托壶底,壶嘴不能碰杯口。

(3) 言行礼节。在公共场所很少有人大声喧哗或吵闹。在一般场合,日本人谈话声音轻,很少大笑,特别是女性,即使是遇到很高兴的事也往往用手掩嘴轻轻微笑,否则会被认为是失态、缺少教养的行为。

(4) 衣着礼节。日本人注重衣着,平时衣着总是大方整洁。在正式场合,一般穿礼服,即使在一般场合,光穿背心或赤脚也是失礼的。

(5) 送礼。日本人盛行送礼,他们既讲究送礼,也讲究还礼。日本人送礼、还礼一般都是通过运输公司的服务员送上门的,送礼者与受礼者互不见面。

### 3. 饮食习惯

日本人早餐喜欢喝热牛奶,吃面包、稀饭等,午餐和晚餐吃大米饭。副食品主要是蔬菜和海鲜。日本人爱吃鱼,还有吃生鱼片的习惯。每逢喜事,日本人爱吃红豆饭,不加任何调料,只在碗里撒一些芝麻盐,十分清香适口。"便当"和"寿司"在日本是受欢迎的两种传统方便食品。

日本人喜欢吃清淡、油腻少、味鲜带甜的菜肴,喜欢吃中国的广东菜、北京菜、上海菜,但不喜欢吃羊肉、肥肉和猪内脏;喜欢喝中国的绍兴酒、茅台酒等。

### 4. 习俗禁忌

(1) 送礼忌。送礼时,忌送玻璃、陶瓷等易碎物品,也不能将带有狐狸、罐、菊花等图案的物品送人。馈赠礼品中,严禁在产品的数量和内容上出现4、6、9等不吉利的数字。

(2) 颜色忌。忌绿色,认为是不祥之兆。

(3) 图案忌。忌荷花图案,认为是妖花。

(4) 动物忌。讨厌金银眼的猫,认为看到这种猫的人要倒霉。

日本人彬彬有礼,自律性较强,与他们打交道时大声喧哗、不排队、不守时都是不受欢迎的。

## (二) 韩国(Republic of Korea)

### 1. 韩国简介

韩国的正式名称是大韩民国,位于亚洲东北部、朝鲜半岛南部,与我国山东半岛隔海相望,面积约10万平方千米。总人口约5142万(2017年)。全国为单一的朝鲜族。50%左右的人口信奉基督教、佛教等宗教。通用韩国语。首都为首尔(Seoul),意即"都城"。图13.2为韩国青瓦台。

**图 13.2 韩国青瓦台**

### 2. 礼貌礼节

韩国是一个礼仪之邦,其礼俗与我国朝鲜族基本相同,尤其注重尊老爱幼、礼貌待人。

(1) 尊老爱幼。在韩国,晚辈见长辈、下级对上级的礼仪规矩很严格,握手时应以左手轻置于右手腕处,躬身相握,以示恭敬;与长辈同坐,要挺胸端坐;若想抽烟,须征求在场的长辈同意。

(2) 尊重男子。在韩国,妇女对男子十分尊重,双方见面时,女子先向男子行鞠躬礼,致意问候。男女同坐时,男子位于上座,女子则位于下座。

(3) 宴请礼节。在韩国,如应邀去他人家里做客,不可空手前往,应带一束鲜花或一份小礼物,并用双手奉上。进入室内时,将鞋子脱下留在门口是不可疏忽的礼仪。韩国人宴会礼仪较多,诸如用餐要请长辈先吃,席中主人要敬三次酒,年轻人要为老人和长辈斟酒,饭后爱唱歌,等等。

### 3. 饮食习惯

主食为米饭和打糕,爱吃辣椒、泡菜。酱是韩国各种菜汤的基本佐料。喜欢吃牛肉、精猪肉、鸡和海味,不爱吃羊肉、鸭肉和肥肉。最爱吃的是"炖汤",这是用辣椒酱配以豆腐、鱼片、泡菜或其他肉类和蔬菜等烹制而成的。

### 4. 习俗禁忌

(1) 数字忌。韩国人喜欢单数,忌讳双数,忌用"4"。"4"在韩语中的发音、拼音与"死"完全相同,许多楼房的编号中忌"4"字,军队、医院、餐馆等也不用"4"编号。在饮茶或饮酒时,主人总是以1、3、5、7的数字来敬酒、布茶。

(2) 送礼忌。韩国人不以食品作礼物,接受礼品用双手,一般不能当面打开礼品盒。

(3) 交谈忌。与韩国人交谈,要避免议论与社会政治有关的话题,也不要批评他们的政府。

在韩国,等级观念、长幼意识、男女差别观点特别明显,位尊者、长辈、老人及男性的地位较高。

## (三) 新加坡(Republic of Singapore)

### 1. 新加坡简介

新加坡位于马来半岛南端,风景优美,气候宜人,有"花园城市"之称。总人口约564万(2018年),公民和永久居民约396万。华人占75%左右,其余为马来人、印度人和其他种族。主要宗教为佛教、道教、伊斯兰教、基督教和印度教。马来语为国语,英语、华语、马来语、泰米尔语为官方语言,英语为行政用语。首都为新加坡(Singapore)。图13.3为新加坡一景。

**2. 礼貌礼节**

（1）真诚微笑。新加坡人十分讲究礼貌礼节。他们的礼貌口号是："真诚微笑"，生活信条是"人人讲礼貌，生活更美好"。在日常生活中，人们处世待物，总是伴以真诚的微笑，即使交通警察对违章行人罚款时，也要微笑着执法。

（2）见面礼节。在新加坡，华人见面时作揖、鞠躬或握手。印度血统的人

图 13.3　新加坡一景

保持印度的礼节和习俗。马来血统、巴基斯坦血统的人则按伊斯兰教的礼节行事。

（3）敬长准则。新加坡人崇尚尊老敬贤，父母或长辈讲话时不能插嘴，父母或其他长辈呼唤时，要随叫随到。

**3. 饮食习惯**

主食为米饭、包子，不吃馒头。副食主要为鱼虾等海鲜，如炒鱼片、炒虾仁等。不信佛教的人喜欢吃咖喱牛肉。爱吃桃子、荔枝、梨等水果。早餐喜欢吃西餐，午餐和晚餐偏爱中国广东菜，下午爱吃点心。

**4. 习俗禁忌**

（1）颜色忌。新加坡人忌黑色和黄色。

（2）数字忌。数字上忌讳4、7、8、13等。

（3）图案忌。忌乌龟图案，认为乌龟是不祥的动物。

（4）交谈忌。忌说"恭喜发财"之类的话，认为这有教唆他人发"横财"和"不义之财"的意思。

 在新加坡，大年初一忌扫地，认为这一天扫地会把好运气扫走。

## （四）泰国(The Kingdom of Thailand)

**1. 泰国简介**

泰国正式名称是泰王国，位于亚洲东南部，地处中南半岛的中南部，盛产大象，尤以白象最为珍贵，敬之如神，故有"白象国"之称。面积约51.3万平方千米。总人口约6903万(2017年)。全国共有30多个民族。泰族为主要民族，占人口总数的40%，其余为老挝族、马来族、高棉族，以及苗、瑶、桂、汶、克伦、掸、塞芒、沙盖等山地民族。90%以上的民众信仰佛教，马来族信奉伊斯兰教，还有少数民众信仰基

督教、天主教、印度教和锡克教。泰语为国语。首都为曼谷(Bangkok)。图 13.4 为泰国一景。

图 13.4 泰国一景

**2. 礼貌礼节**

(1) 见面礼节。泰国人见面时不握手,而是双手合十行礼。双手抬得越高,越表示对客人的尊重,如晚辈向长辈行礼时,双手合十要举过前额,长辈合十回礼时双手不必高过前胸。行礼之后,不必再握手。

(2) 称呼礼节。泰国人一般用名字来称呼对方,如"建国先生""秀兰女士"等。

(3) 尊长准则。在泰国,如有长辈在座,晚辈只能坐在地上,或者蹲跪。以免高于长辈头部,否则被视为对长辈的极大不尊。给长者递东西时必须用双手,一般人递东西要用右手,表示尊敬,如不得已用左手时,要说一声:"请原谅,左手。"

**3. 饮食习惯**

主食为大米,副食主要是鱼和蔬菜。早餐多吃西餐,午餐和晚餐爱吃中国的广东菜和四川菜。特别喜爱吃辣椒,不喜欢酱油,不爱吃牛肉和红烧的菜肴,也不习惯放糖。泰国人特别喜欢喝啤酒,也爱喝白兰地兑苏打水。喝咖啡、红茶时,爱吃小蛋糕和干点心。饭后有吃苹果、鸭梨等习惯,但不爱吃香蕉。

**4. 习俗禁忌**

(1) 睡觉忌。睡觉时忌头向西方,因为日落西方象征死亡。

(2) 举止忌。忌用手触摸头部,认为头颅是智慧所在,神圣不可侵犯;忌用左手与别人相握,并忌讳用左手传递东西。

忌踩踏泰国人房子的门槛,认为门槛下住着善神;脚被认为是低下的,忌把脚伸到别人跟前。

就坐时,最忌跷腿及把鞋底对着别人,被认为这是把别人踩在脚底下,是一种侮辱性的举止。

(3) 颜色忌。忌用红笔签名,因人死后用红笔将其姓氏写在棺木上。

## (五) 印度(The Republic of India)

**1. 印度简介**

印度共和国是其全称。位于南亚次大陆,面积约 298 万平方千米,面积居世界第 7 位。总人口约 13.24 亿(2019 年),居世界第 2 位。印度有 100 多个民族,其中印度斯坦族约占总人口的 46.3%,其他较大的民族包括马拉提族、孟加拉族、比哈尔族、泰卢固族、泰米尔族等。世界各大宗教在印度都有信徒,其中印度教教徒和穆斯林分别占总人口的 80.5% 和 13.4%。官方语言为印地语和英语。首都为新德里(New Delhi)。图 13.5 为印度泰姬陵。

**2. 礼貌礼节**

(1) 见面礼节。印度是一个东西方文化共存的国家,有的印度人见到外国人用英语问候"您好",有的则用传统的佛教手势——双手合十。男人相见或分别时,有时也握手,但不能和印度妇女握手。晚辈为表示对长辈的尊敬,常在行礼时弯腰摸长者的脚。

(2) 交往礼节。印度人迎接贵客时,主人常献上花环,套在客人的颈上。花环

图 13.5　印度泰姬陵

的粗细及长度视客人的身份而异。献给贵宾的花环既粗又长,超过膝盖。给一般客人的花环仅及胸前。

**3. 饮食习惯**

印度人以米饭为主食,也喜欢吃印度烙饼。副食有鸡、鸭、鱼、虾、蛋及蔬菜。特别爱吃马铃薯(土豆),认为是菜中佳品。印度人口味清淡,不喜油腻,不吃菇类、笋类及木耳。咖喱是饭菜离不开的调料。印度人吃素食者较多,等级越高,食荤者越少。

**4. 习俗禁忌**

(1) 饮食忌。印度教徒奉牛为神圣,忌食牛肉,一般人忌穿牛皮鞋和使用牛皮包,信奉伊斯兰教的印度人不吃猪肉。

(2) 举止忌。印度人认为吹口哨是冒犯他人的举动,是没有教养的表现。头是印度人身体上最神圣的部分,千万不要拍印度孩子的头部,印度人认为这样会伤害孩子。

(3) 数字忌。印度人把 1、3、7 都视为不吉利的数字。

## 二、欧洲、美洲主要国家的礼俗与禁忌

**(一) 英国(The United Kingdom of Great Britain and Northern Ireland)**

**1. 英国简介**

英国全称为大不列颠及北爱尔兰联合王国,位于欧洲西部、大西洋的不列颠群岛上,国土面积约 24.41 万平方千米(包括内陆水域)。总人口约 6605 万(2017

年)。居民多信奉基督教新教,另有天主教会及伊斯兰教、印度教、锡克教、犹太教和佛教等较大的宗教社团。英语为国语。首都为伦敦(London)。图 13.6 为英国一景。

图 13.6　英国一景

**2. 礼貌礼节**

英国人崇尚彬彬有礼、举止得当的绅士淑女风度。尤重女士优先原则。

(1) 见面礼节。初次相识时,一般都要握手,而平时相见则很少握手,只彼此寒暄几句,或对变化无常的天气加以评论,有时只是举一下帽子略示致意。

(2) 交谈礼节。英国人交谈不喜欢距离过近,一般保持在 50 厘米以上。交谈中,多用礼貌用语及句式,如"请(Please)""谢谢(Thank you)""我有这个荣幸请您(May I have the honor…)"等。英国人认为在众人面前相互耳语为失礼之举。在谈判中,英国人也比较稳重,不轻易表态,对于夸夸其谈的对手,冷静观察后才决定对其信任与否。

**"粗鲁"的小王**

小王英国留学后,入职英国一家公司从事行政方面的工作。一次,领导让她为前来拜访的客人预约一辆出租车去机场。小王刚到公司对一切都不太熟,加之手头上的事情很多,情急之下电话预约时没有对司机先生使用礼貌句式"May"和礼貌用词"Please"。之后,出租车来了,小王与司机接洽时,司机先生并不搭理她。后来司机告诉公司客人这个姑娘说话很"粗鲁"(rude)。小王很郁闷,原来与英国人交流要时时不能忽视礼貌用语,否则自己得罪了人都不知道。

**3. 饮食习惯**

英国人口味清淡,不爱吃辣食。早餐喜欢吃麦片、三明治、奶油制点心、煮鸡蛋、果汁或牛奶;午、晚餐以牛肉、鸡肉为主,也吃猪肉、羊肉、鱼肉。英国人每餐都要吃水果,午、晚餐爱喝咖啡,夏天吃各种水果冻、冰淇淋,冬天则吃布丁。他们还爱喝茶,早晨喝红茶,午后 4 时左右喝下午茶,还喜欢喝冰过的威士忌苏打水,也喝葡萄酒和香槟酒,很少喝啤酒。

**4. 习俗禁忌**

(1) 数字忌。绝大多数英国人忌讳数字"13",认为这个数字不吉利。

(2) 交谈忌。忌问别人的私事,如职业、收入、婚姻、存款、女子的年龄等,也不要问别人属于哪个党派。

(3) 饮食忌。吃饭时忌刀叉与水杯相碰，认为如果碰响后不及时中止，将会带来不幸。

(4) 图案忌。忌用大象、孔雀图案，英国人认为大象是蠢笨的象征，孔雀是淫鸟、祸鸟，连孔雀开屏也被认为是自我炫耀的表现。

(5) 花卉忌。忌送百合花和菊花，而且送其他花时枝数和朵数都不能是双数或13。

保守是英国人最明显的性格特点，他们安排时间讲究准确，而且照章办事，往往不愿做出突然的举动，也不愿看到突然变化。

## （二）法国（The Republic of France）

### 1. 法国简介

法国全称是法兰西共和国，位于欧洲大陆的西部，面积约55万平方千米（不含海外领地），为欧盟中面积最大的国家。总人口约6699万（2019年，含海外领地），其中本土人口为6481万，大都为法兰西人。主要信仰的宗教是天主教。通用法语。首都为巴黎（Paris）。图13.7为法国艾菲尔铁塔。

### 2. 礼貌礼节

法国人性格开朗，具有良好的社交风范。对妇女表示谦恭礼貌是法国人的传统。尤其在公共场合和社交场合，男子都严格遵循"女士优先"的礼貌规则。

(1) 见面礼节。在商务交往中，常用的见面礼是握手，而在社交场合，亲吻礼和吻手礼则比较流行。

(2) 交谈礼节。法国人十分注重谈话的礼貌，与人交谈时，态度热情大方，语气自然

图13.7　法国艾菲尔铁塔

和蔼。听别人讲话时，眼睛平视对方，不轻易打断别人的话。

(3) 送礼礼节。法国人在商务往来中不喜送礼或接受别人的礼物，尤其不喜欢别人送带有广告或公司标志的礼品。他们酷爱一切与艺术价值和美学价值有关的人和事，带有艺术鉴赏及民族风情特色的礼品深受法国人的青睐。

### 3. 饮食习惯

法国烹饪技术居欧洲之首，菜肴制作精细，品种繁多，用料十分讲究。法国人喜欢肥嫩、鲜美、浓郁的口味，偏爱酸甜，不喜欢辣味，且注重色、形的应用。

法国人早餐一般喜欢吃面包、黄油和牛奶、浓咖啡等;午餐喜欢吃炖牛肉、炖鸡等;晚餐很讲究,多吃肥嫩的猪、牛、羊肉和鸡、鱼、虾、海鲜,但忌食无鳞鱼;也爱吃新鲜蔬菜和各种水果,爱吃冷盘。

法国人爱喝啤酒、葡萄酒、苹果酒和牛奶、咖啡、红茶等;喜食清汤及酥食点心。

**4. 习俗禁忌**

(1) 交谈忌。交谈时,忌问别人的隐私。

(2) 花卉忌。忌菊花,因为人们通常把黄色的菊花放在墓前吊唁死者。

(3) 颜色忌。忌墨绿色。

(4) 图案忌。忌核桃,忌讳黑桃图案,认为不吉祥;忌仙鹤图案,认为仙鹤是蠢汉和淫妇的代称。

(5) 送礼忌。忌送香水和化妆品给女人,因为它有过分亲热或图谋不轨之嫌。

## (三) 德国 (The Federal Republic of Germany)

**1. 德国简介**

德国的正式名称为德意志联邦共和国,位于欧洲中部,面积约35.73万平方千米,总人口约8269万(2017年),是欧盟中人口最多的国家。主要是德意志人,有少数丹麦人和索布族人,其余为外籍人。居民中信奉基督教新教和罗马天主教的各占约30%。德语为国语。首都柏林(Berlin)。图13.8为德国柏林一景。

图13.8 德国柏林一景

**2. 礼貌礼节**

德国人勤劳,有朝气,守纪律,好清洁,爱音乐。

(1) 见面礼节。见面时一般行握手礼,只有夫妻和情侣见面时才行拥抱、亲吻礼。称呼习惯要称头衔,不喜欢直呼姓名。

 与德国人握手时,有必要特别注意下述两点:一是握手时务必要坦然地注视对方;二是握手的时间宜稍长一些,晃动的次数宜稍多一些,握手时所用的力量宜稍大一些。

(2) 交往礼节。德国人在交往中,时间观念很强,约会讲究准时。被德国人邀请到家中做客,通常是简便的自助餐,但这被视为一种特殊的礼遇。宴会上,一般男子要坐在妇女和职位高的人的左侧,女士离开和返回餐桌时,男子要起立,以示礼貌。

### 3. 饮食习惯

德国人饮食中的烹饪方法多为烧、烤、煎、煮和清蒸。早餐简单，一般只吃面包、喝咖啡。午餐是主餐，喜欢吃土豆、鸡蛋、牛肉和瘦猪肉，不常吃鱼虾等海味，主食是面包、蛋糕，也吃面条、米饭。德国人口味清淡，喜酸甜，不喜辣。晚餐一般吃冷餐。德国人特别爱喝啤酒，还喜欢吃甜点心和各种水果。

### 4. 习俗禁忌

（1）图案忌。德国人最禁忌的符号是纳粹党的标志。

（2）颜色忌。德国人最禁忌的颜色是茶色、红色、深蓝色和黑色。

（3）花卉忌。忌送玫瑰花。

## （四）意大利(The Republic of Italy)

### 1. 意大利简介

意大利的正式名称为意大利共和国，位于欧洲南部，面积约 30.13 万平方千米，总人口约 6040 万（2019 年）。主要是意大利人。大部分居民信奉天主教。意大利语为官方语言。首都为罗马（Roma）。图 13.9 为意大利威尼斯一景。

### 2. 礼貌礼节

意大利人热情、爽快，同事见面常行握手礼，熟人、友人之间见面还行拥抱礼，男女之间见面通常贴面颊。谈话时习惯保持 40 厘米左右的礼节性距离。对长

图 13.9　意大利威尼斯一景

者、有地位和不太熟悉的人，须称呼其姓，并冠以"先生""太太""小姐"和荣誉职称（如教授、博士等）。

### 3. 饮食习惯

意大利人喜欢吃通心粉、馄饨、葱卷等面食。菜肴特点是味浓、香、烂，尤以原汁原味闻名。烹调以炒、煎、炸、焖著称。爱吃牛、羊、猪肉和鸡、鸭、鱼、虾等。饭后爱吃苹果、葡萄、橄榄等。

酒是意大利人离不开的饮料，尤其爱喝葡萄酒。甚至在喝咖啡时也要掺一些酒。

### 4. 习俗禁忌

（1）花卉忌。意大利人普遍忌讳菊花，他们视菊花为墓地之花。

（2）交谈忌。意大利人不喜欢谈论美国的橄榄球和美国政治，也不要提及"黑手党"、贪污腐败、政治暗杀等话题。

## (五)俄罗斯(The Russian Federation)

### 1. 俄罗斯简介

俄罗斯的正式名称为俄罗斯联邦,位于欧洲东部和亚洲北部,面积约 1709.82 万平方千米,居世界第一位。总人口约 1.46 亿(2019 年),民族共 194 个,其中俄罗斯族占 77.7%,俄语为官方语言。主要宗教为东正教,其次为伊斯兰教。首都为莫斯科(Moscow)。图 13.10 为莫斯科红场。

图 13.10　莫斯科红场

### 2. 礼貌礼节

俄罗斯人性格开朗豪放,有修养,组织纪律性强,重视礼貌,见面时总是先问好,再握手致意,朋友间则拥抱和亲吻面颊。称呼俄罗斯人要称本人名和父名,不能只称其姓。俄罗斯人尊重女性,在社交场合,男士帮助女士拉门、脱大衣,在餐桌上为女士分菜等。俄罗斯人重视文化教育,喜欢艺术品和艺术欣赏。

### 3. 饮食习惯

俄罗斯人日常以面包为主食,以肉、鱼、禽、蛋和蔬菜为副食。喜食牛、羊肉,爱吃带酸味的食品。口味较咸,较油腻。早餐简单,几片黑面包和一杯酸奶即可;午、晚餐较讲究,爱吃红烧牛肉、烤羊肉串、红烩鸡等。对青菜、黄瓜、西红柿、土豆、萝卜、洋葱、水果等特别喜爱。爱喝酒,酒量很大,特别爱喝伏特加酒。

### 4. 习俗禁忌

(1) 颜色忌。忌黑色,认为它是不吉利的颜色。

(2) 动物忌。忌兔子,认为兔子胆小无能。

(3) 交谈忌。忌问女子的年龄和衣饰价格;忌谈论政治矛盾、宗教纷争、苏联解体、阿富汗战争等话题。

(4) 举止忌。忌用左手递物、进食、握手、抽签等。

 俄罗斯人最隆重的见面礼是为客人献上面包与盐,致意礼节是握手礼、拥抱礼和亲吻礼。

## (六)美国(The United States of America)

### 1. 美国简介

美国即美利坚合众国,位于北美洲中部,面积约 937 万平方千米,总人口约

3.28亿(2018年)。美国是一个多民族的移民国家,有"民族熔炉"之称。人口中54.6%信仰基督教。英语为国语。首都为华盛顿(Washington D. C.)。图13.11为美国自由女神像。

### 2. 礼貌礼节

美国人以随和友善、举止大方、不拘礼节、自尊心强著称。

(1) 见面礼节。初次见面时,常直呼对方的名字,不一定以握手为礼。有时只是笑一笑,说一声"Hi"或"Hello"。在分手时也不一定跟别人道别或握手,而是向大家挥挥手,或者说一声"明天见""再见"。

(2) 交谈礼节。美国人讲话中礼貌用语较多,如"对不起""请原谅""谢谢""请"等,显得很有教养。在美国崇尚"女士第一",在社会生活中"女士优先"是文明礼貌的体现。

图13.11　美国自由女神像

(3) 平等原则。平等是美国社会交往的基础,是人与人和谐相处的共同尺度。大多数美国人自由平等观比较强,没有论资排辈的习惯。不论在家或搭乘车船,美国人通常不会要求贵宾坐在特定的位置上,礼让的情况也较少。当然在宴席上,会让贵宾坐在主人或女主人右边,以示有礼。

### 3. 饮食习惯

在通常情况下,美国人一日三餐并不十分讲究。美国人的饮食讲究质量、不求数量,并不刻意讲究形式和排场,却强调营养之合理搭配。

美国人的口味特点是咸中带甜,喜欢清淡,除喜欢吃西餐外,也爱吃中国的川菜和粤菜。饮料在美国人生活中占有重要地位,他们不太喜欢喝茶,爱喝冰水、矿泉水、可乐、啤酒等。平时把威士忌、白兰地等酒类当茶喝。

典型的美国式饮食就是快餐。热狗、炸鸡、三明治、汉堡包、比萨饼等大行其道,甚受欢迎。

### 4. 习俗禁忌

(1) 数字忌。美国人对"13"这个数字最为忌讳,常想方设法避开与"13"有关的事物。

(2) 动物忌。讨厌蝙蝠,认为是凶神恶煞的象征;忌讳黑色的猫,认为黑色的猫会给人带来厄运。

(3) 交谈忌。美国人十分重视隐私权,最忌打听别人的私事。在美国不要称黑人为"Negro","Negro"是英语"黑人"的意思,尤指从非洲贩卖到美国为奴的黑人。

> 礼仪·案例

**谢绝搀扶**

1963年,美国总统府举行盛大集会,为近代流体力学的奠基人西奥多·冯·卡门授奖。当这位八旬老人参加完授勋仪式走下台阶时,由于关节炎突然发作,不由自主地向下倒去。肯尼迪总统急忙上前搀扶他。冯·卡门却婉言拒绝了。此时,冯·卡门说了一句事后广为流传的话:"尊敬的总统阁下,您应该知道物理学的一个常识,大凡物体向下跌落的时候,是不需要任何浮力的,只有在上升的时候才需要支持和帮助。"可见中西文化存在一定的差异。

### (七)加拿大(Canada)

#### 1. 加拿大简介

加拿大位于北美洲北半部,为北美洲最北的国家。面积约998万平方千米,居世界第二位。总人口约3731万(2019年)。主要为英、法等欧洲后裔,土著居民约占3%,其余为亚洲、拉美、非洲裔等。居民中信奉天主教的占45%,信奉基督教的占36%。英语和法语同为官方语言。素有"枫叶之国"的美誉。首都为渥太华(Ottawa)。图13.12为加拿大多伦多CN塔。

图13.12 加拿大多伦多CN塔

#### 2. 礼貌礼节

加拿大人热情好客,讲究礼貌,遵守时间。

相见和分别时,通常行握手礼。加拿大人讲究实事求是,与他们交往不必过于自谦,不然会被误认为虚伪和无能。交往中,他们衣着、待人接物都比较正统。公务时间内加拿大人很注意个人仪表与卫生,因此他们希望所遇到的客人也能如此。如果被邀请到别人家做客,送点鲜花会被认为是一种尊重他人的礼节。

#### 3. 饮食习惯

饮食习惯大多数与英、美、法相似。口味偏重酸甜,喜欢清淡。爱吃炸鱼虾、煎牛排、炸羊排、炸鸡鸭、糖醋鱼等。早餐爱吃西餐,晚餐爱喝果汁、可乐、啤酒、威士忌、葡萄酒、香槟酒等。

#### 4. 习俗禁忌

(1)交谈忌。与加拿大人交谈时,不要插嘴打断对方的话或是与对方发生争执,忌讳谈及死亡、灾难等方面的话题,也不要就魁北克省的独立问题随便表态等。

(2)数字忌。加拿大人对"13"和"星期五"讳莫如深,"13"被视为厄运之数,

"星期五"则是灾难的象征。

（3）花卉忌。忌送白色的百合花，因为加拿大人只有在葬礼上才使用这种花；加拿大人不喜欢黑色和紫色。

> **小贴士**　在加拿大的一些地方，忌讳铲雪，因为白雪被视为吉祥的象征和避邪之物。加拿大人不喜欢别人把自己的国家与美国加以比较。

## （八）巴西(The Federative Republic of Brazil)

### 1. 巴西简介

巴西全称为巴西联邦共和国，位于南美洲东部，拉丁美洲最大的国家，享有"足球王国"的美誉。东濒大西洋，面积约851.49万平方千米，总人口约2.086亿(2017年)。64.6%的居民信奉天主教，22.2%的居民信奉基督教福音教派。官方语言为葡萄牙语。首都是巴西利亚(Brasília)。图13.13为巴西里约热内卢狂欢节一幕。

### 2. 礼貌礼节

巴西人天性乐观、豪放，能歌善舞且幽默风趣，与人相处坦诚相见，热情洋溢。

（1）见面礼节。在社交场合通常以拥抱或者亲吻礼作为见面礼节。握手礼多用在正式的社交活动中。巴西民间还流行较为独特的握拳礼，见面时，先握紧自

图13.13　巴西里约热内卢狂欢节一幕

己的拳头，再向上方伸出拇指，主要是向对方表示问安和敬意。

（2）服饰礼节。在正式的社交场合，巴西人十分注重打扮，男必穿西装，女则着套裙或长裙。

（3）交往礼节。洗澡是巴西印第安人生活中重要的内容之一，他们对宾客最尊敬的礼节是请宾客同主人一起跳进河里洗澡，洗澡次数越多，越表示客气，一天往往能洗十多次澡。

（4）送礼礼节。巴西人在接受别人送礼时，总是当面打开礼品包装，然后致谢，把礼品收下。拿到礼品后，要把包扎礼品的纸剪掉一点，因为他们认为包扎纸是管运气的，剪掉一点就不会把别人的好运气带走。

### 3. 饮食习惯

巴西人平常主要吃西餐,也吃中餐。由于巴西畜牧业较发达,故巴西人的食物中肉类所占的比重较大,尤爱吃烤牛肉,也爱吃干烧鱼、糖醋桂鱼、辣子鸡丁、炒里脊等。早上喝红茶,面包要现烤。午、晚餐要喝咖啡,喜食甜点心,爱吃香蕉,平时爱喝葡萄酒。

### 4. 习俗禁忌

(1) 颜色忌。忌紫色和棕黄色。认为前者象征悲伤,后者代表凶丧。

(2) 送礼忌。送礼不送手帕,认为会引起争吵。

(3) 举止忌。忌用"OK"手势,巴西人视之为下流。

(4) 交谈忌。忌谈国内政治、经济,民族等问题。

---

**礼仪·学堂**

**"黑色星期五"的来历**

1893年9月13日,当天正好是星期五,纽约股市大崩盘,伴随着的是世界性的经济危机,给人们留下了难以弥合的心理创伤。于是在金融界就开始流行"黑色星期五"这个说法,意指星期五这一天如果是13日的话,被许多人视为非常不吉利的一天。

---

## 三、大洋洲及非洲主要国家的礼俗与禁忌

### (一) 澳大利亚(The Commonwealth of Australia)

#### 1. 澳大利亚简介

澳大利亚全称为澳大利亚联邦,位于太平洋西南部和印度洋之间,面积约769.2万平方千米。总人口约2533万(2019年),其中74%为英国及爱尔兰后裔。居民中63.9%信奉基督教,无宗教信仰或宗教信仰不明人口占30.2%。官方语言为英语。首都为堪培拉(Canberra)。图13.14为澳大利亚悉尼港。

**图13.14　澳大利亚悉尼港**

#### 2. 礼貌礼节

澳大利亚在社交礼仪方面与英、美无明显差异。

(1) 见面礼节。澳大利亚人见面时行握手礼,握手时非常热烈,彼此称呼名字,表示亲热。关系亲密的男性相见时

可亲热地拍打对方的后背;女性密友相逢常行亲吻礼。朋友之间途中偶遇或相逢在其他场合,往往只轻声地说"Hi!"

(2)服饰礼节。澳大利亚男子多穿西装、打领带,在正式场合打黑色领结。天热时,人们还喜欢穿汗衫、西式短裤,戴太阳帽。妇女一年中的大部分时间都穿裙子,在社交场合则套上西装上衣。无论男女都喜欢穿牛仔裤,显得方便、自如、富有朝气。

(3)交往礼节。澳大利亚工商界人士时间观念强,会见时须预约并准时赴约,见面时主动递上名片。他们重视办事效率,不愿把时间浪费在空谈上。

澳大利亚是个讲究平等的国家,不喜欢以命令的口气指使别人,更不喜欢对方用"上等人"的口气说话。

### 3. 饮食习惯

由于澳大利亚居民主要是来自世界各地的移民,因此,饮食菜肴风味也呈现多元化,有中国菜、印度菜、日本菜、德国菜、意大利菜等。无论是中餐还是西餐,他们都喜欢用很多调味品,但不爱吃辣味食品。澳大利亚人喜欢喝啤酒、葡萄酒,也喜欢喝茶,喝茶也可以和喝咖啡一样加牛奶和糖。

### 4. 习俗禁忌

(1)数字忌。信奉基督教的澳大利亚人忌讳数字"13"。

(2)交谈忌。谈话时忌谈工会、宗教与个人问题,也不谈澳大利亚土著人社会与现代人社会的关系和袋鼠数量的控制等敏感话题,评论澳大利亚与英美的异同是不明智的。

(3)动物忌。避免使用兔子等动物图案作商品商标。

## (二)新西兰(New Zealand)

### 1. 新西兰简介

新西兰位于太平洋西南部,面积约27万平方千米。总人口约491万(2019年)。48.9%的居民信奉基督教新教和天主教。官方语言为英语、毛利语。首都为惠灵顿(Wellington)。图13.15为新西兰惠灵顿一景。

### 2. 礼貌礼节

新西兰人守时、惜时,待人诚恳热情。新西兰人性格虽比较拘谨,但没有英国式的保守、刻板。

(1)见面礼节。见面和告别均行握

图13.15 新西兰惠灵顿一景

手礼。鞠躬也是他们的通用礼节。初次见面,身份相同的人互相称呼姓氏,并加上"先生""夫人"等,熟识之后,互相直呼其名。在与女士交往中女方先伸出手,男方才能相握。

### 礼仪·学堂

**毛利人"碰鼻礼"**

毛利人在欢送来访者时,常常会采用本族传统的礼仪。其中闻名遐迩的,就是众人所称的"碰鼻礼"。"碰鼻礼"在毛利语里叫作"洪吉"。它的一般做法是:在迎接客人时,主人要与客人彼此用鼻子尖相互碰上两三次。依照毛利人的说法,双方碰鼻子的时间越长。就表明客人所受的礼遇越高。为了让孩子鼻子长得高大一些,以便于行礼,毛利人的母亲经常用双膝夹孩子的鼻子。在毛利人看来。碰鼻碰额不仅代表毛利人的真诚问候,更由于碰鼻时能够感受到对方的呼吸,表示主、宾同呼吸共命运,如图 13.16 所示。

图 13.16 碰鼻礼

在欢送贵宾时,毛利人通常还会列队举行一定的仪式。在这种欢送仪式上,毛利人除了载歌载舞之外,常常还会有意对客人们吐舌头、努目睛、扮鬼脸。听说,这样做既能够驱邪避灾,还能够观察来人是敌是友。

(2) 服饰礼节。新西兰人讲究穿着,平时人们多穿欧式服装,而毛利人服装多用亚麻布缝制而成。

(3) 交谈礼节。交谈时,话题大都涉及气候和体育运动,特别是橄榄球和板球,不愿谈及种族问题。

### 3. 饮食习惯

由于盛产乳制品和牛羊肉,所以新西兰人的饮食中少不了这些食物。但他们的基本饮食习惯还是与其祖先——英国移民一致,吃西餐、喝啤酒,口味比较清淡。饮茶是新西兰人的嗜好,一天至少七次,即早茶、早餐茶、午餐、午后茶、下午茶、晚餐茶和晚茶。茶馆遍布各地,许多单位都有专门的饮茶时间。

### 4. 习俗禁忌

由于新西兰人受宗教信仰的影响,故也有西方人通常的忌讳。

在公众场合,忌嚼口香糖、剔牙、抓头等;切勿询问对方的政治立场、工资收入等私人事情,不要谈及个人私事、宗教、种族等问题,更不要在新西兰人面前将其国家看成是澳大利亚的一部分。

### (三) 埃及(The Arab Republic of Egypt)

#### 1. 埃及简介

埃及全称为阿拉伯埃及共和国,位于非洲东部,小部分领土(西奈半岛)位于亚洲西南角,是地跨亚、非两洲的国家,面积约 100.1 万平方千米。总人口约 1.045 亿(2018 年),居民主要为阿拉伯人,还有科普特人,埃及是中东人口最多的国家,也是非洲人口第二大国。伊斯兰教为埃及国教,信徒主要是逊尼派,占总人口的 84%。科普特基督徒和其他信徒约占 16%。官方语言为阿拉伯语,通用英语和法语。首都为开罗(Cairo)。图 13.17 为埃及狮身人面像。

**图 13.17　埃及狮身人面像**

#### 2. 礼貌礼节

埃及人正直、爽朗、宽容、好客。

(1) 见面礼节。在社会交往中见面时行握手礼,在相互问候致意时,除说"早上好、下午好、晚安"等外,往往少不了说"真主保佑你"。有时也行亲吻礼。在打招呼时往往以"先生""夫人"称呼对方。

与埃及人交往,除了可采用国际上通行的称呼之外,若能酌情使用一些阿拉伯语的尊称,通常会令他们更加开心。

(2) 服饰礼节。埃及人的服饰主要是长衣、长裤和长裙等,但在大城市,人们的着装打扮早已与国际潮流同步。不过,大多数埃及妇女仍遵守伊斯兰教教规,戴面纱并且深居简出。

#### 3. 饮食习惯

埃及人爱吃羊肉、鸡肉、鸭肉,以及豌豆、洋葱、萝卜、茄子、西红柿、卷心菜、土豆等蔬菜,口味清淡,不喜油腻。喜欢喝红茶和咖啡,喜欢吃又甜又香的食品。

#### 4. 习俗禁忌

埃及人忌蓝色和黄色,认为蓝色是恶魔的象征,黄色是不幸的象征;针在埃及是贬义词,每日下午 3 时至 5 时是严禁买针和卖针的时间,以避"贫苦"和"灾祸";

忌食猪肉、海味以及奇形怪状的食物；忌熊猫图案。

埃及伊斯兰教徒一天之内要祈祷数次。通常不要在众人面前打哈欠和打喷嚏，如果实在控制不住，应转脸捂嘴，并说声"对不起"。

### （四）南非(The Republic of South Africa)

#### 1. 南非简介

南非全称南非共和国，位于非洲大陆最南部，面积约121.91万平方千米。总人口约5652万(2017年)，分为黑人、有色人、白人和亚裔四大种族，分别占总人口的80.7%、8.8%、8.0%和2.5%。约80%的人信仰基督教，其余信仰原始宗教、伊斯兰教、印度教等。比勒陀利亚(Pretoria)为行政首都，开普敦(Cape Town)为立法首都，布隆方丹(Bloemfontein)为司法首都。有11种官方语言，英语和阿非利卡语（南非荷兰语）为通用语言。图13.18为南非开普敦一景。

图13.18　南非开普敦一景

#### 2. 礼貌礼节

南非的社交礼仪可以概括为"黑白分明""英式为主"，原因在于受到种族、宗教、习俗的制约，南非的黑人和白人所遵从的社交礼仪不同。白人的社交礼仪特别是英国式社交礼仪广泛流行于南非社会。

（1）见面礼节。在社交场合，南非人所普遍采用的见面礼节是握手礼，他们对交往对象的称呼则主要是"先生""小姐"或"夫人"。在黑人部族中，尤其在是广大农村，南非黑人往往会表现出和社会主流不同的风格。比如，他们习惯以鸵鸟毛或孔雀毛赠给贵宾，客人得体的做法就是把这些珍贵的羽毛插在自己的帽子上或头发上。

（2）服饰礼节。在城市里，南非人的穿着打扮基本西化了。在大多数正式场合中，他们都讲究着装端庄、严谨。南非黑人通常还有穿本民族服装的习惯。不同部族的黑人，在着装上往往会有自己不同的特色。

#### 3. 饮食习惯

南非当地白人以吃西餐为主，经常吃牛肉、鸡肉、鸡蛋和面包，爱喝咖啡和红茶；而黑人喜欢吃牛肉、羊肉，主食是玉米、薯类、豆类，喜欢吃熟食。南非著名的饮料是如宝茶。在南非黑人家做客，主人一般送上刚挤出的牛奶或羊奶，有时是自制的啤酒。客人一定要多喝，最好一饮而尽。

#### 4. 习俗禁忌

（1）数字忌。信仰基督教的南非人，忌讳数字"13"和星期五。

（2）交谈忌。南非黑人非常敬仰自己的祖先，他们特别忌讳外人对自己的祖先言行失敬。跟南非人交谈，一不要为白人评功摆好，二不要非议黑人的古老习惯，三不要为对方生了男孩表示祝贺，四不要评论不同黑人部族或派别之间的关系及矛盾。

## 四、中国台、港、澳地区的习俗

### （一）中国台湾、香港、澳门简介

中国台湾地区包括台湾省（含台湾岛、澎湖列岛等岛屿）和金门、马祖等岛屿，共计80多个岛屿，总面积约3.6188万平方千米，人口约2359万（2019年）。居民除原居岛上的高山族等民族外，大都是闽粤等地的移民，继承闽粤传统礼仪习俗，通行普通话、闽南话和广东梅县客家话。宗教活动在台湾全岛盛行，有佛教、道教、伊斯兰教、天主教、基督教等，其中道教影响最大。图13.19为台湾一景。

图13.19 台湾一景

香港特别行政区位处我国的东南端，由香港岛、大屿山、九龙半岛以及新界（包括262个离岛）组成，总面积约1104平方千米，人口约752.41万（2019年），主要为华人，是世界上人口密度较大的地区之一。香港大多数居民信奉佛教和道教，还信奉基督教、罗马天主教、伊斯兰教、道教等。香港的常用语言是中文和英文。图13.20为香港一景。

澳门特别行政区位于我国广东珠江口西南，由澳门半岛、氹仔岛、陆环岛组成，面积约29.5平方千米，人口约67.2万（2019年），主要是华人，以广东籍为主，是世界上人口密度较大的地区之一。居民信奉中国传统的佛教、道教和儒教。中文及葡文为常用语言，英文亦为常用语言。图13.21为澳门一景。

商务礼仪

图 13.20　香港一景

图 13.21　澳门一景

(二) 礼貌礼节

港澳台地区通行的礼节为握手礼。有些人参禅信佛,故也有见人行"合十"礼和呼"阿弥陀佛"的。在接受饭店服务员斟酒、倒茶时行"叩指礼",即把右手食指、中指并在一块,以指尖轻轻叩打几下桌面以示对人的谢意。

港澳台同胞一般比较勤勉、守时,与他们交往时要注意做到不能使他们觉得丢面子,与他们谈话入正题前要说些客套话,多表示我们对他们的热情友好和真诚欢迎。

(三) 饮食习惯

台湾地区居民的饮食以大米为主,除米饭外,还有米粉、糕团、米酒等大米加工品。除大米之外,甘薯也是主要食粮,多见于农村。菜肴的烹调方法与祖国大陆相似,尤其接近闽粤菜风味。口味比较清淡,喜欢在菜肴中加糖。喜食豆瓣酱汤、生鱼片等。节庆也吃米丸、年糕、粽子等。红馒头节庆用,白馒头丧祭用。

香港、澳门特别行政区居民的饮食习惯与广东相似。菜肴以粤菜为主,注重色、香,并带有西方口味,其特点是生、脆、鲜、淡、嫩。早餐到茶楼饮早茶、用点心,或到西餐厅饮"西茶",也有用传统粤式早餐的。午餐一般用快餐,也有人饮午茶。晚餐在家里用,一般较为丰盛、讲究。

(四) 习俗禁忌

台湾地区居民的人际交往习俗与闽粤尤其相似。忌馈赠的物品有钟(谐音"送终")、镜(易破难圆)、刀剪(含一刀两断之嫌)、伞(与"散"同音)、扇(天凉不用,迟早抛弃)、手巾(丧家送给吊丧者用)、粽子(丧家有包粽习俗)、年糕和糕点(年节供祭用糕点)等。

## 第十三章 中外礼俗

港、澳同胞,尤其是上了年纪的老一辈人迷信的不少,他们忌讳说不吉利的话,而喜欢讨口彩。如香港人特别忌"4"字,因其谐音"死"字;住饭店不愿进"324"房间,因其在广东话里发音与"生意死"谐音,不吉利。逢年过节忌说"新年快乐",因"快乐"音近"快落",不吉利,他们喜欢说"恭喜发财"。由于长期受西方的影响,也忌讳"13""星期五"。

1. 我国是个多民族的国家,由于历史、地理等各方面因素的影响,各民族都有其不同的习俗礼仪。

2. 世界商务礼俗主要介绍了五大洲各主要国家的礼俗与禁忌。

亚洲主要国家的礼俗与禁忌主要介绍了日本、韩国、印度、泰国及新加坡的概况、礼貌礼节、饮食习惯和禁忌。

欧洲、美洲主要国家的礼俗与禁忌主要介绍了英国、法国、德国、意大利、俄罗斯、美国、加拿大及巴西等国家的概况、礼貌礼节、饮食习惯和禁忌。

大洋洲及非洲主要国家的礼俗与禁忌主要介绍了澳大利亚、新西兰、埃及、南非等国家的概况、礼貌礼节、饮食习惯和禁忌。

3. 中国台湾、香港和澳门地区由于历史的原因也形成了各具特色的习俗及礼仪。

一、简答题

1. 熟悉中外习俗礼仪对你今后的工作和生活有何意义?

2. 某酒店要接待一大型旅游团,其中有美国人、埃及人、巴西人和德国人,假如你作为一名接待者,在安排饮食和住宿方面应注意哪些礼仪?

二、案例分析题

### 不欢而散的宴请

东方集团与新疆某著名企业进行合作。一切准备就绪后,新疆企业派来了全权代表。既是远道而来的客人,又是将来的合作者,新疆企业代表受到的礼遇规格非常之高。在欢迎晚宴上,东方集团特别安排了东北名菜"猪肉炖粉条"和朝鲜族的特色菜狗肉招待远道而来的客人。

本来气氛和谐而热烈的晚宴,在压轴菜"猪肉炖粉条"和狗肉上来后,客人们的脸色一下子变了,他们用本民族语言说了几句后,便气愤地甩袖而去。

【问题】

新疆客人为何甩袖而去?

### 三、实训题

以小组为单位,举行世界礼仪礼俗知识竞赛。

# 参 考 文 献

［1］史锋.商务礼仪［M］.2版.合肥:中国科学技术大学出版社,2012.

［2］柴晓慧,周良.现代礼仪教程［M］.北京:经济日报出版社,2008.

［3］陈姮.旅游交际礼仪［M］.大连:大连理工大学出版社,2005.

［4］金正昆.商务礼仪教程［M］.北京:中国人民大学出版社,2005.

［5］未来之舟.商务礼仪［M］.北京:中国经济出版社,2006.

［6］刘裔远.实用礼宾学［M］.上海:立信会计出版社,2005.

［7］周思敏.你的礼仪价值百万［M］.北京:中国纺织出版社,2012.

［8］肖珂.金牌礼仪教程:不学礼,无以立［M］.北京:经济管理出版社,2016.

［9］张建宏.社交礼仪与沟通技巧［M］.北京:国防工业出版社,2015.

［10］周加李.海外礼仪［M］.北京:机械工业出版社,2017.